基于众包数据的路网交通态势感知与信号控制优化

陈 鹏 魏 磊 著

科学出版社

北京

内 容 简 介

伴随移动互联等新兴技术的发展与应用,以移动众包为代表的交通感知方法愈加丰富,交通信息感知的粒度愈加精细,为城市交通协同管控能力提升与技术变革带来了新机遇。本书面向众包环境,对基于众包数据的城市路网交通态势感知与信号控制优化的科学规律进行了细致研究,沿着交通态势感知和信号控制优化两条主线,系统探讨了众包轨迹重构、溢流风险辨识、交通瓶颈辨识、交通信号控制优化等方法,揭示了城市路网拥堵传播机理,并提出了交通信号控制优化策略。

本书可作为高等院校交通运输类专业研究生和高年级本科生的参考资料,同时也可作为交通控制、智能交通、智能车辆等专业领域科研人员的参考书。

图书在版编目(CIP)数据

基于众包数据的路网交通态势感知与信号控制优化 / 陈鹏,魏磊著.
— 北京:科学出版社,2022.9
ISBN 978-7-03-072811-1

Ⅰ. ①基… Ⅱ. ①陈… ②魏… Ⅲ. ①城市交通网—交通运输管理—研究 Ⅳ. ①U491.1

中国版本图书馆 CIP 数据核字(2022)第 139831 号

责任编辑:王 哲 / 责任校对:胡小洁
责任印制:吴兆东 / 封面设计:迷底书装

科学出版社 出版
北京东黄城根北街 16 号
邮政编码:100717
http://www.sciencep.com
北京中石油彩色印刷有限责任公司 印刷
科学出版社发行 各地新华书店经销
*
2022 年 9 月第 一 版 开本:720×1 000 1/16
2024 年 3 月第二次印刷 印张:12 3/4 插页:5
字数:250 000
定价:**129.00 元**

前　　言

伴随移动互联等新一代信息技术的发展，由出行者通过智能终端设备（如车载导航、智能手机）以众包（Crowdsourcing）方式反馈时空位置信息，即高频时空连续位置数据（轨迹），正成为一种新的交通信息获取手段。众包数据不仅可以体现车辆在路网上的起讫点与行驶路径，而且可以反映瞬时速度随时间和空间的变化特征，蕴含丰富的交通流信息，是对交通运行状态的直观表达。如何充分挖掘众包数据、提取有效的交通信息，使其服务于城市道路交通管理与控制已成为目前智能交通领域研究的国际前沿科学问题。考虑到众包数据在全样交通流轨迹数据仅占有部分比例，具有低渗透率、高噪声等缺点，因此，能否在当前众包环境下精准评估、深度诊断交通态势，是现阶段基于众包轨迹数据优化交通控制策略的关键，亦是面向未来车联网环境探索和开发下一代交通控制系统的重要支撑。

当前，城市交通管控技术建立在以交通检测数据为基础的交通系统分析与优化理论之上，然而，大量交通检测为断面集计方式，典型代表包括：线圈、地磁、微波、视频等，交通系统运行控制策略大多被动响应交通需求变化。随着城市路网交通需求持续增长，交叉口、干道常处于发生排队溢流的高风险和高频率状态。因此，基于低渗透率众包数据，分周期、分流向"细粒度"感知路网交通态势，及时、准确辨识排队溢流风险和交通瓶颈，实现区域路网信号控制主动优化，对提升路网运行效率、发挥智能交通系统效能具有积极意义。

本书是国家自然科学基金面上项目"基于低渗透率众包轨迹数据的城市干道交通状态评估诊断与控制优化"（61873018）的主要研究成果汇聚与凝练。本书面向当前众包环境，沿着交通态势感知和信号控制优化两条主线，分别从干道和路网层面探讨了众包轨迹重构、排队溢流风险和交通瓶颈辨识、交通信号控制优化等问题。希望本书能给更多致力于交通系统运行优化研究的科研人员提供参考，促进交通控制优化方法与理论的发展。

本书由陈鹏和魏磊撰写，其中陈鹏主要撰写了第1、3~6章，魏磊主要撰写了第2、7、8章。研究生张涵、陈敏、刘力宁等协助参与了撰写工作，在此一并表示感谢。

作者

2022 年 5 月于北京

目　　录

彩图

第1章 绪 论

1.1 研究背景及意义

随着我国经济的飞速发展、人均 GDP 逐年稳步提升,城镇化进程也在不断加快。自"七九一八"工程实施以来,我国道路基础设施建设取得了显著成效,截至 2017 年年底,我国公路总里程数突破 477 万公里,其中高速公路里程 13.65 万公里[1]。与此同时我国机动车保有量也在逐年攀升,据公安部统计,截至 2017 年年底,我国机动车保有量突破 3 亿辆,其中汽车 2.17 亿辆。交通需求的快速增长远大于交通供给的增加,由此带来的交通拥堵、交通事故频发、环境污染(雾霾、碳排放超标等)、能源短缺等问题严重制约了城市的深度发展。高德导航发布的《2019 年度中国主要城市交通分析报告》显示,全国交通畅通城市占比仅为 39%,19%的城市交通拥堵仍在加剧。美国交通信息服务公司 INRIX 发布的报告显示,美国 2019 年由交通拥堵直接或间接导致的经济损失高达 880 亿美元。中国交通运输部统计的数据显示,交通拥堵每年造成我国经济损失更是高达 2500 亿人民币。由此可见,防治交通拥堵的紧迫性日益凸显。考虑到城市交通路网自身固有的复杂性和时变特征,建立科学有效的交通态势感知方法将对今后评判交通拥堵的治理效果、交通规划以及制定交通政策法规提供有力支持和保障。

大数据和万物互联时代的到来为众多科学和工程领域带来了革新,交通领域也不例外。随着移动互联网、物联网(Internet of Things,IOT)、云计算等技术的迅速崛起,智慧城市(Smart City)、智能交通系统(Intelligent Transportation Systems,ITS)等应用逐步推广,"互联网+"和大数据时代的智慧交通应运而生。大数据技术为智能交通系统的发展提供了技术支撑,也为交通管理与决策的范式革新带来了机遇和挑战。在大数据和万物互联的时代背景下,传统的管理决策逐渐从以管理流程为主的线性范式向以数据为中心的扁平化范式进行转变。作为 ITS 的一个子系统,交通信息采集系统是其中的一个重要组成部分[2],交通信息的采集是进行交通管理和交通规划的重要基础。现有的信息采集设备主要分为两类:传统的固定型检测器和基于移动传感的移动型检测器。传统的固定型检测器如环形线圈、红外线、雷达、超声波和视频检测器,在过去的几十年中得到了广泛的应用。固定型检测器能够连续地提供某一固定地点在一定时间间隔内的交通流信息(速度、流量、占有率等交通特征参数),但是不能提供完整的空间检测信息。此外,由于我国多数城市路网密度较大，固定检测器不能完全覆盖全部路网节点，这也在某种程度上限制了交通信息的获取。据《中国交通信号控制系统及设备应用调查报告》[2]显示，国内一线城市控制系统检测器设备完好率不足 50%，众多二三线城市甚至低于 30%。不仅如此，由于种种原因(施工损坏、线路故障、处理失误等)，部分道路的交通数据存在大量缺失现象。

伴随移动互联等新一代信息技术的发展，交通信息的获取、交互与融合催生出新的业态[3]。由出行者通过智能终端设备(如车载导航、智能手机)以众包方式反馈时空位置信息，即高频时空连续位置数据(轨迹)，正成为一种新的交通信息获取手段。众包轨迹从时间和空间两个维度突破了定点检测数据采集的瓶颈，并且具有广域、持续、可靠、低成本等特点。如何充分挖掘众包轨迹数据、提取有效的交通信息，使其服务于城市道路交通管理与控制已成为目前智能交通领域研究的国际前沿科学问题[4]。众包轨迹数据不仅可以体现车辆在路网上的起讫点与行驶路径，而且可以反映瞬时速度随时间和空间的变化特征，蕴含丰富的交通流信息，是对交通运行状态的直观表达。相比定点检测数据，众包数据能否为交通管控提供决策支持，很大程度上取决于众包用户数量在整体交通流中的占比，即渗透率(Penetration Rate)。面向未来全息车联网环境的仿真研究显示，不同应用场景下基于众包轨迹数据的交通工程实践均对渗透率有较高要求：车道级速度估计(>20%)[5]、交通运行状态评价(20%~50%)[6]、交通信号控制(>20%)[7-9]。而据统计，以滴滴出行、高德导航为代表的互联网公司通过手机 APP 采集的海量众包数据在城市干道的渗透率一般低于 10%[10,11]。由于智能网联车辆及车车、车路协同基础设施的部署需要较长的时间周期，同时受隐私保护等条件限制，在未来相当长的一段时间内，众包用户渗透率仍将维持在较低的水平。因此，能否在低渗透率环境下精准评估、深度诊断交通运行状态，是现阶段基于众包轨迹数据优化交通控制策略的关键，亦是面向未来车联网环境探索和开发下一代交通控制系统的重要支撑。

时下，"互联网+信号灯"成为研究热点。阿里发布"城市大脑 1.0"接管杭州市 128 个信号灯的配时优化；滴滴出行利用出租车、专快车等众包轨迹数据，构建"感知-评估-优化-实施"闭环的交通信号监控与优化系统，并在济南、武汉等城市落地 1200 多套路口配时优化方案，一定程度上缓解了交通拥堵问题。然而，以上实践仅实现了不分车道、不分流向的"粗粒度"交通状态评估与针对 TOD (Time-of-Day)划分的"多时段"定周期信号配时优化。优化控制大多被动响应交通需求变化，对排队从正常状态向溢流状态的演变过程及控制策略缺乏深入分析。此外，现阶段城市路网交通需求持续增长，交叉口、干道常处于发生排队溢流的高风险和高频率状态。因此，在当前交通环境下，基于低渗透率众包轨迹数据，分周期、分流向地"细粒度"评估交通状态，及时、准确地预测排队溢流风险，并对大规模路网交通瓶颈进行辨识，科学诊断拥堵致因，建立区域路网信号控制优化理论与方法体系，是交通控制领域亟待解决的关键理论问题。

1.2　国内外研究现状

1.2.1　车辆轨迹重构

在交通工程领域，车辆轨迹主要涉及两个层面：①车辆在路网行驶走过的完整路径，包含 OD（Origin Destination）信息；②车辆在某一路段上运行对应的时空物理轨迹，包含车辆的瞬时速度。车辆轨迹数据的采集方式主要包括视频检测、航拍、探测车等，存在以下缺陷：①依赖定点检测（如视频、航拍）采集的轨迹只能覆盖较小范围并且安装维护成本高，需要花费大量人力、物力；②移动检测设备的渗透率较低，基于移动检测（如探测车）采集的轨迹往往时空稀疏，并且包含大量误差。鉴于此，众多研究者提出轨迹重构方法，根据选取交通数据的类别，现有的轨迹重构方法可分为三大类，其研究脉络如图 1-1 所示。

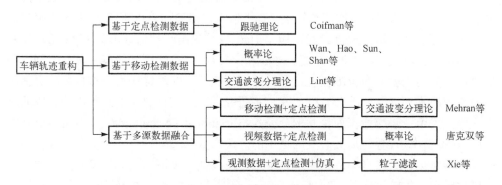

图 1-1　车辆轨迹重构研究脉络图

1) 基于定点检测数据的车辆轨迹重构

2002 年，Coifman 等[12]基于交通流理论和基本图假设提出一种快速路旅行时间和车辆轨迹估计方法，利用某一位置的单个线圈检测器数据估计道路局部交通参数，之后将局部参数外推拓展至整个路段。但是，仅利用道路局部单个检测器数据并不够全面。2010 年，Lint 等[13]基于连续多个线圈检测器数据，提取车辆在上下游的位置信息重构车辆完整轨迹，该方法重构的实际上是一种理想化的分段平滑轨迹。随后，Lint 等[14]融合快速路其他检测器数据估计旅行时间和车辆轨迹，避免对车辆速度进行平滑处理，提高了轨迹重构方法的鲁棒性。但由于线圈检测器覆盖率低、完好性差，检测数据自身包含大量原始误差，据此重构出的轨迹精确性较低。

车辆自动识别系统(Automatic Vehicle Identification, AVI)的广泛应用,为轨迹重构提供了另外的定点检测数据源。2015 年,Yang 等[15]使用 AVI 数据构建轨迹重构综合框架,基于粒子滤波在微观层面确定单个车辆的路径选择,并将随机用户均衡原理与宏观层面的路径流量估计器相结合,生成更准确的车辆路径估计,并提出粒子滤波的三个测量准则标准,即路径一致性、AVI 可测性和路径吸引,通过更新状态空间模型修正流量估计结果,估计结果表明粒子滤波方法可以准确估计车辆路径。在此基础上,2018 年,Rao 等[16]进一步利用自动车牌识别(Automatic License Plate Recognition, ALPR)数据识别不同车辆,基于粒子滤波算法提出一种离线方法重构路网中的车辆路径。根据路径重构结果,进一步估计历史 OD 模式,并在城市路网中进行了测试和验证。该方法在 ALPR 检测器高覆盖率和高识别率的情况下,可以准确重构车辆路径,但当 ALPR 检测器覆盖率和识别率较低的情况下,估计误差较大。

2)基于移动检测数据的车辆轨迹重构

2016 年,Wan 等[17]利用探测稀疏的历史更新数据估计交叉口的旅行时间和排队模式。根据排队和信号配时统计数据,将车辆轨迹划分为不同的类别,包括不停止轨迹、单次停车轨迹和多次停车轨迹。基于极大似然估计重构探测车 GPS 稀疏更新之间最大可能性的缺失轨迹。2017 年,Hao 等[18]提出一种估计车辆 GPS 稀疏更新点之间车辆行驶模式(加速、减速、巡航和空转)所有可能序列的概率模型。利用历史轨迹数据的先验分布校准模型,通过匹配行驶模式的最优序列,重构稀疏更新之间的轨迹缺失部分。2015 年,Lint 等[19]将研究道路区域离散为节点和连边组成的时空网格,采用一阶交通流理论和变分公式(Variational Formulation, VF)将节点间的速度(轨迹斜率)设置为离散时空网格中的分段常数(无加速度),重构分段线性的全样本车辆轨迹。2015 年,Sun 等[20]发现当分段线性轨迹被用来评估车辆的能源消耗和排放时会产生较大误差。2016 年,Shan 等[21]考虑车辆的加\减速度行为,根据采集的部分轨迹数据,将车辆驾驶模式划分为不同的状态,并提出估计不同状态的概率模型,同时基于极大似然估计重构探测车连续采样位置之间缺失的轨迹。2018 年,Li 等[22]提出一种基于 k 近邻算法的轨迹重构方法,根据不完整轨迹旅行时间估计完整轨迹,扩大样本数量。2021 年,蒋阳升等[23]利用部分探测车数据基于智能驾驶跟驰模型(Intelligent Diver Model, IDM)对缺失车辆位置信息进行估计,据此实现快速路车辆轨迹重构。然而,单一类型检测器只能提供有限的交通信息,考虑到道路检测设备的多样性,另外一些学者融合多源数据进行车辆轨迹重构[24-26]。

3)基于多源数据融合的车辆轨迹重构

2011 年,Mehran 等[27]将出租车作为探测车,通过融合探测车数据、交叉口信号配时数据和 AVI 数据,提出一种适用于城市信号控制交叉口的车辆轨迹重构方法。

并以日本东京的道路交叉口为例，进行数据采集和方法验证，发现当探测车渗透率高于 7%时，该方法可以准确重构大部分车辆轨迹。2012 年，Habu 等[28]在此基础上进一步融合定点线圈检测器数据，对道路上的车辆短时轨迹进行预测。随后，Sun 等[29]同样基于探测车数据，融合上游 AVI 数据和交叉口信号配时数据，构建适用于单点交叉口的车辆轨迹重构模型，并采集实际数据进行参数标定和方法验证。2016 年，唐克双等[30]在缺少高质量探测车数据的情况下，对交通信号数据、定点线圈检测器数据和视频检测器数据进行融合，提出一种交通流全样本车辆轨迹重构方法。

以上方法均是针对交叉口车辆短时轨迹重构，并未拓展至连续干道层面。2019 年，Jabari 等[31]整合车辆跟驰模型和条件随机场算法(Conditional Random Fields Algorithm)，基于车辆 GPS 数据和信号配时数据重构车辆轨迹。该方法属于数据驱动算法，研究过程需要采集大量检测数据，随着道路几何面积的增加，所需样本量将迅速增加，无法保证算法效率。2018 年，Xie 等[32]考虑到定点线圈检测器采集的数据存在大量漏检和错检，故利用信号配时数据、车辆通过时间和车辆旅行时间观测数据修正测量误差，将定点检测器数据与观测数据融合，并集成于同一微观交通仿真框架中，利用粒子滤波重构信号控制干道车辆轨迹，结果表明粒子滤波方法可以有效修正测量误差，获得准确的重构轨迹。但该方法仅利用仿真数据模拟实际检测数据，与真实检测环境存在差异；同时，现实环境中线圈检测器覆盖率低、完好率低，线圈检测器数据实际获取困难[33-35]。

综上，众多研究已提出不同形式的轨迹重构算法。传统基于数学概率模型的方法忽略了检测数据本身的固有误差，如定点检测漏检错检、GPS 定位误差等，在面对高噪声测量系统时无法实现准确重构。粒子滤波作为一种非线性非高斯系统状态估计方法，较为适合高噪声系统状态估计，且已在其他领域成功应用。在交通领域，一些学者包括 Yang 等[15]、Rao 等[16]、Xie 等[32]、Yu 等[35]利用粒子滤波从不同的角度进行了车辆轨迹重构，结果均证明粒子滤波方法的优越性。然而，目前大多数利用粒子滤波进行轨迹重构的研究均集中于路网层面，主要目的是估计车辆在整个路网运行所经过的路段信息，即完整的车辆路径，而不考虑车辆停车等待、速度变化等细化特征。在干道层面，由于信号控制将造成车辆轨迹间断，轨迹重构的难度增大，粒子构建需要精细化考虑车辆运动特征和信号控制等因素的影响，故迄今为止少有研究将粒子滤波有效应用于信号控制干道进行车辆轨迹重构。

1.2.2 基于众包轨迹的信号交叉口排队长度估计

排队长度是在空间层面刻画交通运行状态较为直观的指标，能够直接反映交叉口的拥挤程度，因此交叉口排队长度常被作为交通管理与信号配时优化的依据[36,37]。早期基于定点检测器(如线圈、地磁、微波、视频)的排队长度估计方法可以分为两类。其中一类基于交通波模型，该模型通过分析交叉口排队的形成和消散过程估计排队长度。另一类基于累积到达-驶离模型,该模型通过分析车辆在交叉口的到达和驶离曲线,估计交叉口排队长度[15-20]。由于定点检测器存在诸多现实弊端,亟需一种更低廉、高效、可靠的数据源实现排队长度的精确估计。

众包轨迹蕴含丰富的交通流信息,基于众包轨迹的周期级交叉口排队长度估计成为交通研究的热门领域。但是,考虑到众包轨迹数据低渗透率的客观现实,如何基于低渗透率众包轨迹数据估计排队长度成为当前交通领域研究的难点。当前基于众包轨迹的排队长度估计方法可以分为两类,第一类是概率统计方法,第二类是基于轨迹分析方法。

1)基于概率统计方法

2009 年,Comertd 等[38]提出一个概率分析模型来估计信号交叉口的实时排队长度,该模型在浮动车渗透率已知的情况下,通过最后一辆浮动车的位置来计算排队长度的期望值。该研究在交叉口未饱和场景下假设车辆到达服从泊松分布,并测试了算法在周期开始时交叉口存在和不存在初始排队时算法的性能,实验结果显示算法在较高渗透率和较高流量下,排队长度估计结果更加精确。2011 年,Comert 等[39]在 2009 年提出的排队长度估计算法的基础上,通过加入最后一辆浮动车加入队尾的时间参数,进一步拓展了模型。

2013 年,Comert[40]在假定泊松到达的情况下,提出一种闭环分析模型,该模型利用到达率、浮动车渗透率、信号配时等基本参数作为输入估计每周期的排队长度,并运用微观仿真软件 VISSIM 测试了算法在是否存在初始排队的不同场景下的性能,分析了算法在不同渗透率、到达率以及容量比下的性能变化。

2013 年,庄立坚等[41]提出一种基于低采样率浮动车数据,具有良好数据驱动性的信号交叉口排队长度在线检测方法,利用队尾浮动车位置作为关键信息估算最大排队长度。该方法假设车辆到达服从泊松分布,算法的主要步骤为地图匹配、停车点统计、排队队尾浮动车判定以及排队修正,实验部分选择广州市的一个典型交叉口进行排队长度实际值和估计值的对比,实验结果显示算法在浮动车渗透率较高(20%以上)的条件下估计结果较为理想。

2014 年,Hao 等[42]以抽样行程时间为输入,提出一种基于贝叶斯网络的随机学习方法估计每周期的排队分布。该方法分为三个步骤:首先利用移动传感器(如 GPS 等)获取研究交叉口和上游交叉口之间的行程时间,并基于行程时间对每周期进行场景分类;然后,利用贝叶斯网络计算隐藏参数的条件概率;最后,基于采样数据和估计的隐藏参数,利用贝叶斯理论实现排队分布估计。该研究利用 NGSIM 实际数据和仿真对算法进行了测试。

2015 年,Tiaprasert 等[43]在不假设车辆到达分布,以及不以信号配时、交通流量、排队特征作为算法输入的前提下,提出一种同时适用于固定配时和感应配时的统计模型来估计排队长度。在此研究中，小波变换（Discrete Wave Transform, DWT）方法被应用于排队长度估计算法中，提高模型的准确率和鲁棒性。

2018 年，Shahrbabaki 等[44]提出一种数据融合方法实现基于采样间隔的排队长度估计，该方法以上游路段的定点检测器以及浮动车的速度、位置数据为输入。同时，为实现低渗透率条件下的排队长度估计，该方法在构建的概率模型基础上加入了误差补偿项。该研究利用 AIMSUM 微观仿真软件，测试了算法在不同路网、不同渗透率以及不同交通需求下的表现。

2）基于轨迹分析方法

2011 年，Ban 等[45]基于交叉口延误模型，通过分析交叉口延误模型中的间断点及非平滑点，揭示了基于浮动车采集的抽样行程时间实时估计排队长度的方法。该方法由三个步骤组成：首先根据原始的采样车辆延误构建交叉口实时延误模型，接着利用交叉口实时延误模型和排队队尾无延误到达时间（Queue Rear No-delay Arrival Times, QRNATs）估计排队延误，最后计算周期最大排队和初始排队长度并构建实时排队曲线。采用实际数据和仿真数据对此方法进行了测试，测试结果显示此方法在较高渗透率（20%以上）的情况下排队长度估计结果较为准确。

2013 年，Li 等[46]利用浮动车轨迹、线圈等多源数据估计排队长度。首先利用信号配时数据和浮动车数据提供的排队长度下界信息，提出了一种基于事件的排队长度估计算法。此外还利用卡尔曼滤波（Kalman Filtering）融合浮动车轨迹数据和线圈传感器数据进行排队长度估计。该研究采用 VISSIM 仿真软件对算法在不同渗透率下的排队长度估计进行了测试，测试结果显示基于事件的排队长度估计方法和基于数据融合的排队长度估计方法都需要较高渗透率（50%以上）以实现精确的排队长度估计。

2015 年，Ramezani 等[47]从浮动车轨迹中提取车辆加入和离开队列的关键点，之后利用分段线性方程建模排队形成过程，从而提高排队估计的精度。该方法不需要利用信号配时信息和车辆到达分布假设，并且可以同时应用于未饱和、饱和状态的信号交叉口，同时能够推断交叉口发生溢流的概率。

2015 年，Hao 等[48]利用从移动传感器获得的短距离浮动车轨迹进行长距离排队估计，该方法主要由两个步骤组成：轨迹重构和基于延误的排队长度估计。轨迹重构模型首先将到达轨迹划分为四种类型，通过对轨迹的加速、减速过程建模实现轨迹重构。基于重构的轨迹，利用基于延误的排队长度估计模型实现每周期长距离排队的估计。该方法要求周期内存在至少一辆停车车辆，当周期内仅有未停车浮动车轨迹时无法应用。

2017 年，Li 等[49]提出一种识别算法，用来提取浮动车轨迹中代表车辆到达模式变化的关键点，之后通过分段线性方程估计停车波和消散波曲线，基于交通波模型估计排队长度。该方法不需假设车辆的周期到达分布，并且可以估计交叉口的信号配时参数，但该方法要求周期内至少存在两条停车浮动车轨迹才能实现排队长度估计。最后，采用 VISSIM 软件测试了浮动车轨迹不同采样间隔、不同渗透率下的算法性能。

2017 年，冯毅文[50]以深圳市大规模浮动车 GPS 数据为基础，提出一种基于空间分布模式的道路交叉口排队长度探测算法。该算法根据排队形成的机理，提取排队车辆的轨迹点特征，通过引入空间分布模式的分析方法，定量获取道路上轨迹点的空间分布，并结合提取的特征实现排队长度的探测。

综上，上述基于众包轨迹的排队长度估计方法均要求渗透率达到一定程度（如25%以上）才能进行排队长度估计，算法精度对渗透率较为敏感。考虑到众包车辆渗透率在短时间内仍然会维持较低的水平，因此亟需提出一种适用于当前较低渗透率环境下的排队长度估计算法。

表 1-1 是对当前基于众包轨迹的排队长度估计方法的总结。根据交通需求不同，信号交叉口可能处于非饱和或饱和状态，因此基于众包轨迹的排队长度估计方法需要同时适用于不同的交通状态。当交叉口处于饱和状态时，受制于交叉口通行能力，过长的排队在下个绿灯相位内无法完全清空，导致下个周期开始时存在初始排队，因此初始排队对于描述每周期排队的动态过程具有重要作用。由表 1-1 可见，除了Ban 等和 Li 等的研究，绝大多数方法均未对初始排队长度进行估计。Ban 等[45]的研究要求较高的渗透率才能实现精确的排队长度估计，而 Li 等[46]的研究需要周期内存在两条停车轨迹，在低渗透率环境下普遍难以实现。部分算法实现了基于采样间隔的排队长度估计[43,44]，其余算法实现的是每周期的排队长度估计，而排队长度估计的频率根据实际应用的需求决定。例如，部分信号控制算法需要基于采样间隔的排队长度估计作为输入（例如 Varaiya 等[51]和 Smith 等[52]的研究），部分算法则需要每周期的排队长度估计结果作为算法输入[53]。另外，部分算法不使用信号配时信息进行排队长度估计，这类算法通常只适用于渗透率较高的环境。随着无线通信技术的发展，越来越多的道路尤其是城市干道的交通路侧设施包括交通信号灯实现联网，能够方便地获得实时的信号配时信息。同时考虑到城市干道容易诱发排队溢流现象，溢流情况下的排队长度估计同样有必要进行重点研究。然而，从表 1-1 中可以发现绝大多数研究无法实现溢流情况下的排队长度估计。

综上所述，亟需一种基于低渗透率众包轨迹数据的排队长度估计方法，该方法应具有如下特点：

①适用于低渗透率场景，在周期仅存在一条众包轨迹的情况下同样能实现排队长度的准确估计；

②同时实现周期初始排队长度和最大排队长度估计；

③适用于不同的交通状态，包括研究交叉口的未饱和状态和饱和状态，以及下游交叉口存在排队溢流的情况。

表 1-1　基于众包轨迹排队长度估计方法的总结

文献	年份	交通状态	初始排队估计	估计频率	信号配时需求	渗透率需求	是否考虑排队溢流
Comert[38]	2009	非饱和	否	周期	是	是	否
Comert[40]	2013	非饱和	否	周期	是	是	否
Hao[42]	2014	饱和/非饱和	否	周期	否	是	否
Tiaprasert[43]	2015	饱和/非饱和	否	采样时间	否	是	否
Shahrbabaki[44]	2018	饱和/非饱和	否	采样时间	否	是	是
Ban[45]	2011	饱和/非饱和	是	周期	否	否	否
Li[46]	2013	非饱和	否	周期	否	否	否
Ramezani[47]	2015	饱和/非饱和	否	采样时间	否	否	是
Hao[48]	2015	饱和/非饱和	否	周期	否	是	否
Li[49]	2017	饱和/非饱和	是	周期	否	否	否

1.2.3　基于张量分解的缺失数据填补和交通状态估计

当前众包车辆渗透率维持在较低水平，低渗透率环境下交叉口部分周期将不可避免地处于无轨迹状态，导致目前基于众包轨迹的排队长度估计方法失效，出现单纯依靠众包轨迹难以实现周期级的排队长度估计的情形，从而无法为交通控制系统的优化提供稳定支撑。由于交通数据显著的多模式特性[54,55]，如在时间模式上呈现 M 型的变动特性；在周模式和天模式上呈现周期相似性；在邻近空间内具有较强的空间相关性[56]，所以，如何充分挖掘交通数据多模式特性，利用交通预测方法实时估计无众包轨迹周期的车辆到达流率，进而实现排队长度估计，成为低渗透率环境下周期级排队长度估计的关键补充。

鉴于交通预测对于交通领域研究的重要性，学者们提出了众多交通预测算法[57,58]。传统的交通预测方法大部分依靠交通数据的时间序列特性预测交通流量。ARIMA 模型根据当前的交通流量状态，假设未来的交通流量随时间呈线性变化，从而实现交通流量预测[59]。为了捕捉交通流量数据的非线性变化特性，2002 年，Smith 等[60]提出一种非参数模型用于交通流量预测。2009 年，Castro-Neto 等[61]利用支持向量回归方法挖掘交通数据的非线性变化进行交通预测。同时，多种神经网络模型被用于捕捉训练数据中过去交通状态与未来交通状态间的关系，达到预测的目的[62-64]。然而，仅利用交通流量的时间序列特性不足以实现交通流量的准确预测，尤其是面对大范围交通预测场景。因此，许多研究方法尝试加入交通流量数据的空间特性以获得更为准确的预测结果。2007 年，Min 等[65]通过在交通预测算法中加入包含相邻交叉口距离信息的空间关联矩阵，实现"细粒度"、高精度、大范围的交通流量预测。2011 年，Dunne 等[66]利用人工神经网络算法，以交通数据的时间和空间特性为输入，提出一种交通流量和速度预测方法。这类方法将交通数据构建为二维模型，同时包含交通流量的时间特性和空间特性，因此该类算法的效果通常要优于只使用时间特性的方法。

尽管上述方法在一定条件下能够实现准确的交通预测，但是在面对包含多维信息的复杂交通数据模型时，由于一维或者二维模型只能利用有限的交通信息，预测效果往往存在缺陷。将多维结构的数据构建为张量(三维或以上矩阵)模型是目前处理多维数据常用的方法，并且在多个研究领域获得成功应用，如人脸识别[67]、社交网络[68]、视频处理[69]和神经系统科学[70]等领域。同时，自从张量方法引入交通领域后，已在诸多场景应用并取得了理想效果，其中以交通数据修复领域的应用最为广泛。

2013 年，Tan 等[71]首次将张量分解方法应用于交通缺失数据的修复，提出基于Tucker 分解的数据填补方法，该方法将交通流量数据构建为能够充分利用交通流量数据时空信息的多维张量模式。基于真实数据的实验结果显示，该方法能够在数据缺失率较高的情况下准确修复缺失数据，同时还测试了在极端天气影响下数据严重缺失时算法的性能表现。2014 年，Tan 等[72]基于以上研究，利用非线性优化技术提出 Tucker 权重优化算法，并利用梯度下降方法保证算法局部最优解的收敛性。

2016 年，Ran 等[73]利用 HaLRTC 方法，详细分析了空间信息对于提高张量分解方法填补缺失数据性能的作用，该研究将交通流量数据构建为包含时空关联的四维张量，实验结果显示低秩假设能够成功捕捉交通流量数据潜在的多维结构，融入空间信息有助于减少张量填补方法的误差。

2017 年，Goulart 等[74]提出可以迭代调整 Tucker 分解中核心矩阵阈值的张量填补算法，提高张量方法填补数据的性能。算法测试采用实际路网的速度数据，测试结果显示该方法相较于传统张量分解方法和矩阵填补方法具有更高的填补精度和计算效率。

2019 年，Chen 等[75]将由 Salakhutdinov 等[76]提出的贝叶斯矩阵分解方法(Bayesian Matrix Factorization Algorithm)应用于高阶张量中进行交通速度数据填补，提出 BGCP(Bayesian Gaussian CANDECOMP/PARAFAC)分解模型。该研究同时测试了数据不同构成方式(如矩阵、三阶张量和四阶张量)对数据填补方法的影响，测试数据为在广州市采集的持续九个星期的速度数据。

除了交通数据填补，张量方法在其他研究领域也得到了应用。2016 年，Sun 等[77]提出一种基于张量分解的多向概率分解方法，对多维出行数据进行分析。2018 年，Chen 等[78]利用不完整的交通速度数据，基于张量分解方法充分挖掘交通速度数据的时间-空间模型以及潜在的数据结构，该研究利用截断奇异值分解(Truncated Singular Value Decomposition, T-SVD)方法来确定 Tucker 分解核心矩阵的尺寸，并基于此提出 STD(SVD-combined Tensor Decomposition)方法实现缺失数据填补并发掘交通速度数据的时空特性。

由于可以充分挖掘多维数据间的相互关系，张量方法在交通预测方面也具有极大的应用潜力，其中，对未来交通数据的预测问题即可视为缺失数据的张量填补问题。2016 年，Han 等[79]提出一种非负张量分解方法实现大范围交通状态的长时预测。该方法基于张量分解的时-空数据，研究大范围城市路网的动态交通特性。首先利用三维张量刻画整个路网交通状态的时间演变，之后通过张量分解方法和 K-means 聚类方法挖掘典型的全局交通状态时空演变特性，最后通过在张量分解模型中插入基于 K-NN 的启发式信息来实现长时交通状态预测。

2016 年，Tan 等[80]提出一种动态张量填补(Dynamic Tensor Completion, DTC)方法，从多模式信息挖掘角度出发，构建交通流量数据动态张量模型，实现交通流量的短时预测。该方法通过将交通流量数据构建为张量流结构，实现动态张量填补，并利用快速矩阵分解方法求解目标方程。最后，利用真实数据集验证了动态张量填补方法的交通流量预测效果，实验结果显示动态张量填补方法预测效果要优于 ARIMA 模型。同时，将动态张量方法与传统的预测模型进行比较，结果显示动态张量方法的预测效果显著优于传统预测模型。

综上所述，当前基于张量分解方法均是针对较粗时间颗粒度(如 10 分钟以上)的交通数据修复和预测，仍无法满足周期级的排队长度估计需求。因此，有必要充分挖掘干道交通流的时空相关性，创新性运用张量分解方法进行细颗粒度的交通流量数据估计，从而实现周期级的排队长度估计。

1.2.4　面向排队溢流风险防控的干道信号控制优化

信号灯在城市交通系统中具有举足轻重的作用，信号灯的优化控制一直是交通研究中的热点问题。众多自适应信号控制系统，如 SCATS[81]、OPAC[82]、SCOOT[83]和 RHODES[84]等，已被广泛应用于城市干道。这些系统的输入数据基本上是由定点检测器(如感应线圈检测器和视频检测器)提供，高昂的安装和维护费用使其难以大范围布设，同时检测器在实际应用过程中还存在由设备失效而产生大量错误数据的弊端，直接影响了信号控制系统在干道的协调控制效果[85,86]。

与定点检测器相比，众包轨迹具有连续性强、可靠性高以及成本低等优点，因此越来越多的学者将众包轨迹作为信号灯控制优化新的切入点。一般而言，车辆位置、速度和时间戳等信息组成的数据，均可视为众包轨迹数据。2009 年，Priemer 等[7]利用车路通信数据提出一种去中心化的自适应交通信号控制算法。该算法通过动态编程和枚举求解优化函数，实现每 5 秒的相序优化，达到减少交叉口排队长度的目的，实验结果显示当渗透率达到 20%以上时，算法性能优于 TRANSYT-7F 方法。2012 年，He 等[6]提出一种名为 PAMSCOD 的车队统一规划算法，该算法在车路通信的环境下针对干道和路网中不同行驶模式的车辆(如自动驾驶车辆、摆渡车、紧急车辆等)进行交通信号优化。该算法采用混合整数线性规划求解目标函数，获得优化后的信号周期长度和信号相位差。该研究还提出一种基于车头时距的车队识别算法，用于识别驶入信号交叉口的车队和排队情况。实验结果显示，该算法在渗透率达到 40%以上时优化效果较好。2013 年，Lee 等[87]基于车联网数据，提出一种累积行程时间响应(Cumulative Travel-time Response, CTR)的实时交叉口控制算法。该算法采用卡尔曼滤波估计交叉口各个相位的累积行程时间(Cumulative Travel Time, CTT)，最高的 CTT 所对应的相位获得绿灯时间。实验结果显示，当渗透率高于 30%时，CTR 算法可以显著提升交叉口的通行能力。2013 年，Goodall[8]提出一种名为预测性微观仿真算法(Predictive Microscopic Simulation Algorithm, PMSA)的滚动交通信号控制算法。该算法以联网车辆的位置、方向和速度等信息为输入，利用微观仿真预测诸如延误、停车次数和车辆减速度等目标函数，通过相位的选择优化目标函数，实现交叉口信号控制优化。2015 年，Feng 等[86]以车联网数据为输入提出一种实时自适应信号控制算法，该算法通过求解双层优化问题实现相序和相位时长的优化，以最小化总延误和最小化排队长度为目标函数，使用位置和速度估计算法预估未联网车辆的状态。2017 年，Li 等[88]提出一种基于动态规划的信号控制优化方法，实现固定周期长度下燃油消耗和行程时间的最小化，该方法将信号控制优化问题构建为混合整数非线性规划问题(Mixed Integer Nonlinear Programing Problem)，并分阶段求解固定信号周期长度下约束函数的最优解。

上述基于众包轨迹的干道信号控制方法适用于未来渗透率较高的理想车联网环境，近期内众包轨迹的渗透率仍将维持在较低的水平，因此在低渗透率环境下如何充分利用众包轨迹进行交通信号控制是迫在眉睫的研究问题。2018 年，Zheng 等[9]基于滴滴出行众包轨迹数据，初步提出一种基于在线检测的反馈控制优化算法，通过在一定时间段内(>30 分钟)集计抽样轨迹，估计干道主要直行车流的运行状态，并分层优化 TOD 控制时段、周期时长、相位差及绿信比等参数，实现控制策略的整体优化目标。该方法及其系统在一定程度上降低了干道车流的车均延误，提高了行驶速度，然而其"粗粒度"、"长时段"的特点难以满足城市干道交通流分周期、分流向的精细化状态评估及控制优化需求。

随着城市交通需求的爆发式增长，现有的交通供给侧受制于城市空间、环境等因素不足以满足交通需求，道路交通愈发变得拥堵，甚至产生排队溢流现象。排队溢流作为交叉口过饱和的主要特征，是指交叉口交通需求在一段时间内持续超过通行能力，发生排队溢出并阻塞关联交叉口的现象。在城市路网中，特别是短间距情况下，如不能快速识别并有效控制排队溢流将会导致网络过饱和问题。排队溢流的直接表现就是过长排队的产生，因此，相比于流量、延误等其他交叉口评价指标，排队长度能直接反映交叉口的溢流风险，以周期级排队长度作为信号控制算法的输入更易达到主动响应交通需求变化、解析排队溢流成因及定量分析溢流风险的目的，目前已有基于排队长度的信号控制研究综述如下。

2013 年，Christofa 等[89]针对过饱和交通条件，提出了基于车联网数据进行实时排队溢流检测的方法和信号控制策略。该研究提出了两种实时排队溢流检测方法：基于联网车辆间隔的溢流检测方法和基于交通波的溢流检测方法。在检测出交叉口存在溢流风险后，通过调整信号配时限制上游交叉口车流的流入，增加溢流风险交叉口绿灯时长，从而增加车流流出，防止溢流发生。实验结果显示当渗透率达到 20%以上时，算法可以较好地防止溢流产生。2015 年，Jang 等[90]提出了一种路网过饱和状态下平衡各路段排队长度增长(Queue Growth Equalization, QGE)的信号优化算法，实现了延缓排队溢流产生的目的。该算法提出了一种衡量交叉口排队增长速度的评价指标，通过使各交叉口该指标差值最小化进而达到平衡排队长度的目的。实验在三种不同饱和度场景下进行，结果显示 QGE 算法效果优于 TRANSYT-7F 算法。该方法需要实时的交通流量与车辆流向比作为输入，进行排队长度的计算，而实际场景中很难获取如此详细的交通信息。2015 年，李萌萌[91]针对排队溢出现象频繁发生所引发的严重交通拥挤问题，对预防交叉口排队溢出的交通信号控制方法进行了研究。通过交通调查和对排队溢出现象及其影响进行简要描述后，对排队溢出进行了分类，并分析了交叉口排队溢出形成的原因。在此基础上，综合考虑通过上游交叉口的车辆到达下游交叉口时信号灯状态及交通流排队情况，应用停车波和起动波的传播机理，建立了相邻信号交叉口之间最大排队长度计算模型，并利用实际调查数据通过计算跟踪误差验证了该模型计算结果的可靠性。2017 年，Ramezani 等[53]以路段排队长度为输入，提出一种干道分割的信号控制反馈方法降低交叉口溢流发生风险，实现信号控制优化的目的。算法首先实时检测路网中各个交叉口各流向的排队长度，筛选出排队长度过长的路段，其中相邻的路段组成一个集合，并确定每个集合的进入和退出交叉口，视为路网中的关键交叉口。通过优化这些交叉口的信号配时达到控制排队溢流的目的。该方法假设每周期各路口的排队长度已知，并作为算法输入。

综上，上述大部分研究只适用于未来渗透率较高的理想车联网环境，且难以实现实时的信号控制优化。考虑到当前城市路网尤其是城市干道的拥堵程度，控制策略失效的关键原因之一在于未能及时、准确地辨识排队溢流风险，信号控制策略响应交通需求相对滞后，因此需要针对当前低渗透率环境，提出一种基于周期级排队长度的面向排队溢流风险防控的实时干道信号控制优化方法。

1.2.5　路网瓶颈辨识

目前大多数交通瓶颈辨识方法集中于城市快速路场景[92-94]，城市道路网瓶颈的辨识更具挑战性。第一，城市道路网的拓扑结构比快速路更为复杂，车辆行驶模式和拥堵传播过程难以估计。第二，城市道路网交通量更大，导致路网状况不确定性因素增多。第三，城市道路网车流属于间断性交通流，而快速路车流属于连续性交通流，交通信号和突发事件等因素对城市道路网的影响比对快速路更大，导致瓶颈辨识难度增大。近年来，受益于交通检测技术的进步和检测数据质量的提升，城市道路网瓶颈辨识受到了重点关注。学者们利用多种方法对城市道路网瓶颈路段和瓶颈交叉口进行辨识，总体来看，现有方法主要分为两类：基于单点拥堵分析的瓶颈辨识和考虑拥堵传播规律的瓶颈辨识。

（1）基于单点拥堵分析的瓶颈辨识。

基于单点拥堵分析的瓶颈辨识方法主要是通过分析路网路段的平均行程速度、车辆速度分布、流量/容量指数等特征参数，结合临界判别阈值得到瓶颈辨识结果，研究总结如表 1-2 所示。

表 1-2　基于单点拥堵分析的瓶颈辨识研究总结

特征参数	代表性文献	研究方法	关注重点
平均行程速度	Lawson[95] (1997)	数理统计	瓶颈点车辆的时空分布规律
	Newell[96] (2013)	交通波理论	交通拥堵的持续时长
	Long[97] (2008)	交通波理论	确定路段是否可视为瓶颈
	Jimenez[98] (2016)	数理统计	通过速度阈值识别瓶颈
	Kumarage[101] (2018)	数理统计	拥堵持续时长
车辆速度分布	Zhao[102] (2013)	混合高斯分布	运用混合高斯分布拟合速度分布曲线
	Qi[103] (2019)	序拟合	按路段速度升序排列进行序拟合
	Sohail[104] (2019)	速度变化曲线拟合	拟合车辆速度变化曲线
流量/容量指数	Ye[105] (2014)	车辆路线选择模拟	分析流量和容量的比率 V/C 指数变化
	Yuan[106] (2014)	数理统计	对比进入路段车辆数和离开车辆数
	Gong[107] (2009)	数理统计	计算道路平均占用率

①基于平均行程速度。1997 年，Lawson 等[95]通过估计车辆到达曲线分析路网瓶颈点车辆的时空分布规律，并以此作为交通瓶颈研究的基础。2013 年，Newell[96]对车辆排队过程进行分析，研究车辆累积曲线的特征，判断平均行程速度和拥堵持续时长。2008 年，Long 等[97]以路段平均行程速度为关键参数，判别路段是否可视

为瓶颈。2016 年，Jimencz 等[98]利用多天的出租车 GPS 数据计算同一路段同一时间不同天的平均速度，通过速度阈值识别瓶颈。2019 年，Kan 等[99]利用一天的出租车轨迹数据，基于机器学习将轨迹分类为有效轨迹和无效轨迹，剔除无效轨迹。之后，基于轨迹与路段对应关系，识别拥堵交叉口，并根据每段拥堵轨迹对应的转向聚类，得到交叉口不同转向的拥堵持续时长。2019 年，He 等[100]利用多天出租车轨迹重构路网交叉口和路段，识别交叉口拥堵程度，速度低于 10km/h 且不在交叉口附近的轨迹点被认为是拥堵点。2018 年，Kumarage 等[101]提出判别瓶颈不能仅考虑路段的拥堵程度，还应考虑拥堵持续时长：如果某一路段拥堵严重，但持续时间较短，则可能并非路网瓶颈；如果一条路段拥堵程度较低，但持续时间较长，则可能是路网瓶颈。上述方法本质上均认为速度持续较低的路段即为路网瓶颈，但实际上瓶颈会导致路网多个路段发生拥堵，速度持续较低的路段不一定为路网瓶颈。

②基于车辆速度分布。2013 年，Zhao 等[102]根据车辆 GPS 数据，将一天内的出行时间进行分段，包括早晚高峰、平峰，分别对道路速度分布曲线运用两项混合高斯分布进行拟合。如果是单峰分布，则认为该道路在该时段内行驶条件可靠，在此基础上，判别不可靠和可靠低速路段为路网瓶颈。该方法仅用两项混合高斯分布拟合速度分布，据此判断路网行驶速度可靠性具有局限，路网速度分布不一定满足两项混合高斯分布，大多情况下是一般的混合高斯分布[45]。在此基础上，2019 年，Qi 等[103]利用 GPS 数据按速度对路段进行升序排列，某一路段的顺序为 r，利用多项混合高斯分布拟合 r 概率分布，判断常发性和非常发性拥堵，常发性拥堵路段中最低 r 平均值对应的路段即为瓶颈，与瓶颈路段 r 值分布相似的路段组成拥堵区域。2019 年，Sohail 等[104]通过采集车辆速度数据，绘制车辆速度分布曲线，速度快速下降的地方视为道路瓶颈，主要包括车道数量变化处、高架桥合流\分流处、U 型路等。这些瓶颈主要是由道路结构变化造成，往往易于识别。

③基于流量/容量指数。2014 年，Ye 等[105]采用车辆路线选择模型模拟城市交通流，并识别路网瓶颈。该方法根据路段交通流量 V 和道路容量 C 的比率确定 V/C 指数，如果某路段实时 V/C 指数高于设定的临界值(由历史经验数据确定)，则认为该路段是瓶颈。2014 年，Yuan 等[106]认为当进入某一路段车辆数大于离开车辆数时，认定该路段为瓶颈，需要通过交叉口之间的信号协调控制进行配时优化，从而使进入路段车辆数和离开路段车辆数达到均衡。然而，由于基于流量的道路阻抗和网络有效性难以计算，所以基于 V/C 的方法性能表现尚未得到充分验证。同时，这类方法并未明确考虑拥堵路段之间的传播效应，因此无法刻画瓶颈的重要特征，即瓶颈处的拥堵可能会蔓延到其他路段。V/C 定义更适合描述路段的拥堵程度，而非作为瓶颈度量指标。Gong 等[107]根据道路占用情况估计每条路段的拥堵程度，其中 30%的平均占用率被认为是区分"未拥堵状态"和"拥堵状态"的临界阈值，并基于拥

堵路段之间的时间关系分析，将首先发生拥堵的路段视为瓶颈。然而，实践经验表明第一条出现拥堵的路段并非为路网大面积拥堵的直接原因。

以上路网瓶颈辨识方法仅基于路段本身的拥堵程度，根据平均出行时间、出行速度等参数评估拥堵情况，判定最拥堵的路段即为道路网络瓶颈，并未考虑拥堵传播效应。

(2)基于拥堵传播规律的瓶颈辨识。

随着通信技术的发展，交通数据采集质量有效提升。考虑到基于单点拥堵分析的局限性，部分学者开始对不同路段拥堵之间的因果关系进行剖析，以提升瓶颈辨识的准确性。近年来，考虑交通拥堵传播效应的瓶颈辨识受到关注，根据不同研究所基于的理论体系可将基于拥堵传播规律的瓶颈辨识分为三类：基于交通流理论、基于复杂网络理论和基于路网仿真，研究总结如表 1-3 所示。

表 1-3　基于拥堵传播规律的道路网交通瓶颈辨识研究总结

研究理论	代表性文献	统计属性	关注重点
交通流理论	吴正[108] (2003)	阻塞流传播范围	阻塞交通流在城市干道的传播规律
	Daganzo[109] (2005)	运动波变化	异常事件可以诱发移动交通瓶颈
	刘小明[110] (2012)	集散波变化	瓶颈路段上下游信号控制路口之间的关联性
	陈涛[112] (2016)	宏观交通流特征	诱发瓶颈和拥堵的原因
复杂网络理论	Dong[113] (2011)	道路容量	构建有向网络图，判图的最小割
	Sun[114] (2014)	阻抗、网络有效性	路段故障前后统计参数的变化量
	Ma[115] (2016)	网络效率	根据交通流确定 BPR 函数边阻抗
	Li[116] (2015)	渗流参数	全局交通流和局部交通流之间的转换关系
路网仿真	马莹莹[118] (2019)	宏观基本图	交通小区拥堵临界状态
	Lee[123] (2011)	拥堵系数	拥塞传播模式空间交叉区域
	Li[124] (2020)	拥堵成本	拥堵路段之间的关系

①基于交通流理论。2003 年，吴正等[108]运用交通波建模瓶颈路段和瓶颈交叉口导致的阻塞传播过程，刻画阻塞交通流在城市干道的传播规律。2005 年，Daganzo等[109]运用交通波理论解析异常事件对交通流运行产生的干扰及由此诱发的移动交通瓶颈。2012 年，刘小明等[110]基于交通集散波研究城市干道交通瓶颈上下游信号控制路口之间的关联性，并提出瓶颈上下游路口管理控制建议。2015 年，卫立阳[111]建立微观仿真模型对拥堵高发路段的交通流进行模拟，分析道路通行能力。2016 年，陈涛[112]分析了瓶颈影响下的路网宏观交通流特征及诱发瓶颈、拥堵的原因。以上方法通过分析某一路段或交叉口发生阻塞时的交通拥堵传播过程，模拟网络阻塞交通流演化，侧重分析了某一路段拥堵造成的后果，但缺乏对真实道路环境和车辆行驶特征的考虑。

②基于复杂网络理论。2011 年，Dong 等[113]将路网交叉口抽象为节点，道路抽象为边，以道路容量表示边容量，构建有向网络图，根据最大流最小割原理，即最小割边的容量之和大于等于最大流，判别图的最小割，最小割包含的边即认为是网络瓶颈。2014 年，Sun 等[114]定义了一个基于交通阻抗和网络有效性的统计参数，通过比较特定路段故障（拥堵）前后该统计参数的变化量，将参数变化量较大的路段作为路网瓶颈。2016 年，Ma 等[115]基于复杂网络理论，将路网交叉口表示为点，路段表示为边，根据交通流分布利用 BPR（Bureau of Public Road）函数确定边阻抗作为节点之间的费用，通过移除网络的单条连边，对比移除前后相同起点到相同终点的费用和网络效率变化值，最大变化值对应的边即认为网络瓶颈。但该类方法仅能识别网络物理层面的瓶颈，往往并不能反映真实交通现象。因为现实中交通需求直接影响交通流分布，若不考虑交通需求分布特点便无法准确辨识网络瓶颈。2015 年，Li 等[116]分析了全局交通流和局部交通流之间的关系，基于统计物理学中的渗流理论辨识路网瓶颈，并通过改善少量瓶颈提升路网性能。2019 年，吴若乾等[117]基于渗流理论进行路网瓶颈识别，通过移除道路部分有向连边判别对路网连通性影响最大的关键点段。该类方法可以识别网络物理层面的瓶颈，但将连边移除实际上表示的是路段完全堵塞或完全封闭，现实中很少出现这类交通现象。因此，基于从网络拓扑结构角度提出的瓶颈辨识方法，估算得到的旅行费用和网络效率可能与真实情况不符，导致识别的瓶颈在一定程度上不能反映路网真实运行情况。

③基于路网仿真。2019 年，马莹莹等[118]基于宏观基本图（Macroscopic Fundamental Diagram，MFD），即区域内的车辆数与驶出流量之间的关系，分析了路网交通小区的拥堵情况。2016 年，Nguyen 等[119]提出一种基于拥堵传播的因果关系树（Causality Trees）构造算法，在估计拥堵传播模式的同时，根据拥堵时间和空间信息估计拥堵传播概率，并基于构造的因果关系树中的频率子结构（Frequency Sub-structures）研究道路网络中拥堵传播的频率模式。同年，Wang 等[120]提出一个三阶段拥堵传播模式框架，剖析可能导致路段之间存在高/低拥堵相关性的特征，如时间、路段间距、紧密度等。Tao 等[121]聚焦城市路网与路段拥堵之间的关系，通过仿真实验表明路段拥堵程度与路网拓扑结构及其相邻路段的交通状况存在密切关联。Yong 等[122]利用协同博弈模型（Coordination Game Model）研究可能导致拥堵传播的临界条件，发现拥堵路段对与其直接相邻路段的影响程度是交通拥堵能否传播的关键因素，当路段之间的关联影响程度达到临界阈值（由路网拓扑结构决定）时，则会产生大规模路网交通拥堵转移。上述方法侧重于研究路网拥堵传播规律，通过对路段特征（包括空间距离、相似度等）进行分析，度量拥堵关联性，并未对路网瓶颈直接进行辨识。

2011 年，Lee 等[123]提出三相时空（Three-phrase Spatial-temporal）瓶颈挖掘模型识别城市道路网络中的瓶颈，认为在不同拥堵传播模式下瓶颈路段和瓶颈交叉口存在于空间交叉区域横截面中的可能性最高。该方法考虑道路平均速度和限速，根据拥堵系数判断道路拥堵程度，识别最拥堵路段，并判断相邻路段是否拥堵，若拥堵系数大于设定阈值则认为路段拥堵，将拥堵路段相连形成拥堵区域，瓶颈存在于该拥堵区中。同时，进一步提出拥堵下降比例，即某一路段与下游多个路段的拥堵系数平均值之差，拥堵下降比例最大的路段即为瓶颈。Lee 首次基于拥堵传播特征和瓶颈时空特性识别城市路网瓶颈，然而该方法将瓶颈定义为两种拥堵传播模式之间的空间交叉区域，并未说明拥堵传播距离阈值的标定方法，也未通过量化拥堵成本对瓶颈进行精细区分。2020 年，Li 等[124]将平均速度低于历史统计均值 60%的路段定义为拥堵，据此识别拥堵路段，根据拥堵出现时间确定拥堵路段之间的关联性，基于仿真获取的一个月工作日的线圈数据计算每个节点的拥堵成本，成本最大的节点即为路网瓶颈。虽然该方法考虑了路段自身的拥堵程度和拥堵的传播效应，并利用仿真验证了方法的有效性，但并未考虑路网环境中定点检测器覆盖范围有限这一客观约束，导致难以分析拥堵路段之间的关联性。

综上，虽然现有研究已利用各类方法对路网瓶颈进行辨识，但瓶颈辨识结果大多停留在路段层面，即路段级(Segment-level)交通瓶颈，缺乏对路段不同车道、不同流向的精细化考虑。同时，现有瓶颈辨识方法较少考虑拥堵传播效应，往往只根据路段自身拥堵情况进行分析,少部分学者考虑拥堵传播效应提出了瓶颈辨识方法，但局限于路网拓扑结构层面，忽略实际道路环境和车辆运行规律，并未完全反映真实交通流运行特征。因此，利用路网实际交通数据进行轨迹重构，对"细粒度"的流向级(Turn-level)路网瓶颈进行精细化辨识，是城市交通管控领域的重要发展方向。

1.2.6　路网瓶颈控制

交通信号控制被认为是瓶颈控制的重要方法之一。目前多数瓶颈控制方法均基于信号控制，通过改善信号控制策略，提升瓶颈路段的通行能力，缓解交通拥堵。城市路网信号控制方式，可根据计算方式分为集中式控制和分布式控制。集中式方法通过对所有交叉口控制目标进行累积求和，或者定义共同的控制目标，比如路网吞吐量最大，进行集中优化，但一般计算量大、耗时长[125,126]；分布式方法则是将相邻路口的交通信息作为环境变量输入，虽然计算负担减小，但可能导致控制方案无法实现全局最优[127-129]。

根据控制机制，信号控制方式又可分为固定配时控制、感应式控制与自适应式控制，随着车联网技术的迅猛发展，又逐渐产生了协同式控制概念。固定配时控制通过分析历史交通数据设计配时方案，难以满足动态时变的道路交通需求；感应式控制通过检测交叉口实时交通量，在最大最小绿灯时间约束下，通过延长单位时长调整信号配时方案；自适应式控制则通过检测数据感知交叉口交通流参数，建立优化模型，使目标参数最大化或最小化，比如延误、排队长度、通行能力等，从而确定交叉口信号控制最优方案；协同式控制不只针对单个交叉口，而是利用网联车数据对连续多个交叉口交通流参数进行感知，建立多目标优化模型，通过调整相位差使得连续多个交叉口高效协同运行。近年来，随着大数据技术的快速发展，一些研究开始尝试不涉及直接优化的方法，以机器学习相关算法替代数学优化模型，提出人工智能式信号控制。目前，自适应式、协同式和人工智能式信号控制是交通控制领域研究热点，研究总结如表 1-4 所示。

表 1-4 车联网环境下的信号控制研究总结

控制方式	代表性文献	优化目标	对象	方法
自适应式	He[6] (2012)	排队长度	交叉口	混合整数线性规划
	Yu[134] (2018)	延误	干道	混合整数线性规划
	Mehrabipour[135] (2017)	吞吐量	区域	元胞传输模型、混合整数线性规划
协同式	Feng[86] (2015)	旅行时间、油耗	交叉口	混合整数线性规划
	Beak[125] (2017)	延误、停车次数	干道、区域	动态规划
	Li[88] (2017)	油耗、旅行时间	区域	双层优化模型、动态规划
	Islam[144] (2017)	吞吐量	区域	分布式算法
	Wongpiromsarn[145] (2012)	排队长度	干道	背压法
人工智能式	Tan[158] (2016)	延误、等待时间	连续交叉口	Q 学习
	Mnih[159] (2015)	等待时间	交叉口	深度 Q 学习
	Deng[156] (2016)	延误	连续交叉口	深度 Q 学习
	Casas[161] (2017)	延误、等待时间	区域	深度确定性策略梯度
	Wang[165] (2017)	延误	区域	双 Q 学习
	Chu[166] (2019)	排队长度	区域	深度 Q 学习、LSTM

（1）自适应式信号控制。

与固定配时控制相比，自适应控制方式可以更有效地利用交叉口剩余容量，其中，信号相位、周期长度可根据历史交通模式预先设定。传统自适应式信号控制系统通过电感线圈检测器收集交通数据，检测器通常布设于停车线上游几十米处，所获得的车辆信息在空间上受限，并不稳定。鉴于此，部分学者提出相对粗糙的交通流模型描述道路状态，但往往无法客观呈现交通需求和车辆到达的随机性[130-132]。

车联网技术可以更准确地感知车辆位置信息和到达时间，据此对信号配时方案进行实时调整，包括延长/缩短当前相位时长、增设临时相位等。2009 年，Liu 等[37]根据实际联网车辆获得的数据，将信号交叉口的车辆到达过程建模为随时间变化的泊松分布，据此进行信号控制优化。2007 年，Gradinescu 等[133]基于车路通信 V2I（Vehicle to Infrastructure）和路路通信 I2I（Infrastructure to Infrastructure）技术采集交叉口几英里范围内的车辆信息,提出一种面向车联网环境的自适应信号控制方法。该方法以估计的交通需求量作为状态变量,以交叉口周围车辆信息作为环境输入,目标函数是每个路段饱和程度的相似度,以此生成最佳周期长度和按比例分配的最大化绿灯时间。其中,以路段饱和程度为配时分配依据,绿灯时间的分配应尽量使不同路段饱和度相近,下一个周期的初始信号配时方案在当前周期内估计生成,并基于最小/最大周期长度和最短绿灯时间等约束条件进行调整。仿真结果表明,与传统的固定配时控制相比,该方法可减少交通延误和能耗。2012 年,He 等[6]提出基于车辆列队行驶的多模式动态连续模型控制交通信号。首先利用采样网联车数据识别交叉口排队长度,然后根据估计的车队信息、当前信号阶段和车辆优先级请求,将交通信号控制问题转化为混合整数线性规划问题(Mixed-Integer Linear Programming,MILP),求解得出最优信号方案。然而基于车队而不是单个车辆进行信号控制,虽然可以减少 MILP 的变量数使其易于求解,但该方法实际应用局限性较大。2018 年,Yu 等[134]面向网联自动驾驶车辆(Connected-Automated Vehicle,CAV)环境,基于混合整数线性规划模型对车辆轨迹和交通信号进行联合优化。2017 年,Mehrabipour 等[135]将城市区域路网划分为若干个元胞,基于元胞传输模型仿真路网交通流运行,以交叉口吞吐量最大为目标函数,以交通需求、元胞容量和最短绿灯时长为约束条件,建立 MILP 模型,求解某绿灯相位延长时间。虽然该方法可适用于车联网环境,但仿真数据与真实数据存在显著差别。

(2)协同式信号控制。

协同式信号控制通常将研究问题表示为一个整数非线性规划模型,求解过程复杂,特别是当考虑单个车辆轨迹时,求解难度会大大增加,通常采用一定的近似或替代方法进行求解[136,137],动态规划(Dynamic Programming,DP)是解决此类控制问题最常用的方法之一[138-140]。2015 年,Feng 等[86]提出了一种实时交通信号协同控制优化方法,基于网联车采集的速度和位置信息,将上游道路分为三个区域,包括自由区、减速区和排队区,并估计车辆的运行状况,为下游每个相位阶段构建未来一段时间内完整的车辆预测到达表。然后,建立双层优化模型,目标函数是系统总旅行时间和油耗的加权求和,状态变量是基于智能驾驶跟驰模型 IDM 仿真的车辆轨迹,控制变量是信号配时和相位,约束条件包括最大/最小绿灯时间、周期等。模型上层通过 DP 算法生成最小和最大允许相位差范围,下层表示为优化目标最小化问题。2017 年,Beak 等[125]同样提出一种基于双层优化模型的信号协同控制方法。在交叉口层面,考虑各进口道协调约束,基于 DP 算法计算每个信号相位最优绿灯时间;在路网层面,根据单个交叉口信息构建混合整数线性规划模型,生成最优相位差,将其作为协调约束发送至各交叉口。仿真结果表明,与感应式信号控制方法相比,该算法可减少路网平均延误和停车次数。2017 年,Li 等[88]将信号协同控制问题表示为一个集中式的混合整数非线性规划(Mixed Integer Non-Linear Programming,

MINLP) 问题，考虑固定周期长度约束，以减少燃料消耗和旅行时间为控制目标，将 MINLP 进一步表示为双层模型。在交叉口层面，基于 DP 算法优化相位配时；在路网层面，基于交叉口最优相位更新最优相位差。仿真结果表明，在高流量场景下，路网主要街道和支路的性能均有所提升。

上述方法均为集中式控制方法，在解决大规模路网信号控制问题时效率不高[141-143]。为了降低路网信号控制优化问题的复杂性和计算量，分布式控制方法受到广泛关注。2017 年，Islam 等[144]提出一种分布式协同信号控制方法，将优化问题重新定义为分布式形式，从而降低计算复杂性，使算法实时应用成为可能。该方法的核心思想是最大化路段吞吐量，同时对排队进行惩罚。给定相邻交叉口的交通流信息，使分布式算法相互协调，避免陷入局部最优解。仿真结果表明，与集中式信号协同控制方法相比，该方法可提高吞吐量 1%～5%，减少旅行时间 17%～48%。另一种分布式信号控制方法基于背压概念(Backpressure Method)，背压法最初应用于通信和电力网络，后来被应用于交通信号控制。2012 年，Wongpiromsarn 等[145]提出一种基于背压法的分布式交通信号协同控制算法以提升交叉口通行能力。该方法基于进口道排队长度和流量定义各相位"压力"，对当前交叉口"压力"最高相位对应的车流进行优先疏散，每个交叉口只需考虑与其相邻交叉口的交通流信息，而不需考虑全局信息，因此仍可能导致局部最优。

以上方法大多针对路网拥堵路段或拥堵区域进行控制优化，并未从路网瓶颈控制的角度系统实现区域优化。2014 年，王力等[146]提出一种基于路网分群的瓶颈控制方法，该方法通过建立路网状态模型令每个子集内的路段状态一致，实时调整信号控制绿信比，使空间占有率达到均衡。然而，根据道路交通状态和路网拓扑结构所划分的子集可能会导致瓶颈关联车流被中途切割，不利于区域信号协调控制。2015年，Sun 等[147]考虑车流的连续性提出一种针对过饱和瓶颈交叉口的信号控制协同优化方法，但该方法仅适用于干道层面，未能拓展至大范围路网。2017 年，王福建等[148]针对路网具体的瓶颈路段，基于 OD 数据确定瓶颈上游的可控路段，考虑路段剩余容量，通过调整输入流量建立瓶颈路段流量调节量分配模型，通过优化上游路口信号配时实现瓶颈控制，降低瓶颈路段的排队长度。但该控制方法仅考虑瓶颈上游路段，优化空间有限，同时也未考虑潜在拥堵路段和不可控路段对瓶颈控制的影响。2018 年，赵颖[149]提出面向瓶颈预警的区域信号控制方法，基于神经网络算法对路网短时交通流进行预测，据此进行区域信号控制。对于交叉口数量小于 20 的小规模区域，该方法在仿真环境下取得了理想的控制效果，但缺乏考虑拥堵的传播效应。2019 年，朱海峰等[150]提出一种考虑流量和饱和度均衡的瓶颈控制方法，利用交叉口流量数据计算各路段与瓶颈的关联度，根据排队变化趋势确定车流调节路段，通过动态调节截流流量和加放流量实现瓶颈控制。该方法在仿真路网中取得了理想的控制效果，但并未考虑加放车流方向绿信比增大对瓶颈交叉口其他流向的影响，可能会诱发其他相位过饱和。此外，针对大规模路网中的过饱和问题，部分学者提出了与协同式控制类似的边界控制概念[151-154]，将路网中的拥堵高发区设定为保护区，通过对保护区边界交叉口进行协同控制，优化车辆时空分布，在保护区即将过饱和时，提前减少进入保护区内的车辆数，研究发现边界控制可有效缓解区域交通拥堵。但该类方法严重依赖路网 MFD，而现实路网 MFD 的标定较为困难，而且由于信号控制的时变性，难以有效构建稳定形式的 MFD。

（3）人工智能式信号控制。

鉴于区域协同式信号控制计算量较大，且易导致局部最优和全局最优之间的矛盾，信号控制研究开始尝试不进行直接优化计算，转而以机器学习算法替代数学优化模型。在各种机器学习方法中，强化学习（Reinforcement Learning，RL）是应用最广泛的方法之一[154-156]。RL 通过设定奖赏值，训练智能体在环境中自学习，获得最优控制方案。

在人工智能领域中，RL 是在顺序决策的背景下基于传感器检测数据实现自适应式信号控制的经典范例。目前，Q 学习是 RL 中最常用的基于数值（Value-based）的方法之一。该算法首先被应用于单点交叉口信控决策，后通过与多智能体模型（Multi-agent Model）结合，也被应用于解决大规模交通网络中多交叉口的信号控制问题。对于大规模路网控制，主要困难在于空间维数，即全局联合动作空间随路网内交叉口的数量呈指数增长。2016 年，Chu 等[157]将大规模路网划分为较小的不相交分区，并基于动态递归分别学习每个分区内的线性参数化 Q 函数解决大规模路网信控问题。Tan 等[158]通过将交叉口之间的协调限制在五个相邻交叉口区域内，减少联合动作空间维度。然而，现有的基于 Q 学习的 RL 方法与线性参数化函数相似，很少有研究用非线性函数逼近器逼近 Q 函数，因为非线性函数逼近会导致训练和学习过程不稳定。2015 年，Mnih 等[159]将 Q 学习与大型非线性神经网络相结合作为函数逼近器（Function Approximators），采用重放缓冲器（Replay-buffer）和单独的目标网络（Target Network）稳定学习过程，然而该算法仅适用于单点交叉口。

为了实现多交叉口之间的协调，2016 年，Deng 等[156]利用最大加算法（Max-plus Algorithm）[160]，将单智能体 DQN（Deep Q-Network）求解扩展为多智能体。首先，对两个连续交叉口的基本信控问题基于 DQN 进行 Agent 训练，然后将基本问题解决方案扩展至最多四个交叉口的多 Agent 环境，采用最大加算法进行全局动作联合优化。然而，该协调算法模型基于人工调整的奖励信号进行训练，在现实场景中往往很难获得。此外，若进一步将算法扩展至具有更多交叉口的实际路网时，计算将会变得异常复杂。对于基于深度强化学习（Deep Reinforcement Learning，DRL）的大规模路网控制问题，2017 年，Casas 等[161]提出应用梯度策略方法控制信号配时，将该问题描述为一个连续系统控制问题，并将深度确定性策略梯度(Deep Deterministic Policy Gradient，DDPG)[162]应用于整个系统进行集中式信号控制。然而，这种集中式方法在六个交叉口路网实验中表现效果仅略优于 Q 学习。理论上，部分研究将大规模路网信号控制问题视作一个多人非零和博弈，2018 年，Zhang 等[163,164]运用自适应动态规划对多人多非零和博弈进行分析。然而，这些方法通常只针对某一类具有固定形式的系统动力学结构，对于大规模非线性动态交通系统，这些方法在计算求解方面复杂度高，甚至无法求解。Wang 等[165]提出一种针对非线性随机系统动态事件的控制方案，该方法可用于交通系统异常现象检测，但不适用于具有长期优化目标的控制问题，例如，在给定时间内最小化路网交通拥堵。2019 年，Chu 等[166]提出一种新方法对每个 Agent 的奖励和状态-动作进行聚合，以便在全局总体奖励可分解时学习全局 Q 函数。该方法与 Casas 等[161]提出的非零和博弈算法不同，针对所有 Agent 的联合控制策略并不一定会导致纳什均衡解决方案。2017 年，Jiang 等[167]提出一种基于数据驱动的无模型 RL 方法，该方法可视为存在两个玩家的零和游戏。然而，玩家对应的 Agent 是竞争关系，忽略了 Agent 之间可能存在的合作性。

综上，虽然众多学者提出了各种区域信号控制方法，包括自适应式、协同式和人工智能式等[168]，但这些方法大多以最大化或最小化某些效益指标为控制目标，如吞吐量、饱和度、通行能力等，通过建立数学优化模型或者基于人工智能算法训练，求解信号控制最优方案或协同方案，少有从瓶颈疏解的角度考虑拥堵传播特性，从而进一步提出相关区域控制算法。在为数不多的基于瓶颈疏解的信号控制研究中，适用范围局限于瓶颈相邻交叉口，并未考虑路网潜在拥堵路段和路段可控性的影响以及瓶颈车流动态演化的特性。

1.3　本书内容及章节安排

本书内容围绕以下章节展开论述。

第 1 章为绪论，介绍了本书的研究背景和研究意义，综合阐述分析了国内外研究现状，包括车辆轨迹重构研究现状、排队长度估计方法研究现状、干道信号控制优化方法研究现状、交通瓶颈辨识研究现状、交通瓶颈控制研究现状等，指出了现有相关方法不足之处和未来研究方向，由此引出研究内容。

第 2 章为基于粒子滤波的众包车辆轨迹重构，本章将粒子滤波算法拓展应用至城市信号控制干道。首先，对粒子滤波的基本概念进行介绍，构建粒子滤波模型；然后，结合干道旅行时间和交通波理论构建粒子滤波系统粒子；在此基础上，提出适用于信号控制干道的粒子滤波测量准则和重要性采样方法，获取车辆重构轨迹；最后，利用 NGSIM 开源数据集进行算法测试，并与现有方法进行对比。

　　第 3 章为基于卡尔曼滤波与变分理论的交通流轨迹重构。首先，在三角形基本图的假设下建立初始的变分网络；然后，基于卡尔曼滤波，根据众包车辆轨迹数据建立排队过程的状态空间模型估计排队边界曲线；最后，基于三维冲击波的变分理论与卡尔曼滤波算法的整合方法，重构路段和干道两个层面的交通流时空轨迹图，并对众包用户渗透率进行模型敏感度分析。

　　第 4 章为基于众包轨迹的信号交叉口周期排队长度估计。首先，基于交通波理论分析周期内排队的形成和消散过程；然后，对众包车辆周期到达过程进行分析，按照周期内的众包轨迹类型将周期分为四类，并依据不同的场景分类提取周期内众包轨迹的关键信息；在此基础上，构建不同车辆到达假设下的极大似然估计函数，利用 EM 算法求解极大似然估计函数估计周期到达流率；最后，利用交通波理论估计周期初始排队长度和最大排队长度，并利用实际数据验证排队长度估计算法。

　　第 5 章为基于迭代张量分解的卡口数据修复。首先，介绍张量的代数基础及张量框架下的交通流数据张量特征分析；然后，解析将无众包轨迹周期到达流率构建为动态张量结构的方法，并以动态张量作为张量分解方法的输入；在此基础上，提出迭代张量分解方法，估计无众包轨迹周期到达流率，并利用实际卡口数据测试算法性能；最后，基于交通波估计无众包轨迹周期的排队长度。

　　第 6 章为基于溢流风险平衡的干道信号控制优化。首先，介绍根据排队长度计算周期排队清空区域和溢流风险区域指标的方法，用于辨识交叉口的溢流状态；然后，提出干道分割方法，将干道分割为不同的溢流风险防控子区；最后，将子区内部交叉口划分为输入、连接、输出交叉口，并分别采用限流、平衡、最大流等信号控制优化策略，实现干道各交叉口溢流风险平衡。

　　第 7 章为基于拥堵有向关联挖掘的路网交通瓶颈辨识，本章提出路网瓶颈辨识方法，并搭建 SUMO 仿真环境平台进行测试。首先，利用重构轨迹识别路网全部拥堵路段和拥堵开始时间；然后，基于拥堵路段之间的有向时空关联性，构建拥堵传播生成树，计算路段流向级拥堵传播费用，量化拥堵蔓延扰动，获取瓶颈辨识结果；最后，搭建 SUMO 仿真环境平台，通过加载路网时变 OD，进行仿真实验。

　　第 8 章为基于交通瓶颈辨识的区域信号控制优化，本章在瓶颈辨识的基础上，进一步探究面向瓶颈疏解的区域路网分层控制方法，提出包含内外双层结构的控制模型。外层为瓶颈关联区边界智能控制模型，内层为瓶颈关联区信号交叉口动态协调控制模型，将外层边界智能控制输出作为内层关联信号交叉口控制输入，通过外层边界智能控制调整进入瓶颈关联区的交通流量，通过内层动态协调控制实现瓶颈关联区内的流量分布时空均衡，由此实现瓶颈疏解。最后，基于搭建的 SUMO 仿真平台，对瓶颈关联区信号控制优化算法进行测试。

参 考 文 献

[1]　徐建闽. 智能交通系统. 北京: 人民交通出版社, 2014.

[2]　中国交通信号控制系统及设备应用调查报告. 智慧交通, 2016.

[3]　王云鹏, 吴新开, 余贵珍, 等. 城市路网过饱和交通状态感知与优化控制. 北京: 科学出版社, 2017.

[4]　Rim H, Oh C, Kang K, et al. Estimation of lane-level travel times in vehicle-to-vehicle and vehicle-to-infrastructure-based traffic information system. Transportation Research Record: Journal of the Transportation Research Board, 2011, 2243:9-16.

[5]　Li M, Zou Z, Bu F, et al. Application of vehicle infrastructure integration data on real-time arterial performance measurements//Proceedings of the 87th Annual Meeting of Transportation Research Board, Washington DC, 2008.

[6]　He Q, Head K, Ding J. PAMSCOD: platoon-based arterial multi-modal signal control with online data. Transportation Research Part C: Emerging Technologies, 2012, 20(1):164-184.

[7]　Priemer C, Friedrich B. A decentralized adaptive traffic signal control using V2I communication data//Proceedings of the 12th IEEE International Conference on Intelligent Transportation Systems, St Louis, 2009.

[8]　Goodall N, Smith B, Park B. Traffic signal control with connected vehicles. Transportation Research Record: Journal of the Transportation Research Board, 2013, 2381:65-72.

[9]　Zheng J, Sun W, Liu H, et al. Traffic signal optimization using crowdsourced vehicle trajectory data//Proceedings of the 97th Annual Meeting of Transportation Research Board, Washington DC, 2018.

[10]　谭墾元, 尹凯莉, 李萌, 等. 基于移动导航数据的信号配时反推. 交通运输系统工程与信息, 2017, 17(2):60-67.

[11]　Jeffrey M. Are We Going Too Fast on Driverless Car Science? www.sciencemag.org /news/2017/12 /are-we-going-too-fast-driverless-cars, 2017.

[12]　Coifman B. Estimating travel times and vehicle trajectories on freeways using dual loop detectors. Transportation Research Part A: Policy and Practice, 2002, 36(4):351-364.

[13]　Lint J. Empirical evaluation of new robust travel time estimation algorithms. Transportation Research Record: Journal of the Transportation Research Board, 2010, 2160:50-59.

[14]　Lint J, Hoogendoorn S. A robust and efficient method for fusing heterogeneous data from traffic sensors on freeways. Computer:Aided Civil and Infrastructure Engineering, 2010, 25(8):596-612.

[15]　Yang J, Sun J. Vehicle path reconstruction using automatic vehicle identification data: an integrated particle filter and path flow estimator. Transportation Research Part C: Emerging Technologies, 2015, 58:107-126.

[16] Rao W, Wu Y, Xia J, et al. Origin-destination pattern estimation based on trajectory reconstruction using automatic license plate recognition data. Transportation Research Part C: Emerging Technologies, 2018, 95:29-46.

[17] Wan N, Vahidi A, Luckow A. Reconstructing maximum likelihood trajectory of probe vehicles between sparse updates. Transportation Research Part C: Emerging Technologies, 2016, 65:16-30.

[18] Hao P, Boriboonsomsin K, Wu G. Modal activity-based stochastic model for estimating vehicle trajectories from sparse mobile sensor data. IEEE Transactions on Intelligent Transportation Systems, 2016, 18(3):701-711.

[19] van Lint, Hoogendoorn S. A generic methodology to estimate vehicle accumulation on urban arterials by fusing vehicle counts and travel times//Proceedings of the 94th Annual Meeting of Transportation Research Board, Washington DC, 2015.

[20] Sun Z, Hao P, Ban X, et al. Trajectory-based vehicle energy/emissions estimation for signalized arterials using mobile sensing data. Transportation Research Part D: Transport and Environment, 2015, 34:27-40.

[21] Shan X, Hao P, Chen X, et al. Probabilistic model for vehicle trajectories reconstruction using sparse mobile sensor data on freeways//Proceedings of the 19th IEEE International Conference on Intelligent Transportation Systems, Rio de Janeiro, 2016.

[22] Li Z, Kluger R, Hu X, et al. Reconstructing vehicle trajectories to support travel time estimation. Transportation Research Record: Journal of the Transportation Research Board, 2018, 2672(42):148-158.

[23] 蒋阳升, 刘梦, 王思琛, 等. 基于网联车轨迹重构的交通油耗和排放估计方法. 安全与环境学报, https://doi.org/10.13637/j.issn.1009-6094.2021.0748, 2021.

[24] 王龙飞. 基于车牌照的车辆出行轨迹分析方法与实践研究. 西安: 长安大学, 2011.

[25] 陈志军, 吴超仲, 吕能超, 等. 基于改进三次 Hermite 插值的车辆时空轨迹重构研究. 第十三届海峡两岸智能运输系统学术研讨会论文集, 成都, 2013.

[26] 胡玉晶. 基于加速度的车辆行驶轨迹重构技术研究. 广州: 中山大学, 2013.

[27] Mehran B, Kuwahara M, Naznin F. Implementing kinematic wave theory to reconstruct vehicle trajectories from fixed and probe sensor data. Transportation Research Part C: Emerging Technologies, 2012, 20(1): 144-163.

[28] Habu K, Kuwahara M, Tang K. Vehicle trajectory prediction based on data fusion of probe car and loop detector//Proceedings of the 42th Infrastructure Planning Conference of Japan Society of Civil Engineering (JSCE), Gifu, 2012.

[29] Sun Z, Ban X. Vehicle trajectory reconstruction for signalized intersections using mobile traffic sensors. Transportation Research Part C: Emerging Technologies, 2013, 36: 268-283.

[30] 唐克双, 徐天祥, 潘昂. 基于定点检测数据的城市干道车辆轨迹重构. 同济大学学报(自然科学版), 2016, 44(10):1545-1552.

[31] Jabari S, Dilip D, Lin D, et al. Learning traffic flow dynamics using random fields. IEEE Access, 2019, 7(1):130566-130577.

[32] Xie X, van Lint H, Verbraeck A. A generic data assimilation framework for vehicle trajectory reconstruction on signalized urban arterials using particle filters. Transportation Research Part C: Emerging Technologies, 2018, 92:364-391.

[33] 魏静. 基于视频牌照检测的动态 OD 矩阵获取方法研究. 上海: 同济大学, 2008.

[34] 孙剑, 冯羽. 自动识别环境下车辆的出行矩阵估计新方法. 同济大学学报(自然科学版), 2011, 39(12):1800-1805.

[35] Yu F, Jian S, Peng C. Vehicle trajectory reconstruction using automatic vehicle identification and traffic count data. Journal of Advanced Transportation, 2015, 49(2):174-194.

[36] Texas Transportation Institute. Development of a Traffic Signal Performance Measurement System (TSPMS). 2005.

[37] Liu X, Wu X, Ma W, et al. Real time queue length estimation for congested signalized intersections. Transportation Research Part C: Emerging Technologies, 2009, 17(4):412-427.

[38] Comert G, Cetin M. Queue length prediction from probe vehicle location and the impacts of sample size. European Journal of Operational Research, 2009, 197(1):196-202.

[39] Comert G, Cetin M. Analytical evaluation of the error in queue length estimation at traffic signals from probe vehicle data. IEEE Transactions on Intelligent Transportation Systems, 2011, 12(2):563-573.

[40] Comert G. Simple analytical models for estimating the queue lengths from probe vehicles at traffic signals. Transportation Research Part B: Methodological, 2013, 55:59-74.

[41] 庄立坚, 何兆成, 叶伟佳. 基于浮动车数据的排队长度检测方法研究. 交通运输系统工程与信息, 2013, 13(3):78-84.

[42] Hao P, Ban X, Guo D, et al. Cycle-by-cycle queue length distribution estimation using sample travel times. Transportation Research Part B: Methodological, 2014, 68:185-204.

[43] Tiaprasert K, Zhang Y, Wang X, et al. Queue length estimation using connected vehicle technology for adaptive signal control. IEEE Transactions on Intelligent Transportation Systems, 2015, 16(4):2129-2140.

[44] Shahrbabaki M, Safavi A, Papageorgiou M, et al. A data fusion approach for real-time traffic state estimation in urban signalized links. Transportation Research Part C: Emerging Technologies, 2018, 92:525-548.

[45] Ban X, Hao P, Sun Z. Real time queue length estimation for signalized intersections using sample travel times from mobile sensors. Transportation Research Part C: Emerging Technologies, 2011, 19(6):1133-1156.

[46] Li J, Zhou K, Shladover S, et al. Estimating queue length under connected vehicle technology: using probe vehicle, loop detector, and fused data. Transportation Research Record: Journal of the Transportation Research Board, 2013, 2356:17-22.

[47] Ramezani M, Geroliminis N. Queue profile estimation in congested urban networks with probe data. Computer Aided Civil and Infrastructure Engineering, 2015, 30(6):414-432.

[48] Hao P, Ban X. Long queue estimation for signalized intersections using mobile data. Transportation Research Part B: Methodological, 2015, 82:54-73.

[49] Li F, Tang K, Li K, et al. Real-time queue length estimation for signalized intersections using vehicle trajectory data. Transportation Research Record: Journal of the Transportation Research Board, 2017, 2623:49-59.

[50] 冯毅文. 基于大规模车辆轨迹数据的道路交叉口排队长度探测. 深圳: 深圳大学, 2017.

[51] Varaiya P. Max pressure control of a network of signalized intersections. Transportation Research Part C: Emerging Technologies, 2013, 36:177-195.

[52] Smith S, Barlow G, Xie X, et al. SURTRAC: scalable urban traffic control//Proceedings of the 92nd Annual Meeting of Transportation Research Board, Washington DC, 2013.

[53] Ramezani M, Lamberterie N, Skabardonis A, et al. A link partitioning approach for real-time control of queue spillbacks on congested arterials. Transportmetrica B: Transport Dynamics, 2017, 5(2):181-194.

[54] Qu L, Zhang Y, Hu J, et al. A BPCA based missing value imputing method for traffic flow volume data//Proceedings of the IEEE Conference on Intelligent Vehicles Symposium, Eindhoven, 2008.

[55] Qu L, Li L, Zhang, Y, et al. PPCA-based missing data imputation for traffic flow volume: a systematical approach. IEEE Transactions on Intelligent Transportation Systems, 2009, 10(3):512-522.

[56] 伍元凯. 基于动态张量填充的短时交通流预测研究. 北京: 北京理工大学, 2015.

[57] Vlahogianni E, Karlaftis M, Golias J. Short-term traffic forecasting: where we are and where were going. Transportation Research Part C: Emerging Technologies, 2014, 43:3-19.

[58] Vlahogianni E, Golias J, Karlaftis M. Short-term traffic forecasting: overview of objectives and methods. Transport Review, 2004, 24(5):533-557.

[59] Voort M, Dougherty M, Watson S. Combining kohonen maps with ARIMA time series models to forecast traffic flow. Transportation Research Part C: Emerging Technologies, 1996, 4(5):307-318.

[60] Smith B, Williams B, Oswald R. Comparison of parametric and nonparametric models for traffic flow forecasting. Transportation Research Part C: Emerging Technologies, 2002, 10(4):303-321.

[61] Castro-Neto M, Jeong Y, Jeong M, et al. Online-SVR for short-term traffic flow prediction under typical and atypical traffic conditions. Expert Systems with Application, 2009, 36(3):6164-6173.

[62] Vlahogianni E, Karlaftis M, Golias J. Optimized and meta-optimized neural networks for short-term traffic flow prediction: a genetic approach. Transportation Research Part C: Emerging Technologies, 2005, 13(3):211-234.

[63] Jiang X, Adeli H. Dynamic wavelet neural network model for traffic flow forecasting. Journal of Transportation Engineering, 2005, 131(10):771-779.

[64] Ishak S, Kotha P, Alecsandru C. Optimization of dynamic neural network performance for short-term traffic prediction. Transportation Research Record: Journal of the Transportation Research Board, 2003, 1836:45-56.

[65] Min W, Wynter L. Real-time road traffic prediction with spatio-temporal correlations. Transportation Research Part C: Emerging Technologies, 2011, 19(4):606-616.

[66] Dunne S, Ghosh B. Regime-based short-term multivariate traffic condition forecasting algorithm. Journal of Transportation Engineering, 2012, 138(4):455-466.

[67] Vasilescu M, Terzopoulos D. Multilinear subspace analysis of image ensembles//Proceedings of the IEEE Computer Society Conference on Computer Vision and Pattern Recognition, Madison, 2003.

[68] Acar E, Dunlavy D, Kolda T. Link prediction on evolving data using matrix and tensor factorizations//Proceedings of the IEEE International Conference on Data Mining Workshops, Miami, 2009.

[69] Li M, Monga V. Robust video hashing via multilinear subspace projections. IEEE Transactions on Image Processing, 2012, 21(10):4397-4409.

[70] Lee H, Kim Y, Cichocki A, et al. Nonnegative tensor factorization for continuous EEG classification. International Journal of Neural Systems, 2007, 17(4):305-317.

[71] Tan H, Feng G, Feng J, et al. A tensor-based method for missing traffic data completion. Transportation Research Part C: Emerging Technologies, 2013, 28:15-27.

[72] Tan H, Feng J, Chen Z, et al. Low multilinear rank approximation of tensors and application in missing traffic data. Advances in Mechanical Engineering, 2014, https://doi.org/10.1155/2014/157597.

[73] Ran B, Tan H, Wu Y, et al. Tensor based missing traffic data completion with spatial-temporal correlation. Physica A: Statistical Mechanics and Its Applications, 2016, 446:54-63.

[74] Goulart J, Kibangou A, Favier G. Traffic data imputation via tensor completion based on soft thresholding of tucker core. Transportation Research Part C: Emerging Technology, 2017, 85:348-362.

[75] Chen X, He Z, Sun L. A Bayesian tensor decomposition approach for spatiotemporal traffic data imputation. Transportation Research Part C: Emerging Technologies, 2019, 98:73-84.

[76] Salakhutdinov R, Mnih A. Bayesian probabilistic matrix factorization using Markov chain Monte Carlo//Proceedings of the 25th International Conference on Machine Learning, Helsinki, 2008.

[77] Sun L, Axhausen K. Understanding urban mobility patterns with a probabilistic tensor factorization framework. Transportation Research Part B: Methodological, 2016, 91:511-524.

[78] Chen X, He Z, Wang J. Spatial-temporal traffic speed patterns discovery and incomplete data recovery via SVD-combined tensor decomposition. Transportation Research Part C: Emerging Technology, 2018, 86:59-77.

[79] Han Y, Moutarde F. Analysis of large-scale traffic dynamics in an urban transportation network using non-negative tensor factorization. International Journal of Intelligent Transportation Systems Research, 2016, 14:36-49.

[80] Tan H, Wu Y, Shen B, et al. Short-term traffic prediction based on dynamic tensor completion. IEEE Transactions on Intelligent Transportation Systems, 2016, 17(8):2123-2133.

[81] Sims A, Dobinson K. The Sydney Coordinated Adaptive Traffic (SCAT) system philosophy and benefits. IEEE Transactions on Vehicular Technology, 1980, 29(2):130-137.

[82] Gartner N. OPAC: a demand-responsive strategy for traffic signal control. Transportation Research Record: Journal of the Transportation Research Board, 1983, 906:75-81.

[83] Hunt P, Robertson D, Bretherton R. The SCOOT online traffic signal optimization technique. Traffic Engineering and Control, 1982, 23:190-192.

[84] Mirchandani P, Head L. A real-time traffic signal control system: architecture, algorithms, and analysis. Transportation Research Part C: Emerging Technologies, 2001, 9:415-432.

[85] Yin Y. Robust optimal traffic signal timing. Transportation Research Part B: Methodological, 2008, 42(10):911-924.

[86] Feng Y, Head K, Khoshmagham S, et al. A real-time adaptive signal control in a connected vehicle environment. Transportation Research Part C: Emerging Technology, 2015, 55:460-473.

[87] Lee J, Park B, Yun I. Cumulative travel-time responsive real-time intersection control algorithm in the connected vehicle environment. Journal of Transportation Engineering, 2013, 139:1020-1029.

[88] Li W, Ban X. Traffic signal timing optimization in connected vehicles environment//Proceedings of the IEEE Intelligent Vehicles Symposium, Los Angeles, 2017.

[89] Christofa E, Argote J, Skabardonis A. Arterial queue spillback detection and signal control based on connected vehicle technology. Transportation Research Record: Journal of the Transportation Research Board, 2013, 2366:61-70.

[90] Jang K, Kim H, Jang I. Traffic signal optimization for oversaturated urban networks: queue growth equalization. IEEE Transactions on Intelligent Transportation Systems, 2015, 16(4):2121-2128.

[91] 李萌萌. 预防交叉口排队溢出的交通信号控制方法研究. 哈尔滨: 哈尔滨工业大学, 2015.

[92] Kerner B. Control of spatiotemporal congested traffic patterns at highway bottlenecks. IEEE Transactions on Intelligent Transportation Systems, 2007, 8(2):308-320.

[93] Coifman B, Kim S. Extended bottlenecks, the fundamental relationship, and capacity drop on freeways. Procedia-Social and Behavioral Sciences, 2011, 17:44-57.

[94] Zhang L, Levinson D. Ramp metering and freeway bottleneck capacity. Transportation Research Part A: Policy and Practice, 2010, 44(4): 218-235.

[95] Lawson T, Lovell D, Daganzo C. Using input-output diagram to determine spatial and temporal extents of a queue upstream of a bottleneck. Transportation Research Record: Journal of the Transportation Research Board, 1997, 1572:140-147.

[96] Newell C. Applications of Queueing Theory. Berlin:Springer, 2013.

[97] Long J, Gao Z, Ren H, et al. Urban traffic congestion propagation and bottleneck identification. Science in China Series F: Information Sciences, 2008, 51:948.

[98] Jimenez A, Rodriguez-Valencia A. Exploratory methodology for identification of urban bottlenecks using GPS data. Journal of Traffic and Transportation Engineering, 2016, 4:280-290.

[99] Kan Z, Tang L, Kwan M, et al. Traffic congestion analysis at the turn level using taxis' GPS trajectory data. Computers, Environment and Urban Systems, 2019, 74:229-243.

[100] He Z, Qi G, Lu L, et al. Network-wide identification of turn-level intersection congestion using only low-frequency probe vehicle data. Transportation Research Part C: Emerging Technologies, 2019, 108:320-339.

[101] Kumarage S, de Silva D, Bandara J. Identification of road bottlenecks on urban road networks using crowdsourced traffic data//Proceedings of the International Symposium of Transport Simulation and the International Workshop on Traffic Data Collection and its Standardization, Ehime, 2018.

[102] Zhao W, McCormack E, Dailey D, et al. Using truck probe GPS data to identify and rank roadway bottlenecks. Journal of Transportation Engineering, 2013, 139(1):1-7.

[103] Qi H, Chen M, Wang D. Recurrent and non-recurrent bottleneck analysis based on traffic state rank distribution. Transportmetrica B: Transport Dynamics, 2019, 7(1):275-294.

[104] Sohail A, Khattak K, Iqbal A, et al. Cloud-based detection of road bottlenecks using OBD-II telematics//Proceedings of the 22nd IEEE International Multitopic Conference, Islamabad, 2019.

[105] Ye X, Deng S, Yang W, et al. Evaluating the impacts of travel information on urban traffic congestion propagation and bottleneck identification//Proceedings of the 14th COTA International Conference of Transportation Professionals, Changsha, 2014.

[106] Yuan S, Zhao X, An Y. Identification and optimization of traffic bottleneck with signal timing. Journal of Traffic and Transportation Engineering, 2014, 1(5):353-361.

[107] Gong J, Yang W. The traffic bottleneck analysis on urban expressway under information condition//Proceedings of the 2nd IEEE International Conference on Power Electronics and Intelligent Transportation System, Shenzhen, 2009.

[108] 吴正. 高速交通中堵塞形成阶段的交通流模型. 交通运输工程学报, 2003, 3(2):61-64.

[109] Daganzo C. A variational formulation of kinematic waves: basic theory and complex boundary conditions. Transportation Research Part B: Methodological, 2005, 39(2):187-196.

[110] 刘小明, 及延辉, 李颖宏. 交通瓶颈影响下两路口联动控制策略研究. 武汉理工大学学报 (交通科学与工程版), 2012, 36(1):29-33.

[111] 卫立阳. 瓶颈路段道路交通流特性及通行能力研究. 合肥: 合肥工业大学, 2015.

[112] 陈涛. 部分道路瓶颈的交通流动力学建模及复杂特性研究. 南宁: 广西师范大学, 2016.

[113] Dong S, Zhang Y. Research on method of traffic network bottleneck identification based on max-flow min-cut theorem//Proceedings of the IEEE International Conference on Transportation, Mechanical, and Electrical Engineering, Changchun, 2011.

[114] Sun H, Wu J, Ma D, et al. Spatial distribution complexities of traffic congestion and bottlenecks in different network topologies. Applied Mathematical Modelling, 2014, 38(2):496-505.

[115] Ma J, Li C, Liu Z, et al. On traffic bottleneck in green ITS navigation: an identification method//Proceedings of the IEEE Vehicular Technology Conference, Nanjing, 2016.

[116] Li D, Fu B, Wang Y, et al. Percolation transition in dynamical traffic network with evolving critical bottlenecks. Proceedings of the National Academy of Sciences, 2015, 112(3):669-672.

[117] 吴若乾, 周勇, 陈振武. 基于渗流理论的城市交通网络瓶颈识别研究. 城市交通, 2019, 1:96-101.

[118] 马莹莹, 邹祥莉, 徐建闽. 基于宏观基本图的路网交通拥堵甄别方法研究. 武汉理工大学学报(交通科学与工程版), 2019 (4):575-579.

[119] Nguyen H, Liu W, Chen F. Discovering congestion propagation patterns in spatio-temporal traffic data. IEEE Transactions on Big Data, 2016, 3(2):169-180.

[120] Wang Y, Cao J, Li W, et al. Mining traffic congestion correlation between road segments on GPS trajectories//Proceedings of the IEEE International Conference on Smart Computing, St Louis, 2016.

[121] Tao R, Xi Y, Li D. Simulation analysis on urban traffic congestion propagation based on complex network//Proceedings of the IEEE International Conference on Service Operations and Logistics, and Informatics, Beijing, 2016.

[122] Yong L, Yulan L, Kai Z. Research on the critical value of traffic congestion propagation based on coordination game. Procedia Engineering, 2016, 137:754-761.

[123] Lee W, Tseng S, Shieh J, et al. Discovering traffic bottlenecks in an urban network by spatiotemporal data mining on location-based services. IEEE Transactions on Intelligent Transportation Systems, 2011, 12(4):1047-1056.

[124] Li C, Yue W, Mao G, et al. Congestion propagation based bottleneck identification in urban road networks. IEEE Transactions on Vehicular Technology, 2020, 69(5):4827-4841.

[125] Beak B, Head K, Feng Y. Adaptive coordination based on connected vehicle technology. Transportation Research Record: Journal of the Transportation Research Board, 2017, 2619:1-12.

[126] Srinivasan D, Choy M, Cheu R. Neural networks for real-time traffic signal control. IEEE Transactions on Intelligent Transportation Systems, 2006, 7(3):261-272.

[127] Camponogara E, Jia D, Krogh B, et al. Distributed model predictive control. IEEE Control Systems Magazine, 2002, 22(1):44-52.

[128] Ma D, Fu F, Jin S, et al. Gating control for a single bottleneck link based on traffic load equilibrium. International Journal of Civil Engineering, 2016, 14(5):281-293.

[129] Christofides P, Scattolini R, de la Pena D, et al. Distributed model predictive control: a tutorial review and future research directions. Computers and Chemical Engineering, 2013, 51:21-41.

[130] Yin Y, Li M, Skabardonis A. Offline offset refiner for coordinated actuated signal control systems. Journal of Transportation Engineering, 2007, 133(7):423-432.

[131] Yun I, Park B. Stochastic optimization for coordinated actuated traffic signal systems. Journal of Transportation Engineering, 2012, 138(7):819-829.

[132] Zheng X, Recker W, Chu L. Optimization of control parameters for adaptive traffic-actuated signal control. Journal of Intelligent Transportation Systems, 2010, 14(2):95-108.

[133] Gradinescu V, Gorgorin C, Diaconescu R, et al. Adaptive traffic lights using car-to-car communication//Proceedings of the 65th IEEE Vehicular Technology Conference, Dublin, 2007.

[134] Yu C, Feng Y, Liu H, et al. Integrated optimization of traffic signals and vehicle trajectories at isolated urban intersections. Transportation Research Part B: Methodological, 2018, 112:89-112.

[135] Mehrabipour M, Hajbabaie A. A cell-based distributed‐coordinated approach for network-level signal timing optimization. Computer:Aided Civil and Infrastructure Engineering, 2017, 32(7):599-616.

[136] Li W, Ban X. Connected vehicles based traffic signal timing optimization. IEEE Transactions on Intelligent Transportation Systems, 2018, 20(12):4354-4366.

[137] Li W, Ban X. Connected vehicle-based traffic signal coordination. Engineering, 2020, 6(12):1463-1472.

[138] Chen S, Sun D. An improved adaptive signal control method for isolated signalized intersection based on dynamic programming. IEEE Intelligent Transportation Systems Magazine, 2016, 8(4):4-14.

[139] Feng Y, Huang S, Chen Q, et al. Vulnerability of traffic control system under cyberattacks with falsified data. Transportation Research Record: Journal of the Transportation Research Board, 2018, 2672:1-11.

[140] Sen S, Head K. Controlled optimization of phases at an intersection. Transportation Science, 1997, 31(1):5-17.

[141] Li M, Chen X, Lin X, et al. Connected vehicle-based red-light running prediction for adaptive signalized intersections. Journal of Intelligent Transportation Systems, 2018, 22(3):229-243.

[142] Li Z, Elefteriadou L, Ranka S. Signal control optimization for automated vehicles at isolated signalized intersections. Transportation Research Part C: Emerging Technologies, 2014, 49:1-18.

[143] Li L, Wen D, Yao D. A survey of traffic control with vehicular communications. IEEE Transactions on Intelligent Transportation Systems, 2013, 15(1):425-432.

[144] Islam A, Hajbabaie A. Distributed coordinated signal timing optimization in connected transportation networks. Transportation Research Part C: Emerging Technologies, 2017, 80:272-285.

[145] Wongpiromsarn T, Uthaicharoenpong T, Wang Y, et al. Distributed traffic signal control for maximum network throughput//Proceedings of the 15th IEEE International Conference on Intelligent Transportation Systems, Anchorage, 2012.

[146] 王力, 李岱, 何忠贺, 等. 基于多智能体分群同步的城市路网交通控制. 控制理论与应用, 2014, 31(11):1448-1456.

[147] Sun W, Wu X, Wang Y, et al. A continuous-flow-intersection-lite design and traffic control for oversaturated bottleneck intersections. Transportation Research Part C: Emerging Technologies, 2015, 56:18-33.

[148] 王福建, 龚成宇, 马东方. 采用交通出行量数据的多点联动瓶颈控制方法. 浙江大学学报(工学版), 2017, 51(2):273-278.

[149] 赵颢. 面向城市道路网交通瓶颈预警的信号控制关键技术研究. 南京: 东南大学, 2018.

[150] 朱海峰, 刘畅, 温熙华. 均衡流量和饱和度的交通瓶颈控制. 控制理论与应用, 2019, 36(5):147-155.

[151] Ding, H, Zhou J, Zheng X, et al. Perimeter control for congested areas of a large-scale traffic network: a method against state degradation risk. Transportation Research Part C: Emerging Technologies, 2020, 112: 28-45.

[152] Mohebifard R, Islam S, Hajbabaie A. Cooperative traffic signal and perimeter control in semi-connected urban-street networks. Transportation Research Part C: Emerging Technologies, 104:408-427.

[153] Sirmatel I, Geroliminis N. Stabilization of city-scale road traffic networks via macroscopic fundamental diagram-based model predictive perimeter control. Control Engineering Practice, 109(9):104750.

[154] Mohebifard R, Islam S, Hajbabaie A. Distributed optimization and coordination algorithms for dynamic traffic metering in urban street networks. IEEE Transactions on Intelligent Transportation Systems, 2018, 20(5):1930-1941.

[155] Balaji P, Srinivasan D. Multi-agent system in urban traffic signal control. IEEE Computational Intelligence Magazine, 2010, 5(4):43-51.

[156] Deng Y, Bao F, Kong Y, et al. Deep direct reinforcement learning for financial signal representation and trading. IEEE transactions on neural networks and learning systems, 2016, 28(3):653-664.

[157] Chu T, Qu S, Wang J. Large-scale traffic grid signal control with regional reinforcement learning//Proceedings of the IEEE American Control Conference, Boston, 2016.

[158] Tan T, Chu T, Peng B, et al. Large-scale traffic grid signal control using decentralized fuzzy reinforcement learning//Proceedings of SAI Intelligent Systems Conference, Cham, 2016.

[159] Mnih V, Kavukcuoglu K, Silver D, et al. Human-level control through deep reinforcement learning. Nature, 2015, 518(7540):529-533.

[160] Kok J, Vlassis N. Using the max-plus algorithm for multiagent decision making in coordination graphs//Proceedings of the Robot Soccer World Cup, Osaka, 2005.

[161] Casas N. Deep deterministic policy gradient for urban traffic light control. arXiv preprint arXiv:1703.09035, 2017.

[162] Liang X, Du X, Wang G, et al. A deep reinforcement learning network for traffic light cycle control. IEEE Transactions on Vehicular Technology, 2019, 68(2):1243-1253.

[163] Zhang H, Jiang H, Luo C, et al. Discrete-time nonzero-sum games for multiplayer using policy-iteration-based adaptive dynamic programming algorithms. IEEE Transactions on Cybernetics, 2016, 47(10):3331-3340.

[164] Jiang H, Zhang H, Luo Y, et al. Neural-network-based robust control schemes for nonlinear multiplayer systems with uncertainties via adaptive dynamic programming. IEEE Transactions on Systems, Man and Cybernetics: Systems, 2018, 49(3):579-588.

[165] Wang Y, Zheng W, Zhang H. Dynamic event-based control of nonlinear stochastic systems. IEEE Transactions on Automatic Control, 2017, 62(12):6544-6551.

[166] Chu T, Wang J, Codeca L, et al. Multi-agent deep reinforcement learning for large-scale traffic signal control. IEEE Transactions on Intelligent Transportation Systems, 2019, 21(3):1086-1095.

[167] Jiang H, Zhang H, Luo Y, et al. H∞ control with constrained input for completely unknown nonlinear systems using data-driven reinforcement learning method. Neurocomputing, 2017, 237:226-234.

[168] 王云鹏, 严新平, 鲁光泉, 等. 智能交通技术概论. 北京: 清华大学出版社, 2020.

第2章　基于粒子滤波的众包车辆轨迹重构

准确、完整的车辆轨迹数据是精细化交通管理与控制的基础[1-6]。伴随移动互联等新一代信息技术的发展，智能终端设备以众包的方式反馈车辆时空连续位置，突破了传统检测局限，可获得大范围路网时空连续的车辆运行轨迹[7-9]。然而，当前的众包轨迹包含大量具有回退、截尾、稀疏缺失等异常特征的高噪声数据，无法提供完整的车辆运行时空信息[10-12]。本章将针对城市信号控制干道，基于粒子滤波进行众包轨迹重构，还原车辆在某一路段上的完整运行过程，复现车辆点速度、停车位置、停车次数、等待时间等信息，为路网交通状态感知与信号控制奠定数据基础。首先，针对单车车辆轨迹，将众包轨迹重构转换为系统状态最小方差估计问题；然后，根据道路属性和车辆采样更新特点，面向众包车辆连续采样更新位置间的所有潜在轨迹，设计粒子滤波重要性采样测量准则，获取系统状态最小方差对应的轨迹估计，即为重构轨迹。

2.1　粒子滤波模型

粒子滤波(Particle Filter, PF)是一种基于蒙特卡罗采样(Monte Carlo Sampling)的系统状态估计方法[13,14]。滤波是在观测值存在随机噪声的条件下，根据系统当前和过去的状态观测值对系统当前状态的真实值进行估计的方法。对于系统状态之间的转换并非线性转换且系统噪声并非高斯噪声的非线性非高斯系统，通过蒙特卡罗采样计算样本均值代替贝叶斯估计中后验概率的积分运算，使得 PF 具有适用于各类非线性非高斯系统的显著优势。PF 的应用范围非常广泛，包括状态估计、目标识别和轨迹跟踪等。PF 的核心思想是在部分含噪声的系统状态观测值已知的条件下，通过重要性采样生成一系列样本即粒子，表示系统的后验分布[15,16]。因此，无须对系统状态空间方程和状态分布进行任何假设，系统的状态空间方程可以是非线性的，并且初始状态和噪声分布可以采用任何形式。PF给每个粒子分配一个似然权重，表示该粒子从概率密度函数中被采样的概率。为了避免各类滤波算法中常出现的粒子权重悬殊(Weight Disparity)所引起权重失效问题[17-19]，PF 在粒子权重变得非均匀之前，通过重采样用权重高的粒子代替权重极小的粒子，避免有效粒子数的减小和无效采样[20-22]。

将众包车辆位置连续两次采样更新之间的所有潜在轨迹作为系统粒子，基于 PF 对连续采样之间缺失的轨迹进行估计，获取重构轨迹。对于某一车辆，通过对所有潜在轨迹进行随机采样得到对应粒子，每个粒子的权重表示相应潜在轨迹的出现概率。若对车辆的位置进行连续采样，得到两次采样位置之间的候选轨迹数量为 L，系统离散状态序列即候选轨迹为 $x_k = \{x_k^1, x_k^2, \cdots, x_k^L\}$，系统测量方程为 $z_k = \{z_k^1, z_k^2, \cdots, z_k^J\}$，其中，$J$ 表示测量方程数量，则 PF 状态空间模型可表示为

$$x_k = f(x_{k-1}, u_{k-1}) \tag{2.1}$$

$$z_k = h(x_k, s_k) \tag{2.2}$$

其中，f 表示状态转移方程；h 表示系统测量方程；u_{k-1} 表示过程噪声；s_k 表示测量噪声。

为了便于研究，对系统状态和测量值进行如下假设：①t 时刻系统状态 x_t 即 t 时刻的候选轨迹只与系统上一时刻状态对应的候选轨迹 x_{t-1} 相关联；②测量值在时间上互相独立，即 t 时刻的测量值 z_k 只与 t 时刻的状态相关联。应用 PF 对系统状态进行最小方差估计主要包含两个阶段，即状态预测和预测修正。

2.1.1　系统状态预测

假设 x_k 是候选轨迹集合 x_k 中的一个元素，z_k 是测量函数集合 z_k 中的一个元素，z_k 仅与 x_k 相关。令 $P(x_{k-1}|z_{1:k-1})$ 表示时间离散的系统状态概率密度函数，基于贝叶斯定理[23]估计在 t_k 时刻系统状态为 x_k 的概率为

$$P(x_{k-1}|z_{1:k-1}) = \int P(x_k, x_{k-1}|z_{1:k-1}) \mathrm{d}x_{k-1}$$

$$= \int P(x_k|x_{k-1}, z_{1:k-1}) P(x_{k-1}|z_{1:k-1}) \mathrm{d}x_{k-1} \tag{2.3}$$

式 (2.3) 中 x_k 只与 x_{k-1} 相关，根据一阶马尔可夫模型[23]可得

$$P(x_{k-1}|z_{1:k-1}) = \int P(x_k|x_{k-1}) P(x_{k-1}|z_{1:k-1}) \mathrm{d}x_{k-1} \tag{2.4}$$

根据式 (2.4)，基于 $t_1 \sim t_{k-1}$ 的测量结果，对 t_k 时刻系统状态为 x_k 的概率进行预测。其中，状态转移概率 $P(x_k|x_{k-1})$ 根据 Chapman-Kolmogorov 方程计算[24]，如式 (2.1) 所示。

2.1.2　预测状态修正

获取系统状态预测结果后，对系统预测结果进行修正，该修正过程便是滤波。当 t_k 时刻 x_k 被选中时，基于测量方程对预测结果 $P(x_k|z_{1:k-1})$ 进行修正，获取 $P(x_k|z_{1:k})$

$$P\left(x_k \mid z_{1:k}\right) = P\left(x_k \mid z_{1:k-1}, z_k\right) = \frac{P\left(x_k \mid z_{1:k-1}\right) P\left(z_k \mid x_k, z_{1:k-1}\right)}{P\left(z_k \mid z_{1:k-1}\right)} = \frac{P\left(x_k \mid z_{1:k-1}\right) P\left(z_k \mid x_k\right)}{P\left(z_k \mid z_{1:k-1}\right)}$$

(2.5)

对于非线性非高斯系统，由于不能直接确定 $P\left(x_k \mid z_{1:k}\right)$ 的具体形式，所以 PF 采用蒙特卡罗采样方法[24]对其进行估计。若从候选轨迹中进行大量随机采样，便可获得粒子 $x_k^1, x_k^2, \cdots, x_k^N$，则 $P\left(x_k \mid z_{1:k}\right)$ 可近似表示为

$$\hat{P}\left(x_k \mid z_{1:k}\right) = \frac{1}{N} \sum_{i=1}^{N} \varphi\left(x_k - x_k^i\right) \approx P\left(x_k \mid z_{1:k}\right)$$

(2.6)

其中，$\varphi(\cdot)$ 表示 Dirac delta 函数。然而，直接根据 $P\left(x_k \mid z_{1:k}\right)$ 进行采样通常难度较大，因此常根据 $q\left(x_k \mid z_{1:k}\right)$ 生成随机粒子，称为重要性密度[24]，由此可对粒子权重进行迭代更新

$$w_k^i \propto \frac{P\left(x_{0:k}^i \mid z_{1:k}\right)}{q\left(x_{0:k}^i \mid z_{1:k}\right)} = \frac{P\left(x_{0:k-1}^i \mid z_{1:k-1}\right) P\left(x_k^i \mid x_{k-1}^i\right) P\left(z_k \mid x_k^i\right)}{q\left(x_{0:k-1}^i \mid z_{1:k-1}\right) q\left(x_k^i \mid x_{0:k-1}^i, z_{1:k}\right)} = w_{k-1}^i \frac{P\left(x_k^i \mid x_{k-1}^i\right) P\left(z_k \mid x_k^i\right)}{q\left(x_k^i \mid x_{0:k-1}^i, z_{1:k}\right)}$$

(2.7)

根据重要性采样[25]，令 $q\left(x_k^i \mid x_{0:k-1}^i, z_{1:k}\right) = P\left(x_k^i \mid x_{k-1}^i\right)$ 可得

$$w_k^i \propto \frac{P\left(x_{0:k}^i \mid z_{1:k}\right)}{q\left(x_{0:k}^i \mid z_{1:k}\right)} = w_{k-1}^i P\left(z_k \mid x_k^i\right)$$

(2.8)

至此，根据状态变量的先验分布，在候选轨迹中进行大量随机采样得到粒子，之后基于式(2.2)和式(2.8)计算粒子权重，不断校正系统状态，直至接近系统状态的真实概率密度函数，采用粒子的最小方差分布表示系统状态，由此获得系统状态的最小方差估计。

2.2　高噪声轨迹数据修复

2.2.1　单交叉口初始粒子构建

初始粒子指众包车辆连续两次位置更新之间的全部潜在轨迹。为了提高 PF 模型重构城市信号控制干道车辆运行轨迹的准确性，需首先生成可靠性较高的初始粒子。对于潜在轨迹的估计，现有方法大多依赖微观交通流仿真模型，如 IDM (Intelligent Driving Model)、IFVDM (Improved Full Velocity Difference Model) 等，通过仿真车辆运动获取全部潜在轨迹[26,27]。然而，由于实际交通运行的复杂性

和多样性，依赖于交通流仿真模型生成的粒子往往难以与实际情况相符，生成大量无效粒子。又由于 PF 需要依赖蒙特卡罗算法进行广泛随机采样，所以大量无效粒子将导致 PF 计算效率低下，同时对 PF 准确性产生影响。为了保证 PF 初始粒子与实际运行情况相符，可将道路进行离散化处理，把整条干道划分为若干个具有相同长度的道路单元。然后，基于历史稀疏轨迹数据对道路单元旅行时间进行估计，从而生成 PF 初始粒子。

如图 2-1 所示，干道共包括 N 个单路单元 $\{c_1, c_2, \cdots, c_N\}$，其中，$c_i$ 表示第 i 个道路单元编号。假设共有 n 辆众包车辆 $\{v_1, v_2, \cdots, v_n\}$ 通过该干道，众包车辆 v_i 连续两次采样更新之间的旅行时间观测值 $t^i_{\{c_1, c_N\}}$ 可表示为

$$t^i_{\{c_1, c_N\}} = \sum_{j=1}^{N} t^i_{c_j} \tag{2.9}$$

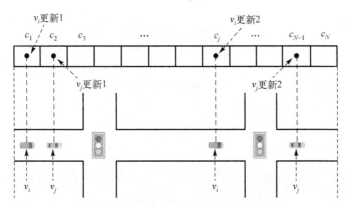

图 2-1　道路单元和众包车辆连续采样更新示意图

由此可得旅行时间矩阵

$$T = \begin{pmatrix} t^1_{c_1} & t^1_{c_2} & \cdots & t^1_{c_j} & \cdots & t^1_{c_N} \\ t^2_{c_1} & t^2_{c_2} & \cdots & t^2_{c_j} & \cdots & t^2_{c_N} \\ \vdots & \vdots & & \vdots & & \vdots \\ t^i_{c_1} & t^i_{c_2} & \cdots & t^i_{c_j} & \cdots & t^i_{c_N} \\ \vdots & \vdots & & \vdots & & \vdots \\ t^n_{c_1} & t^n_{c_2} & \cdots & t^n_{c_j} & \cdots & t^n_{c_N} \end{pmatrix} \tag{2.10}$$

其中，$t^i_{c_j}$ 表示车辆 v_i 通过道路单元 c_j 的旅行时间，考虑到初始时刻各道路单元旅行时间为 $t^i_{c_j} = t^i_{\{c_1, c_N\}} / (c_N - c_1 + 1)$，由此可得各道路单元 c_j 旅行时间的均值和方差，分

别为 μ_{c_j} 和 $\sigma_{c_j}^2$，则 $t_{c_j}^i$ 的概率密度函数[26]为

$$P\left(t_{c_j}^i\right) = \frac{1}{\sqrt{2\pi}\sigma_{c_j}} \exp\left(-\frac{\left(t_{c_j}^i - \mu_{c_j}\right)^2}{2\sigma_{c_j}^2}\right) \tag{2.11}$$

由于每辆众包车辆 $\{v_1, v_2, \cdots, v_n\}$ 均可提供一个旅行时间观测值，所以，每个道路单元共有 n 个重叠的旅行时间观测值，据此估计出现概率最大的道路单元旅行时间

$$\arg_{t_{c_j}^i} \max \sum_{j=1}^{N} \log\left[P\left(t_{c_j}^i\right)\right] = \arg_{t_{c_j}^i} \min \sum_{j=1}^{N} \frac{\left(t_{c_j}^i - \mu_{c_j}\right)^2}{2\sigma_{c_j}^2}$$

$$= \arg_{t_{c_j}^i} \min \sum_{j=1}^{N} \frac{(t_{c_j}^i)^2 - 2t_{c_j}^i\mu_{c_j} + (\mu_{c_j})^2}{2\sigma_{c_j}^2} \tag{2.12}$$

$$= \arg_{t_{c_j}^i} \min \sum_{j=1}^{N} \frac{(t_{c_j}^i)^2 - 2t_{c_j}^i\mu_{c_j}}{2\sigma_{c_j}^2}$$

$$\text{s.t.} \sum_{j=1}^{N} t_{c_j}^i = t_{\{c_1, c_N\}}^i$$

式 (2.12) 是一个有约束的二次规划问题，可转换为如下标准形式

$$\text{Arg}_{t_{c_j}^i} \min y = \frac{1}{2}x^{\mathrm{T}}Hx + f^{\mathrm{T}}x \tag{2.13}$$

$$\text{s.t.} \sum_{j=1}^{N} t_{c_j}^i = t_{\{c_1, c_N\}}^i$$

其中，$x = \begin{pmatrix} t_{c_1}^i \\ t_{c_2}^i \\ \vdots \\ t_{c_N}^i \end{pmatrix}$，$H = \begin{pmatrix} \dfrac{1}{\sigma_{c_1}^2} & \cdots & 0 \\ \vdots & & \vdots \\ 0 & \cdots & \dfrac{1}{\sigma_{c_N}^2} \end{pmatrix}$，$f = \begin{pmatrix} \dfrac{\mu_{c_1}}{\sigma_{c_1}^2} \\ \dfrac{\mu_{c_2}}{\sigma_{c_2}^2} \\ \vdots \\ \dfrac{\mu_{c_N}}{\sigma_{c_N}^2} \end{pmatrix}$。

式 (2.13) 表明，当该目标函数的值最小时，相应的道路单元旅行时间估计结果将使两次连续更新之间相应间隔时间出现的概率最大，这一过程可视为求解道路单

元旅行时间的极大似然估计。因此，可将每个道路单元的行驶时间估计转化为二次规划问题，求解式 (2.13) 的最优解，即道路单元旅行时间的极大似然估计结果。

在求解得到道路单元旅行时间估计结果之后，据此构建 PF 初始粒子。假设干道上的车辆停车是由交叉口信号控制所致，如图 2-2 所示，对于单交叉口，车辆连续两次更新之间存在的潜在轨迹可分为停车轨迹和不停车轨迹，其中，P_1 和 P_N 分别表示两次采样更新对应的车辆位置，L_q 表示交叉口最远排队位置，L_1 和 L_2 表示排队开始位置，$L_1 = L_2$。因此，单交叉口对应初始粒子包括停车轨迹粒子和不停车轨迹粒子。

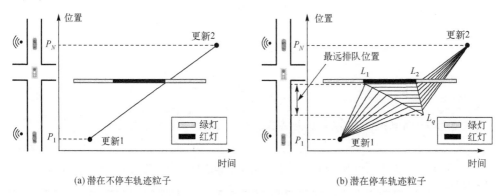

(a) 潜在不停车轨迹粒子　　　　　　　　　　　(b) 潜在停车轨迹粒子

图 2-2　单交叉口对应初始粒子生成

潜在不停车轨迹粒子构建算法流程主要包括三个步骤：首先，计算车辆实际旅行时间和估计旅行时间之间的差值；然后，将该差值分配至车辆位置连续采样更新之间的所有道路单元，对原道路单元旅行时间进行调整；最后，根据调整后的道路单元旅行时间构建得到潜在不停车轨迹粒子，具体算法步骤如表 2-1 所示。

表 2-1　潜在不停车轨迹粒子构建算法

算法：众包车辆连续两次采样更新之间潜在不停车轨迹粒子构建

Step 1　道路单元旅行时间估计

Step 1.1　确定众包车辆 $v_i \in \{v_1, v_2, \cdots, v_n\}$ 连续两次采样更新之间的时间间隔

$$t_{\{c_f, c_l\}}^i = \text{time}(c_l)^i - \text{time}(c_f)^i \tag{2.14}$$

其中，c_f 表示包含先前更新位置的道路单元；c_l 表示包含后者更新位置的道路单元；$\text{time}(\cdot)$ 表示时间戳。

Step 1.2　道路单元旅行时间初始化

基于历史探测车数据计算车辆 v_i 穿过道路单元 c_j 的旅行时间 $t_{c_j}^i$

$$t_{c_j}^i = t_{\{c_f, c_l\}}^i / (c_f - c_l + 1) \tag{2.15}$$

Step 1.3　道路单元旅行时间的极大似然估计

根据式 (2.15) 全部车辆的计算结果，计算每个道路单元旅行时间的均值 μ_{c_j} 和方差 $\sigma_{c_j}^2$，并将其代入式 (2.13) 所示的二次规划问题，利用 MATLAB 函数 quadprog 求解目标函数的值最小时对应的各道路单元旅行时间，获取道路单元旅行时间的极大似然估计结果 $\{t_{c_1}, t_{c_2}, \cdots, t_{c_N}\}$。

Step 2 计算车辆实际旅行时间与估计旅行时间差值

对于某一待估计的车辆 v_m 不停车轨迹，将先后两次采样更新位置之间的全部道路单元旅行时间求和得到 v_m 的估计旅行时间，v_m 的实际旅行时间则根据检测记录的时间戳计算，因此，v_m 的实际旅行时间和估计旅行时间之间的差值为

$$t_d = \left[\text{time}(c_N) - \text{time}(c_1) \right] - \sum_{j=1}^{N} t_{c_j} \tag{2.16}$$

其中，c_1 和 c_N 分别表示 v_m 先后两次采样更新位置所在的道路单元。

Step 3 将车辆实际旅行时间与估计旅行时间差值分配至对应道路单元

按式 (2.16) 将车辆实际旅行时间与估计旅行时间差值 t_d 分配至 v_m 先后两次采样更新对应位置之间的全部道路单元 $C = \{c_1, c_2, \cdots, c_N\}$，$\Delta t_d$ 表示道路单元 $c_j \in C$ 接受分配的旅行时间调整量

$$\Delta t_{d,c_j}^m = t_d \left(\frac{t_{c_j}}{t_{\{c_1, c_N\}}} \right) = t_d \left(\frac{t_{c_j}}{\sum_{k=1}^{N} t_{c_k}} \right) \tag{2.17}$$

$$t_d = \sum_{j=1}^{N} \Delta t_{d,c_j}^m \tag{2.18}$$

若道路单元 c_j 的估计旅行时间为 t_{c_j}，根据车辆 v_m 实际运行结果，将 c_j 旅行时间调整为 $\hat{t}_{c_j}^m$

$$\hat{t}_{c_j}^m = t_{c_j} + \Delta t_{d,c_j}^m \tag{2.19}$$

由于道路单元长度已知，结合式 (2.19) 的道路单元旅行时间调整结果，可得 v_m 连续两次采样更新位置之间潜在不停车轨迹粒子。

对于在交叉口附近停车等待的车辆轨迹，需要确定车辆在交叉口附近的潜在停车位置和等待时间。假设不同天同一时段内交叉口最远排队位置保持稳定，那么基于历史众包轨迹数据可估计最远排队位置，即图 2-2 所示的 L_q 点。当红灯启亮时，车辆开始在交叉口停车线后排队，形成以 L_1L_q 斜率为波速的排队波。在绿灯启亮后，车辆排队开始消散，形成以 L_2L_q 斜率为波速的消散波。基于排队波和消散波，可确定车辆在交叉口附近的潜在停车位置 $CS = \{cs_1, cs_2, \cdots, cs_m\}$ 和相应等待时间，其中，cs_i 表示潜在停车位置所在的道路单元，由此构建车辆连续两次采样更新位置间的潜在轨迹。构建潜在停车轨迹粒子的具体算法步骤如表 2-2 所示。

表 2-2　潜在停车轨迹粒子构建算法

算法：众包车辆连续两次采样更新之间潜在停车轨迹粒子构建

Step 1 道路单元旅行时间估计

具体步骤与表 2-1 相同。

Step 2 确定潜在停车位置

令 $z = 1$，根据车辆连续采样更新位置得出交叉口进口道最远排队位置，确定潜在停车位置 GECS，基于历史数据确定相应的停车时间 $\text{time}(c_z)$ 和等待时间 tw_{c_z}。

Step 3 计算车辆实际旅行时间与估计旅行时间差值

对于经历停车的众包车辆 v_m，其轨迹可分为两个阶段，即停车前和停车后，同样根据道路单元旅行时间估计结果，用 c_1 和 c_N 分别表示车辆 v_m 连续两次采样更新位置对应的道路单元，根据式 (2.19) 和式 (2.20) 分别计算两段轨迹实际旅行时间和估计旅行时间之间的差值

$$t_{d\{c_1,c_{z-1}\}} = \text{time}(c_z) - \left[\text{time}(c_1) + \sum_{j=1}^{z-1} t_{c_j} \right] \tag{2.20}$$

$$t_{d\{c_{z+1},c_N\}} = \text{time}(c_N) - \text{time}(c_z) + \left[tw_{c_z} + \sum_{j=z+1}^{N} t_{c_j} \right] \tag{2.21}$$

其中，$t_{d\{c_1,c_{z-1}\}}$ 和 $t_{d\{c_{z+1},c_N\}}$ 分别表示停车前后两段轨迹旅行时间实际值与估计值间的差。

Step4 将车辆实际旅行时间与估计旅行时间差值分配至对应道路单元

根据式 (2.22) 将停车前轨迹段对应的车辆实际旅行时间与估计旅行时间差值 $t_{d\{c_1,c_{z-1}\}}$ 分配至先前采样更新位置 c_1 和停车位置 c_z 对应范围内的全部道路单元 $\{c_1,c_{z-1}\}$，$\Delta t_{d,c_j}^{m}$ 表示道路单元 c_j 接受分配的旅行时间调整量

$$\Delta t_{d,c_j}^{m} = t_{d\{c_1,c_{z-1}\}} \left(\frac{t_{c_j}}{t_{\{c_1,c_{z-1}\}}} \right) = t_{d\{c_1,c_{z-1}\}} \left(\frac{t_{c_j}}{\displaystyle\sum_{k=1}^{z-1} t_{c_k}} \right), \quad c_j \in \{c_1,c_{z-1}\} \tag{2.22}$$

$$t_{d\{c_1,c_{z-1}\}} = \sum_{j=1}^{z-1} \Delta t_{d,c_j}^{m} \tag{2.23}$$

同理，根据式 (2.24) 将停车后轨迹段对应的 $t_{d\{c_{z+1},c_N\}}$ 分配至停车位置 c_z 和采样更新位置 c_N 对应范围内的全部道路单元 $\{c_{z+1},c_N\}$

$$\Delta t_{d,c_j}^{m} = t_{d\{c_{z+1},c_N\}} \left(\frac{t_{c_j}}{t_{\{c_{z+1},c_N\}}} \right) = t_{d\{c_{z+1},c_N\}} \left(\frac{t_{c_j}}{\displaystyle\sum_{k=z+1}^{N} t_{c_k}} \right), \quad c_j \in \{c_{z+1},c_N\} \tag{2.24}$$

$$t_{d\{c_{z+1},c_N\}} = \sum_{j=z+1}^{N} \Delta t_{d,c_j}^{m} \tag{2.25}$$

根据式 (2.22) 和式 (2.24) 分别计算得到各道路单元旅行时间调整量，并代入式 (2.19) 得到道路单元旅行时间估计的调整结果，由于道路单元长度已知，所以可得 v_m 在 c_z 停车时对应的潜在停车轨迹粒子。

Step 5 潜在停车位置更新与结果输出

若 c_z 不是 $CS = \{cs_1,cs_2,\cdots,cs_m\}$ 中最后一个潜在停车位置，则 $z = z+1$，返回 Step2；否则，停止计算，得到 v_m 连续两次采样更新位置之间全部潜在停车轨迹粒子。

2.2.2　连续交叉口初始粒子构建

对于具有多个连续交叉口的信号控制干道,车辆通过交叉口通常对应两种情况：停车等待后通过或直接通过。如图 2-3 所示，对于连续交叉口，车辆连续两次采样更新位置间的潜在轨迹粒子可分为不停车轨迹粒子、停车一次轨迹粒子和停车多次轨迹粒子。

如图 2-3 (a) ～ (c) 所示,对于不停车轨迹粒子和在交叉口附近停车一次的轨迹粒子，其构建算法与表 2-1、表 2-2 所示相同。对于停车多次的轨迹粒子，如图 2-3 (d) 所示，需要确定所有潜在停车位置：根据各交叉口对应进口道最远排队位置估计结果，得到车辆在各交叉口附近潜在停车位置所在的道路单元序列 $L_1L_{q1} = \{c_w,c_{w+1},\cdots,c_{w+a}\}$ 和 $L_3L_{q2} = \{c_h,c_{h+1},\cdots,c_{h+b}\}$，其中,$a$ 和 b 分别表示各交叉口潜在停车位置数量，

c_w 和 c_h 分别表示车辆在各交叉口第一个潜在停车位置所在的道路单元。在此基础上，停车多次的轨迹粒子构建过程可分为三部分 $c_{P_1}c_{w+i}$、$c_{w+i}c_{h+j}$ 和 $c_{h+j}c_{P_N}$，其中，$i \leqslant a$，$j \leqslant b$，分别对应连续交叉口不同路段，车辆在各交叉口附近的停车等待时间同样根据停车位置估计，如 2.2.1 节所述。

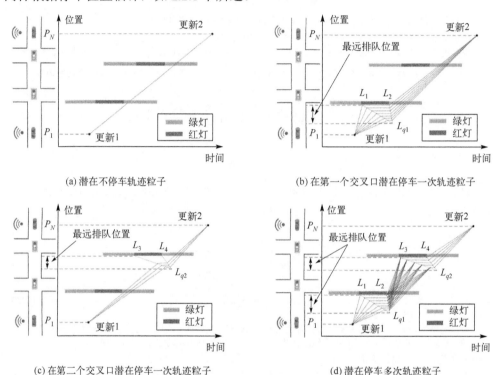

图 2-3　连续交叉口对应初始粒子生成

与单交叉口停车粒子相比，构建两个连续交叉口对应停车粒子时，由于路段数量的增加需要多计算一次道路单元实际旅行时间和估计旅行时间的差值，然后将该差值分配至相应道路单元，旅行时间差值计算和分配算法与表 2-2 所示相同，由此可得各道路单元旅行时间调整结果，获取连续交叉口多次停车的轨迹粒子。

2.2.3　测量准则设计

为了计算和更新粒子权重，可根据道路属性和众包车辆采样更新特点设计三个 PF 测量准则，包括旅行时间调整准确性、旅行时间调整可能性、速度和加速度限制，据此进行蒙特卡罗重要性采样。

（1）旅行时间调整准确性。

由于估计的旅行时间与实际旅行时间存在差值，且该差值可能为正也可能为负，若根据表 2-1、表 2-2 所示算法将该差值分配至各道路单元，可能导致调整后的道路单元旅行时间小于等于零，这与现实情况不符。因此，提出旅行时间调整准确性这一准则对调整后结果的准确性进行测量

$$P\left(z_1 \middle| x_1^r\right) = P_{\text{accuracy}}^r = \begin{cases} 1, & \min\left(\hat{t}_{c_j}^r\right) > 0, \ j = 1, 2, \cdots, N \\ 0, & \min\left(\hat{t}_{c_j}^r\right) \leqslant 0, \ j = 1, 2, \cdots, N \end{cases} \tag{2.26}$$

其中，$P\left(z_1 \middle| x_1^r\right)$ 表示给定第 r 个粒子条件下旅行时间调整准确性的条件概率；P_{accuracy}^r 表示第 r 条潜在轨迹基于旅行时间调整准确性的更新概率。

（2）速度和加速度限制。

道路单元长度固定，因此可得车辆连续两次采样更新之间的全部潜在轨迹，又由于每条轨迹对应的车辆平均速度不同，考虑到道路速度和车辆加速度限制，基于道路单元旅行时间调整结果，提出如式（2.27）所示的第二个测量准则

$$P(z_2 \mid x_2^r) = P_{\text{speed}}^r = \begin{cases} 1, & \dfrac{L(c_1, c_N)}{\text{time}(c_N)^r - \text{time}(c_1)^r} \leqslant v_{\max} \text{且} \bar{a} \leqslant a_{\max} \\ 0, & \dfrac{L(s_1, s_N)}{\text{time}(c_N)^r - \text{time}(c_1)^r} > v_{\max} \text{或} \bar{a} > a_{\max} \end{cases} \tag{2.27}$$

其中，$L\left(c_1, c_N\right)$ 表示 c_1 和 c_N 之间的路段长度；$v_{\max}$ 表示道路最大限速；$\text{time}(*)^r$ 表示第 r 个粒子对应时间戳；$\bar{a}$ 表示车辆平均加速度；$a_{\max}$ 表示车辆最大加速度。

（3）旅行时间调整可能性。

受道路速度限制，通常情况下每个道路单元旅行时间均存在一个相对确定的波动范围，旅行时间调整结果不应超出这一范围，且不同的旅行时间调整值 $\hat{t}_{c_j}^m$ 出现的概率存在很大差异。假设道路单元 c_j 旅行时间服从均值为 μ_{c_j}、方差为 σ_{c_j} 的高斯分布，则车辆 v_m 第 r 个粒子通过该道路单元对应的 $\hat{t}_{c_j}^r$ 出现的概率可表示为

$$P\left(\hat{t}_{c_j}^r\right) = \frac{1}{\sqrt{2\pi}\sigma_{c_j}} \exp\left(-\frac{\left(\hat{t}_{c_j}^r - \mu_{c_j}\right)^2}{2\sigma_{c_j}^2}\right) \tag{2.28}$$

对于车辆经过多个连续道路单元 $\{c_1, c_2, \cdots, c_N\}$，$t_{\{c_1, c_N\}}^r$ 出现的概率可表示为

$$P\left(t_{\{c_1, c_N\}}^r\right) = P\left(\sum_{j=1}^{N} \hat{t}_{c_j}^r\right) = \sum_{j=1}^{N} \frac{1}{\sqrt{2\pi}\sigma_{c_j}} \exp\left(-\frac{\left(\hat{t}_{c_j}^r - \mu_{c_j}\right)^2}{2\sigma_{c_j}^2}\right) \tag{2.29}$$

因此，旅行时间调整可能性测量准则为

$$P\left(z_3 \mid x_3^r\right) = P_{\text{possibility}}^r = \frac{P\left(t_{\{c_1, c_N\}}^r\right)}{\sum\limits_{r=1}^n P\left(t_{\{c_1, c_N\}}^r\right)} = \frac{\sum\limits_{j=1}^n \frac{1}{\sqrt{2\pi}\sigma_{c_j}} \exp\left(-\frac{(\hat{t}_{c_j}^r - \mu_{c_j})^2}{2\sigma_{c_j}^2}\right)}{\sum\limits_{r=1}^n \sum\limits_{j=1}^N \frac{1}{\sqrt{2\pi}\sigma_{c_j}} \exp\left(-\frac{(\hat{t}_{c_j}^r - \mu_{c_j})^2}{2\sigma_{c_j}^2}\right)} \quad (2.30)$$

其中，$P\left(z_3 \mid x_3^r\right)$ 表示给定第 r 个粒子条件下旅行时间调整可能性的条件概率；$P_{\text{possibility}}^r$ 表示第 r 条潜在轨迹基于旅行时间调整可能性的更新概率。

2.2.4　重构轨迹输出

基于上述构建的 PF 初始粒子和测量准则，通过重要性采样和重采样计算更新迭代粒子权重，获得重构轨迹，具体算法步骤如表 2-3 所示。

表 2-3　基于粒子滤波的众包轨迹重构算法

算法：基于粒子滤波的众包轨迹重构
Step 1　初始粒子构建
for $r = 1$ to L:
生成车辆 k 连续两次采样更新之间的全部潜在轨迹作为初始粒子 $x_k = \left\{x_k^1, x_k^2, \cdots, x_k^L\right\}$;
粒子 x_k^r 的初始化权重为 $P\left(z_0 \mid x_0^r\right) = 1/L$;
end for
for $m = 1, 2, \cdots, M$: (M 表示基于测量准则的最大更新次数)
Step 2　状态预测与修正
for $r = 1$ to L:
根据式 (2.4) 和式 (2.6) 更新第 r 个粒子对应潜在轨迹 x_k^r 的状态;
end for
Step 3　重要性采样
for $r = 1$ to L:
根据 $w_k^r = w_{k-1}^r P\left(z_k \mid x_k^r\right)$ 更新粒子 x_k^r 的权重;
其中，条件概率 $P\left(z_k \mid x_k^r\right)$ 计算如式 (2.26)、式 (2.27) 和式 (2.30) 所示;
end for
Step 4　粒子权重归一化与重采样
for $r = 1$ to L:
归一化后的粒子 x_k^r 权值为 $\hat{w}_k^r = w_k^r \Big/ \sum\limits_{r=1}^L w_k^r$;
end for
基于轮盘赌算法[18]从所有粒子 $x_k = \left\{x_k^1, x_k^2, \cdots, x_k^L\right\}$ 中重采样 L 个粒子，将出现概率小的粒子替换为出现概率大的粒子;
for $r = 1$ to L:
设定新的采样粒子 x_k^r 权值为 $w_k^r = 1/L$;
end for
Step 5　时间步长更新
if $m < M$ then
$m = m + 1$ 返回 Step 2;

```
    else  执行 Step 6；
end for
Step 6  结果输出
```
　　　输出权值最大粒子 $x_k = \arg\max(\hat{w}_k^i)$，对应轨迹为重构轨迹

2.3　数据采集与实验分析

2.3.1　数据描述

　　为了验证提出的轨迹重构算法，以河北省保定市朝阳北大街为示范场景进行算法测试，该路段总长度为 1200m，包含四个交叉口，道路限速 80km/h，选取朝阳北大街由南向北直行车道为研究范围。实验采用真实路网众包数据集，包含 2020 年12 月 16 日全天朝阳北大街原始众包数据，提取路网早高峰 06:00～13:00 数据，包含车辆 ID、经纬度位置、速度、时间戳，数据采集频率为 3～60s。由于理想的众包数据采样频率为 3～6s，因此只对采样间隔在 6s 以上的数据缺失部分进行重构，认为连续采样频率在 6s 以下的记录为完整数据。为了将重构轨迹与真实轨迹进行对比实现算法性能评估，提取原始众包数据集中车辆连续采样更新间隔在 6s 以下的记录，并以一定的时间间隔提取轨迹数据，视为包含稀疏缺失部分的待重构众包轨迹，以此进行算法验证。

2.3.2　测试场景一：单交叉口

　　测试场景一研究范围为保定市朝阳北大街的一个单交叉口，路段长度接近200m，如图 2-4 所示，根据车辆占据的平均道路空间将该路段划分为 40 个道路单元，每个道路单元空间长度为 5m。道路单元 1 表示路段最南端道路单元，道路单元 40 表示路段最北端道路单元。提取从该路段由南向北直行通过相应交叉口的历史车辆轨迹，估计道路单元旅行时间，结果如图 2-5 所示。

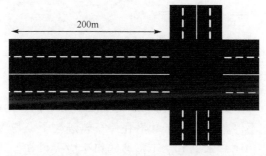

図 2-4　测试场景一：保定市朝阳北大街单交叉口

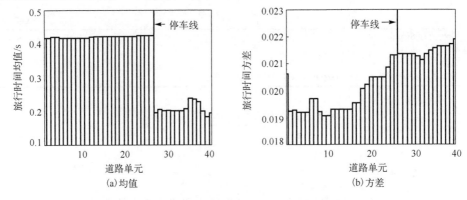

(a) 均值　　　　　　　　　　　　　　　　(b) 方差

图 2-5　单交叉口对应道路单元旅行时间估计结果

图 2-5 显示了道路单元旅行时间的均值和方差，可见靠近停车线附近的道路单元旅行时间波动明显，且停车线下游路段平均旅行时间均值明显小于上游，同时方差较大，这是车辆在交叉口附近排队所致。通过车辆停车线后，车辆以期望速度行驶，造成下游道路单元旅行时间减小，但由于不同驾驶员间期望速度的差异性以及车流的随机性，下游道路单元旅行时间方差增大。基于道路单元旅行时间估计结果，可对该路段任意车辆连续两次稀疏更新之间的缺失轨迹进行重构。例如，如图 2-6(a) 所示，车辆(ID=1)连续两次采样更新 1 和 2 分别对应道路单元 1 和 39，两次采样更新之间的时间间隔为 19s，需要对两次更新之间的缺失轨迹进行重构。根据表 2-1 和表 2-2 所示算法，分别构建车辆连续两次采样更新之间的全部潜在轨迹，结果如图 2-6 所示。

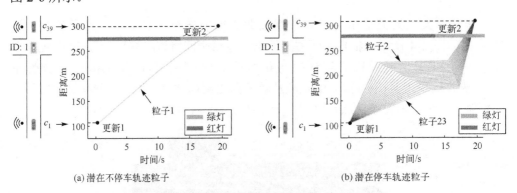

(a) 潜在不停车轨迹粒子　　　　　　　　(b) 潜在停车轨迹粒子

图 2-6　连续采样之间的潜在轨迹粒子(车辆 ID：1)

由图 2-6 可见，对于更新 1 和更新 2，根据 PF 初始粒子构建方法共获得 23 个初始粒子，包括潜在不停车轨迹粒子和潜在停车轨迹粒子。与 Xie 等[26]提出的基于交通流模型仿真方法相比，本书方法不需要随机生成大量初始轨迹作为 PF 相应初始粒子，而是通过对道路单元旅行时间和车辆潜在停车位置进行估计，在保证初始粒子多样性的同时，消除初始粒子产生过程中的不确定性和随机性，降低 PF 的计算量，有效提升 PF 计算效率。在生成初始粒子后，基于重要性采样和重采样，根据 $w_k^i \propto w_{k-1}^i P\left(z_k \mid x_k^i\right)$ 更新粒子权重，反复迭代修正，选择最大权重对应的粒子作为重构的车辆轨迹。

图 2-7(a) 显示了粒子权重的估计结果，可见权重最高值对应的粒子为粒子 1，即图 2-6(a) 所示的不停车潜在轨迹，其权重为 1。因此，粒子 1 为重构车辆轨迹，与真实车辆轨迹较为接近，如图 2-7(b) 所示。

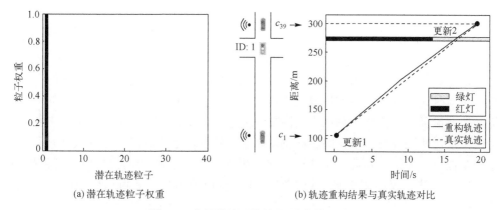

(a) 潜在轨迹粒子权重　　　　　　　　(b) 轨迹重构结果与真实轨迹对比

图 2-7　车辆轨迹重构结果(车辆 ID：1)

然后，进一步扩大众包车辆连续采样更新时间间隔，进行算法测试。如图 2-8(a) 所示，车辆(ID=2)连续两次采样更新之间的时间间隔为 69s，在此间隔下，车辆连续两次采样更新之间的潜在轨迹包括停车轨迹和不停车轨迹共 9 条，如图 2-8 所示。经过重要性采样和重采样，粒子权重差异如图 2-9(a) 所示，其中，粒子 3 对应轨迹权重最大，由此可得该车连续两次采样更新之间的重构轨迹。经验证，重构轨迹同样与真实轨迹较为接近，如图 2-9(b) 所示。

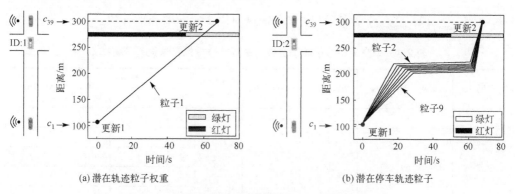

(a) 潜在轨迹粒子权重　　　　　　　　(b) 潜在停车轨迹粒子

图 2-8　连续采样之间的潜在轨迹粒子(车辆 ID：2)

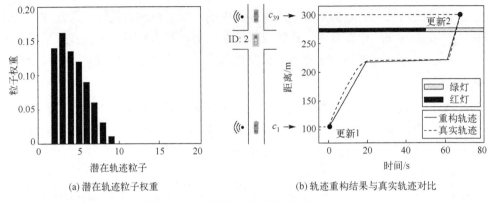

(a) 潜在轨迹粒子权重   (b) 轨迹重构结果与真实轨迹对比

图 2-9   车辆轨迹重构结果(车辆 ID:2)

以上结果表明众包车辆连续采样更新时间间隔对粒子权重和轨迹重构存在影响,更新时间间隔增大会增加轨迹重构的不确定性,表现为非零粒子权重的明显增加。在此情况下,符合车辆运行实际情况的重要性采样对轨迹重构至关重要。结合历史众包轨迹数据,分析路段车辆实际运行特征,包括速度限制、旅行时间、潜在停车位置、等待时间等,据此设计 PF 测量准则,完成重要性采样,使得提出的轨迹重构方法不仅适用于采样更新时间间隔较短的场景,还可适用于间隔较长的情况。

表 2-4 提供了部分具有代表性的车辆轨迹重构误差分析结果,包括轨迹不停车直接通过交叉口轨迹和停车等待后通行轨迹,同时还提供了初始粒子数和权重最大粒子相关信息。由表 2-4 可见,对于不停车轨迹,单个粒子最大权重可达到 1,对于停车轨迹,表中列出了权重最高的 3 个粒子进行对比。以车辆每秒纵向位置实际值与估计值之间的平均绝对误差(Mean Absolute Error, MAE)作为误差分析指标

$$\text{MAE} = \frac{1}{n}\sum_{i}^{n}\left| P_{\text{actual}}^{i} - P_{\text{estimate}}^{i} \right| \tag{2.31}$$

其中,P_{actual}^{i} 和 P_{estimate}^{i} 分别表示第 i 步车辆纵向位置实际值和估计值。

表 2-4   单交叉口基于粒子滤波的车辆轨迹重构算法误差分析结果

车辆 ID	更新时间间隔/s	距离/m	停车次数	初始粒子数	粒子			MAE/m
					ID	停车次数	权重	
1	19	200	0	36	1	0	1	1.26
2	69	200	1	19	3	1	0.165	1.59
					2	1	0.146	2.62
					4	1	0.132	2.9
					⋮	⋮	⋮	⋮

续表

| 车辆 ID | 更新时间间隔/s | 距离/m | 停车次数 | 初始粒子数 | 粒子 | | | MAE/m |
					ID	停车次数	权重	
3	15	190	0	28	4	0	1	3.61
4	55	190	1	21	15	1	0.0732	4.06
					16	1	0.0713	5.36
					14	1	0.0704	6.64
					⋮	⋮	⋮	⋮

注: 2020.12.16, 08:30~08:45 交叉口 1 南向北直行进口道的最远排队位置为 230m。

由表 2-4 可见,对于车辆 1 和 2,尽管连续采样之间的时间间隔差异较大,分别为 19s 和 69s,但重构轨迹的 MAE 误差较低,仅为 1.26m 和 1.59m。因此,提出的基于 PF 的车辆轨迹重构方法受采样更新时间间隔影响较小。此外,对于在行驶过程中经历停车的车辆 2 和 4,权重最高的 3 个粒子对应权值较为接近,表示在轨迹重构过程中通过重要性采样进行粒子筛选的效果较好,避免了粒子权重悬殊导致对某类粒子的"过采样"现象,进而产生权重失效问题。

2.3.3　测试场景二: 连续交叉口

在完成单交叉口算法测试之后,进一步扩大测试范围,选取为保定市朝阳北大街连续交叉口,如图 2-10 所示。该测试干道的总长度接近 600m,同样设置道路单元长度为 5m,将干道划分为 120 个道路单元。提取该干道由南向北直行方向车辆轨迹,估计道路单元旅行时间,结果如图 2-11 所示。然后,运用提出的方法进行车辆轨迹重构,并与真实轨迹进行误差对比分析,评价算法性能。

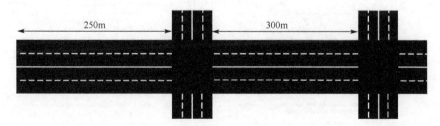

图 2-10　测试场景: 保定市朝阳北大街连续交叉口

首先,对车辆(ID=40)连续两次采样更新之间的缺失轨迹进行重构,如图 2-12 所示,前后连续采样更新分别对应道路单元 1 和 120,时间间隔为 36s。构建 PF 初始粒子,包括不停车轨迹粒子、一次停车轨迹粒子和多次停车轨迹粒子,结果如图 2-12 所示,共 29 条潜在轨迹粒子,其中,一次停车轨迹粒子可能在第一个交叉口附近停车,也可能在第二个交叉口停车。经过重要性采样和重采样后发现,粒子权重差异明显,如图 2-13(a)所示,有 22 个轨迹粒子对应权值大于 0,其中权重最大粒子对应权值为 0.108,即在第一个交叉口附近停车的潜在轨迹粒子 6,由此可得该车重构轨迹。如图 2-13(b)所示,车辆确实仅在第一个交叉口附近停车,这与重构轨迹估计结果一致。因此,所提出的基于 PF 的轨迹重构方法在连续交叉口场景下同样可以准确估计车辆的停车位置和相应缺失轨迹。

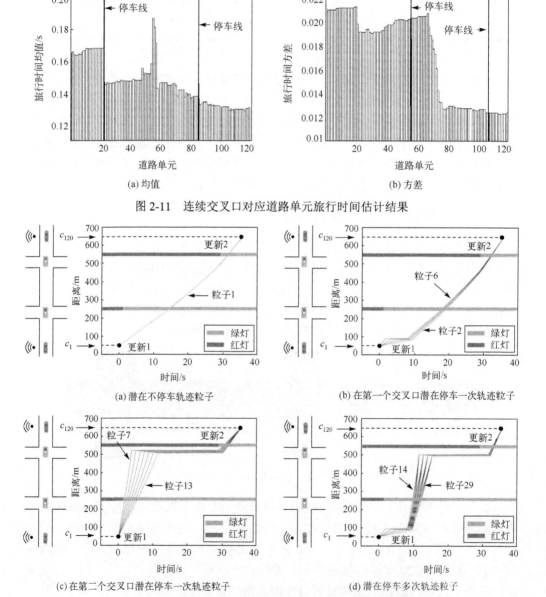

(a) 均值 (b) 方差

图 2-11 连续交叉口对应道路单元旅行时间估计结果

(a) 潜在不停车轨迹粒子 (b) 在第一个交叉口潜在停车一次轨迹粒子

(c) 在第二个交叉口潜在停车一次轨迹粒子 (d) 潜在停车多次轨迹粒子

图 2-12 连续采样之间的潜在轨迹粒子(车辆 ID:40)

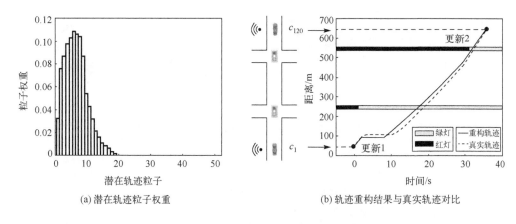

(a) 潜在轨迹粒子权重　　　　　　　(b) 轨迹重构结果与真实轨迹对比

图 2-13　车辆轨迹重构结果(车辆 ID：40)

　　然后，继续扩大采样间隔，对通过连续交叉口的车辆 42 连续两次采样更新之间缺失的轨迹进行重构。如图 2-14 所示，该车辆连续两次采样更新之间的时间间隔为 65s，道路单元 1 和 120 之间的潜在轨迹粒子数量为 288，同样包含不停车轨迹粒子、一次停车轨迹粒子和多次停车轨迹粒子，其中粒子权重绝大多数大于 0，如图 2-15(a) 所示。与测试场景一单交叉口中的车辆 1、2 以及上述连续交叉口中的车辆 40 轨迹重构过程相比可以发现，众包车辆采样更新时间间隔和空间距离直接影响初始粒子构建和粒子权重估计的复杂性。在相对较长的时间间隔和空间距离下，众包车辆可能会在行驶过程中遇到不确定的交通状况，从而导致交叉口间存在一系列潜在车辆轨迹。基于设计的三个测量准则进行重要性采样和重采样，不论初始粒子数目为多少，均可对粒子权重进行有效更新和区分，从而快速识别单交叉口或连续交叉口对应重构轨迹。如图 2-15(b) 和表 2-5 所示，车辆在通过连续交叉口时经历了两次停车，重构轨迹与真实轨迹较为接近，MAE 误差仅为 8.35m。

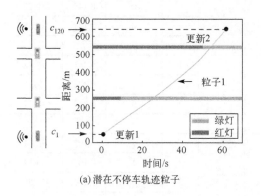

(a) 潜在不停车轨迹粒子

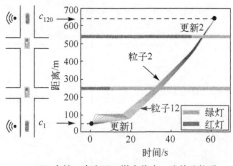

(b) 在第一个交叉口潜在停车一次轨迹粒子

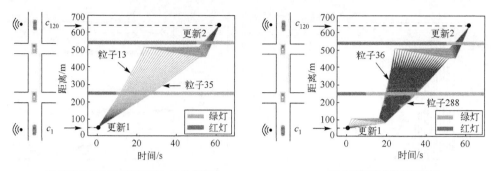

(c) 在第二个交叉口潜在停车一次轨迹粒子   (d) 潜在停车多次轨迹粒子

图 2-14 连续采样之间的潜在轨迹粒子(车辆 ID:42)

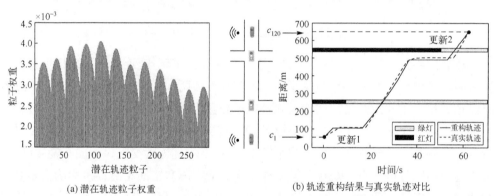

(a) 潜在轨迹粒子权重   (b) 轨迹重构结果与真实轨迹对比

图 2-15 车辆轨迹重构结果(车辆 ID:42)

表 2-5 连续交叉口基于粒子滤波的车辆轨迹重构算法误差分析结果

车辆 ID	更新时间间隔/s	距离/m	停车次数	初始粒子数	粒子			MAE/m
					ID	停车次数	权重	
38	28	590	0	17	10	0	0.182	10.42
					9	0	0.143	10.97
					8	0	0.141	11.65
					⋮	⋮	⋮	⋮
39	24	590	0	23	1	0	0.351	12.42
					2	0	0.322	15.7
					3	0	0.313	16.57
					⋮	⋮	⋮	⋮
40	36	600	1	52	6	1	0.108	12.61
					7	1	0.107	14.12
					8	1	0.106	14.58
					⋮	⋮	⋮	⋮

续表

车辆 ID	更新时间间隔/s	距离/m	停车次数	初始粒子数	粒子			MAE/m
					ID	停车次数	权重	
41	53	600	1	186	5	1	0.0058	10.57
					4	1	0.0051	11.86
					6	1	0.0048	11.03
					⋮	⋮	⋮	⋮
42	65	600	2	288	108	2	0.0041	8.35
					107	2	0.004	10.65
					109	2	0.004	11.35
					⋮	⋮	⋮	⋮

注：2020.12.16，08:30~08:45 交叉口 1 和 2 南向北直行进口道最远排队位置分别为 230m 和 150m。

参 考 文 献

[1] Adnan M, Gazder U, Yasar A, et al. Estimation of travel time distributions for urban roads using GPS trajectories of vehicles-a case of Athens, Greece. Personal and Ubiquitous Computing, 2021, 25:237-246.

[2] Zhang H, Liu H, Chen P, et al. Cycle-based end of queue estimation at signalized intersections using low-penetration-rate vehicle trajectories. IEEE Transactions on Intelligent Transportation Systems, 2020, 21(8):3257-3272.

[3] Zheng J, Liu H. Estimating traffic volumes for signalized intersections using connected vehicle data. Transportation Research Part C: Emerging Technologies, 2017, 79:347-362.

[4] Lv Y, Duan Y, Kang W, et al. Traffic flow prediction with big data: a deep learning approach. IEEE Transactions on Intelligent Transportation Systems, 2015, 16(2):865-873.

[5] Sun Z, Peng H, Ban X, et al. Trajectory-based vehicle energy/emissions estimation for signalized arterials using mobile sensing data. Transportation Research Part D: Transport and Environment, 2015, 34(6):27-40.

[6] Thamara V, Leclercq L, Montanino M, et al. Does traffic-related calibration of car-following models provide accurate estimations of vehicle emissions? Transportation Research Part D: Transport and Environment, 2015, 34:267-280.

[7] Vlahogianni E, Karlaftis M, Golias J. Short-term traffic forecasting: where we are and where we're going. Transportation Research Part C: Emerging Technologies, 2014, 43(1):3-19.

[8] Seo T, Kusakabe T. Probe vehicle-based traffic state estimation method with spacing information and conservation law. Transportation Research Part C: Emerging Technologies, 2015, 59(10):391-403.

[9] Chen M, Yu G, Chen P, et al. A copula-based approach for estimating the travel time reliability of urban arterial. Transportation Research Part C: Emerging Technologies, 2017, 82(12):1-23.

[10] Zhang Z, Wang Y, Chen P, et al. Probe data-driven travel time forecasting for urban expressways by matching similar spatiotemporal traffic patterns. Transportation Research Part C: Emerging Technologies, 2017, 85:476-493.

[11] Du L, Dao H. Information dissemination delay in vehicle-to-vehicle communication networks in a traffic stream. IEEE Transactions on Intelligent Transportation Systems, 2015, 16(1):66-80.

[12] Wei L, Qin H, Wang Y, et al. Virus-traffic coupled dynamic model for virus propagation in vehicle-to-vehicle communication networks. Vehicular Communications, 2018, 14(10):26-38.

[13] Arulampalam M, Maskell S, Gordon N, et al. A tutorial on particle filters for online nonlinear/non-Gaussian Bayesian tracking. IEEE Transactions on Signal Processing, 2002, 50(2):174-188.

[14] Leeuwen V, Jan P. Particle filtering in geophysical systems. Monthly Weather Review, 2009, 137(12):4089-4114.

[15] Ristic B, Arulampalam S, Gordon N. Beyond the Kalman Filter: Particle Filters for Tracking Applications. New York:Artech House, 2003.

[16] Carpenter J, Clifford P, Fearnhead P. Improved particle filter for nonlinear problems. IEEE Proceedings-Radar, Sonar and Navigation, 1999, 146(1):2-7.

[17] Nummiaro K, Koller-Meier E, Van L. An adaptive color-based particle filter. Image and Vision Computing, 2003, 21(1):99-110.

[18] Gustafsson F. Particle filter theory and practice with positioning applications. IEEE Aerospace and Electronic Systems Magazine, 2010, 25(7):53-82.

[19] 罗伟丽, 周芸, 张博龙. 非线性非高斯条件下基于粒子滤波的目标跟踪. 国外电子测量技术, 2021, 40(7):45-51.

[20] 杨傲雷, 金宏宙, 陈灵, 等. 融合深度学习与粒子滤波的移动机器人重定位方法. 仪器仪表学报, 2021, 42(7):226-233.

[21] Doucet A, Gordon N. Particle filters for state estimation of jump Markov linear systems. IEEE Transactions on Signal Processing, 2001, 49(3):613-624.

[22] Schon T, Gustafsson P. Marginalized particle filters for mixed linear/nonlinear state-space models. IEEE Transactions on Signal Processing, 2005, 53(7):2279-2289.

[23] Zhang K, Taylor M. Effective arterial road incident detection: a Bayesian network based algorithm. Transportation Research Part C: Emerging Technologies, 2006, 14(6):403-417.

[24] Metzler R, Klafter J. From a generalized Chapman-Kolmogorov equation to the fractional Klein-Kramers equation. Journal of Physical Chemistry B, 2000, 104(16):3851-3857.

[25] Bergstrand M, Harling K. Improving the estimation of parameter uncertainty distributions in nonlinear mixed effects models using sampling importance resampling. Journal of Pharmacokinetics and Pharmacodynamics, 2016, 43(6):583-596.

[26] Xie X, van Lint H, Verbraeck A. A generic data assimilation framework for vehicle trajectory reconstruction on signalized urban arterials using particle filters. Transportation Research Part C: Emerging Technologies, 2018, 92:364-391.

[27] Feng Y, Sun J, Chen P. Vehicle trajectory reconstruction using automatic vehicle identification and traffic count data. Journal of Advanced Transportation, 2015, 49(2):174-194.

第 3 章　基于卡尔曼滤波与变分理论的交通流轨迹重构

在单车众包轨迹重构的基础上，本章通过整合基于三维交通波的变分理论与卡尔曼滤波算法，重构路段-干道交通流全样本车辆运行轨迹。在初始变分网络的基础上，通过卡尔曼滤波算法建立状态空间模型估计排队边界曲线，在一定程度上克服三角形基本图的简化假设，并结合信号配时信息和小样本车辆轨迹信息，建立车辆运行轨迹重构模型。在此基础上，通过 NGSIM 数据和 VISSIM 仿真数据分别测试路段和干道层面模型的有效性和鲁棒性。

3.1　卡尔曼滤波与变分理论整合模型

3.1.1　标准离散卡尔曼滤波

卡尔曼滤波(Kalman Filter)理论作为一种线性最小方差估计于 1960 年由匈牙利数学家 Kalman[1]首次提出。卡尔曼滤波理论一经提出，立即在工程应用中受到青睐，Apollo 登月计划和 C-5A 飞机导航系统的设计是其早期应用的成功案例。此后，卡尔曼滤波作为一种重要的最优理论被广泛应用于通信、导航、制导和控制领域，目前已被扩展到时间序列的数据处理中。卡尔曼滤波的主要特点是：①基于递推式算法，使用状态空间方程在时域内设计滤波器，便于卡尔曼滤波估计多维随机过程；②基于状态方程(也称动力学方程)建模被估计量的动态变化特征，通过激励过程白噪声的统计信息和状态方程确定被估计量的动态统计信息。在动力学方程已知的前提下，由于激励过程白噪声的平稳性，可以将被估计量确定为平稳形式或非平稳形式的，所以卡尔曼滤波同样可以用于建模非平稳过程；③卡尔曼滤波算法有两种形式：连续型和离散型。离散型算法常通过计算机编程实现。

综上，当被估计的系统是线性的，且动态系统的激励噪声和测量噪声是均值为 0 的高斯白噪声时，卡尔曼滤波为最优估计。

将排队系统视为时间离散的动态线性系统，对应的状态空间模型如下

$$X(k+1) = \Phi(k+1,k)X(k) + w(k) \tag{3.1}$$

$$Z(k+1) = H(k+1)X(k) + v(k) \tag{3.2}$$

$$E\big[w(k)\big] = 0 \tag{3.3}$$

$$E\big[v(k)\big] = 0 \tag{3.4}$$

$$E\left[w(k)w(k')^{\mathrm{T}}\right]=\begin{cases}Q(k), & k=k' \\ 0, & k\neq k'\end{cases} \tag{3.5}$$

$$E\left[v(k)v(k')^{\mathrm{T}}\right]=\begin{cases}R(k), & k=k' \\ 0, & k\neq k'\end{cases} \tag{3.6}$$

其中，式(3.1)和式(3.2)分别表示状态方程和测量方程；$X(k+1)$ 表示 $n\times1$ 维的状态变量，对应的激励过程噪声为 $n\times1$ 维的状态向量 $w(k)$；$Z(k+1)$ 表示 $m\times1$ 维的测量值，对应的测量噪声为 $m\times1$ 维的测量噪声 $v(k)$；$Q(k)$ 是过程激励噪声的 $n\times n$ 维的协方差矩阵，$R(k)$ 是测量噪声的 $m\times m$ 维的协方差矩阵。

根据线性最小方差估计准则，结合状态空间方程可获得一组卡尔曼最优滤波基本方程。

①最优滤波估计方程

$$\hat{X}(k+1)=\hat{X}(k+1|k)+K(k+1)\left[Z(k+1)-H(k+1)\hat{X}(k+1|k)\right] \tag{3.7}$$

②一步最优预测估计方程

$$\hat{X}(k+1|k)=\varPhi(k+1,k)\hat{X}(k) \tag{3.8}$$

③最优滤波增益方程

$$K(k+1)=P(k+1)H^{\mathrm{T}}(k+1)\left[H(k+1)P(k+1|k)H^{\mathrm{T}}(k+1)+R_{k+1}\right]^{-1} \tag{3.9}$$

④滤波估计误差方差阵

$$P(k+1)=P(k+1|k)-P(k+1|k)H^{\mathrm{T}}(k+1)\cdot\left[H(k+1)P(k+1|k)H^{\mathrm{T}}(k+1)+R_{k+1}\right]^{-1}$$
$$\cdot H(k+1)P(k+1|k) \tag{3.10}$$

⑤一步最优预测估计误差方差阵

$$P(k+1|k)=\varPhi(k+1,k)P(k|k)\varPhi^{\mathrm{T}}(k+1)+Q_k \tag{3.11}$$

其中，$P(k+1)$ 是 $\hat{X}(k+1)$ 的 $n\times n$ 维的误差协方差矩阵，$\hat{X}(k+1|k)$ 和 $P(k+1|k)$ 分别是 $\hat{X}(k)$ 和 $P(k)$ 的一步预测，$K(k+1)$ 是 $n\times n$ 维的卡尔曼增益矩阵。

3.1.2　基于卡尔曼滤波与变分理论整合的车辆轨迹重构模型

变分理论未考虑交通流的随机性与动态性，是一种确定性的方法，因此，通过在变分网络的基础上添加排队边界曲线约束，能够在一定程度上克服三角形基本图的简化假设。在此基础上，通过卡尔曼滤波算法建立排队过程的状态空间模型，可以量化交通流的随机性和动态相关性，估计排队边界曲线。

通过整合基于三维交通波的变分理论和卡尔曼滤波算法重构车辆运行轨迹，主要涉及以下步骤：

①建立基于变分理论的时空网络。

②设定时空网络的初始边界。确定第一列初始累积车辆数以及时空网络图上下游边界相应时间点处的累积车辆数。

③处理浮动车轨迹数据。浮动车轨迹可视为由累积曲线组成的三维曲线等高线，考虑到时空网络特性，将浮动车轨迹时空网格化，作为初始变分网络的第一维约束。

④导入信号配时数据。将信号配时匹配到时空网络中，即将红灯时长和绿灯时长在时空网络上格点化。红灯时长作为初始变分网络的第二维约束。

⑤估计排队波边界。根据样本浮动车轨迹估计排队形成波和排队消散波，并将排队传播曲线轮廓时空网格化。基于卡尔曼滤波算法估计排队边界曲线，包括具有随机动态的形成过程和排队离散过程。排队边界曲线是初始变分网络的第三维约束。

⑥计算时空网络图各节点的累积车辆数。在步骤②～步骤⑤的多重约束下，根据最短路算法确定网络节点的累积车辆数。

⑦重构交通流全样本车辆运行轨迹。连接具有相同累积车辆数的网络节点，重构车辆运行轨迹。

3.2　交通流全样本轨迹重构

3.2.1　提取关键点信息

为了估计排队边界曲线，首先提取众包车辆运行轨迹的关键点信息。定义两种关键点：排队消散点（LP）和排队加入点（JP）。排队消散点是车辆从排队状态到运动状态的转折点，排队加入点是车辆从运动状态到排队状态的转折点。

3.2.2　车辆运动状态分类

根据阈值分类器，将信号控制交叉口附近的车辆分为两种运动状态

$$M_i^k = \begin{cases} M, & v_i^k > \bar{v} \\ S, & v_i^k \leqslant \bar{v} \end{cases} \tag{3.12}$$

$$v_i^k = \frac{x_i^{k+1} - x_i^k}{t_i^{k+1} - t_i^k} \tag{3.13}$$

其中，M_i^k 表示车辆 i 在 k 时刻的运动状态，M 表示运动状态，S 表示排队状态，v_i^k 表示车辆 i 在 k 时刻的瞬时速度，$\bar{v}$ 表示速度阈值，x_i^k 表示车辆 i 在 k 时刻的位置；t_i^k 表示车辆 i 的时间。

关键点的确定需要借助相邻采样点的车辆运动状态信息，如式 (3.14) 和式 (3.15) 所示，对于任意相邻的采样点 $\left(t_i^k, x_i^k\right)$ 和 $\left(t_i^{k+1}, x_i^{k+1}\right)$，有

$$\mathrm{LP} = \left(t_i^k, x_i^k\right), \ \left(t_i^k, x_i^k\right) \in S \text{且} \left(t_i^{k+1}, x_i^{k+1}\right) \in M \tag{3.14}$$

$$\mathrm{JP} = \left(t_i^k, x_i^k\right), \ \left(t_i^k, x_i^k\right) \in M \text{且} \left(t_i^{k+1}, x_i^{k+1}\right) \in S \tag{3.15}$$

3.2.3　估计排队消散波

根据 LWR 理论，排队车辆通常以饱和流率通过交叉口，排队消散波具有较强的线性传播趋势。因此，每周期的排队消散波可通过直线拟合。

假设周期 n 的全部排队消散点 LPs 储存在集合 $\Omega_{\mathrm{LP}}^n = \left\{(t_1, x_1), (t_2, x_2), \cdots, (t_N, x_N)\right\}$ 中，其中 N 表示周期 n 中的排队消散点数量。排队消散点数量 N 可根据不同情况分为三类：① $N \geqslant 2$ 且所有排队消散点的时间戳信息不完全相等；② $N \geqslant 2$ 且所有消散点的时间戳信息相等；③ $N = 1$。

对于场景①，可将直线拟合转化为最小二乘问题，其中，(t_m, x_m) 表示每条轨迹的开始消散点，$\hat{k}_n$ 和 $\hat{b}_n$ 分别表示周期 n 拟合直线的斜率和截距

$$\min \sum_{m=1}^N \left[x_m - \left(\hat{k}_n \cdot t_m + \hat{b}_n \right) \right] \tag{3.16}$$

对于场景②和场景③，默认该周期的排队消散波速为 $\mathrm{VD}_{\mathrm{default}}$，计算获得拟合直线的截距值

$$\hat{k}_n = \mathrm{VD}_{\mathrm{default}} \tag{3.17}$$

$$\hat{b}_n = \frac{1}{N} \sum_{m=1}^N x_m - \hat{k}_n \cdot \frac{1}{N} \sum_{m=1}^N t_m \tag{3.18}$$

3.2.4　建立时间离散的排队状态空间模型

在应用卡尔曼滤波算法之前，首先建立状态空间模型。考虑到车辆到达信号控制交叉口的动态随机性，将排队形成过程看成一个时间离散的随机系统[2]，其中状态变量为 k 时刻排队的队尾位置 QX_k 和排队形成速度 VF_k。假设 k 时刻以排队形成速度 VF_k 形成的梯度排队过程的加速度 a_k 是均值为 0 的高斯白噪声，即

$$E\left[a_k\right] = 0 \tag{3.19}$$

$$E\left[a_k a_{k'}^{\mathrm{T}}\right] = \begin{cases} \dfrac{q}{T}, & k = k' \\ 0, & k \neq k' \end{cases} \tag{3.20}$$

$$\begin{bmatrix} \mathrm{QX}_k \\ \mathrm{VF}_k \end{bmatrix} = \begin{bmatrix} 1 & T \\ 0 & 1 \end{bmatrix} \begin{bmatrix} \mathrm{QX}_{k-1} \\ \mathrm{VF}_{k-1} \end{bmatrix} + \begin{bmatrix} T^2/2 \\ T \end{bmatrix} a_k \tag{3.21}$$

其中，状态变量为 $X_k = \begin{bmatrix} \mathrm{QX}_k \\ \mathrm{VF}_k \end{bmatrix}$，$\Phi_{k|k-1} = \begin{bmatrix} 1 & T \\ 0 & 1 \end{bmatrix}$，$w_k = \begin{bmatrix} T^2/2 \\ T \end{bmatrix} a_k$。

考虑到车辆轨迹数据的特征，认为排队长度可观测。测量方程(式(3.2))中的测量矩阵可表示为 $H_k = \begin{bmatrix} 1 & 0 \end{bmatrix}$。

通过上述数据处理过程，获得周期的排队消散点。但如果直接将这些排队消散点用于状态空间模型的建立，观测到的排队长度的异常值可能导致卡尔曼滤波发散。理论上，随着排队形成波的后向传播，在排队开始消散之前排队长度应不断增大。但是，由于数据采集过程中产生的位置误差和采样不稳定，可能会出现排队长度异常、变小的情况。所以，通过将排队加入点划分为不同的子集降低异常变化产生的影响，从而保证算法的稳定性和鲁棒性，以提高估计精度。

将周期内的排队加入点划分为不用子集的原则如下：将该周期的排队加入点按照时序增加的顺序分类，$\mathrm{jp} \in \mathrm{JP}_{\mathrm{sort}} = \{\mathrm{jp}_m : (t_m, x_m)\}$，假设初始的子集为 jp_1，对于任意相邻的排队加入点 $\mathrm{jp}_{m-1} : (t_{m-1}, x_{m-1})$ 和 $\mathrm{jp}_m : (t_m, x_m)$，如果 $\mathrm{jp}_{m-1} \in \Omega_{\mathrm{cycle}}^{\mathrm{num}}$，则 $\mathrm{jp}_m : (t_m, x_m)$ 所属子集按下列方式判别。

若式(3.22)成立，则 $\mathrm{jp}_m \in \Omega_{\mathrm{cycle}}^{\mathrm{num}+1}$；否则，$\mathrm{jp}_m \in \Omega_{\mathrm{cycle}}^{\mathrm{num}}$。

$$\begin{cases} x_m - \min\limits_{x \in \Omega_{\mathrm{cycle}}^{\mathrm{num}}} \{x\} < \bar{x} \\ t_m - t_{m-1} > \bar{t} \end{cases} \tag{3.22}$$

其中，$\min\limits_{x \in \Omega_{\mathrm{cycle}}^{\mathrm{num}}} \{x\}$ 表示子集 $\Omega_{\mathrm{cycle}}^{\mathrm{num}}$ 中 x 的最小值，$\bar{x}$ 和 $\bar{t}$ 分别表示用于划分子集的位置阈值和时间阈值。

在完成子集的划分后，每个子集均可通过式(3.23)质心化，并且，每个子集可由一个新的时空点 (τ_k, ξ_k) 表示，如式(3.23)所示。质心化后的点可作为基于卡尔曼滤波估计排队形成边界的测量输入。

$$\begin{cases} \tau_k = \underset{t \in \Omega_{\mathrm{cycle}}^k}{\mathrm{mean}} \{t\} \\ \xi_k = \underset{x \in \Omega_{\mathrm{cycle}}^k}{\mathrm{mean}} \{x\} \end{cases} \tag{3.23}$$

3.2.5　基于卡尔曼滤波估计排队边界曲线

基于上述状态空间模型，卡尔曼滤波可以通过测量更新和状态更新循环估计 k 时刻的排队队尾和排队形成速度。假设状态空间模型的初始信息，如初始排队形成速度 VF_1、初始误差协方差矩阵 P_1、测量值噪声 R 和排队过程激励噪声 q 已知，则基于卡尔曼滤波估计排队边界曲线可通过下述步骤实现。

当 $k=1$ 时，初始的测量输入为 τ_1 时刻的 $Z_1=\left[\xi_1\right]$，令 $\mathrm{QX}_1=Z_1$，则第一个时间步长处 $\hat{X}_1=\begin{bmatrix}\mathrm{QX}_1\\\mathrm{VF}_1\end{bmatrix}$。

当 $k>1$ 时，存在如下两种情况：

①若质心点 (τ_k,ξ_k) 不是该周期最后的时空点。对于状态更新，令 $T=\tau_k-\tau_{k-1}$，则 $\hat{X}(k+1|k)$ 和 $P(k+1|k)$ 可通过式(3.8)和式(3.11)获得；对于测量更新，τ_1 时刻 $Z_1=\left[\xi_1\right]$，当前估计的状态向量和误差协方差矩阵 $P(k)$ 可通过式(3.7)、式(3.9)和式(3.10)获得。

②若质心点 (τ_k,ξ_k) 为该周期的最后一个时空点，表示排队将在下一时刻开始消散，因此质心点 (τ_k,ξ_k) 处排队形成曲线可通过式(3.24)获得。由式(3.25)计算排队消散波，获得排队边界曲线。

$$x=\mathrm{VF}_k\times\left(t-\tau_k\right)+\mathrm{QX}_k \tag{3.24}$$

$$x=\hat{k}_n\times t+\hat{b}_n \tag{3.25}$$

3.2.6　车辆运行轨迹重构模型

根据变分理论，初始变分网络节点的解 IS 应首先给出。假设变分网络第一列节点的累积车辆数均为 1，如式(3.26)所示。上下游处的累积车辆数在变分网络中表现为车辆通过变分网络上边界和下边界的时间点。在初始变分网络上，加入浮动车轨迹、信号配时和排队边界曲线三维约束。在三维约束的限制下，通过式(3.27)计算变分网络每个节点的累积车辆数。在排队边界曲线和红灯时长处，算法略有变化。红灯时长产生的捷径效应表现在变分网络上为 $N(i,j)=N(i-1,j-1)$。在排队边界曲线处，算法与红灯时长处相似，如图 3-1 所示。以上两种情况可通过式(3.28)计算获得变分网络节点的累积车辆数。

$$\mathrm{IS}=\begin{bmatrix}1&\cdots\\\vdots&\vdots\\1&\cdots\end{bmatrix} \tag{3.26}$$

$$N(i,j)=\min\left(N(i,j-1),N(i-1,j)+k_j\cdot\mathrm{sstep}\right) \tag{3.27}$$

$$N(i,j)=\min\left(N(i,j-1),N(i-1,j-1),N(i-1,j)+k_j\cdot\mathrm{sstep}\right) \tag{3.28}$$

$$w=\frac{q_{\max}}{k_j-\dfrac{q_{\max}}{u}} \tag{3.29}$$

$$\text{sstep} = \frac{u \cdot w \cdot \text{tstep}}{u + w} \tag{3.30}$$

其中，$q_{\max}$ 和 k_j 表示最大流量和阻塞密度，通常从实际数据中获得，u 表示前向弧波速，为自由流波速，w 表示后向弧波速，为消散流波速，tstep 表示时间步长，取 1s，sstep 表示空间步长。

通过上述方法计算变分网络各节点的累积车辆数，将具有相同累积车辆数的网络节点相连形成车辆轨迹。

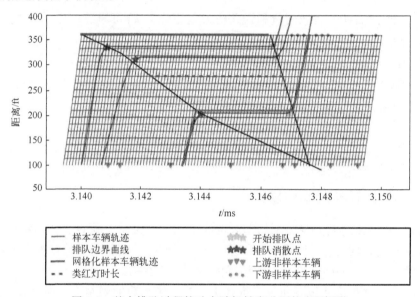

图 3-1　整合排队过程的动态随机性变分网络(见彩图)

3.3　数据采集与实验分析

选取 NGSIM 数据中 Lankershim Street 干道数据集测试路段车辆轨迹重构模型。美国联邦公路局(Federal Highway Administration, FHWA)于 2002 年发起"下一代仿真"(Next Generation Simulation, NGSIM)计划[3,4]。通过在路段上安装高清摄像头收集目标道路的车辆运动数据，结合视频处理软件，以每秒 10 帧(或 15 帧)的频率对车辆轨迹数据进行复现。作为典型的 PPP(Public-Pirate Partnership)项目，NGSIM 由美国联邦局、仿真软件开发商和学术科研团队共同合作，项目综合了多个模块，包括数据采集、数据处理、模型构建、参数标定和软件开发(改进)等。FHWA 将多个路段的车辆轨迹数据公开化，为车辆跟驰与换道、行程时间估计、交通流微观模型验证等研究提供了数据基础。

　　NGSIM 数据主要包含 I-80、US-101、Lankershim 和 Peachtree 四条道路的车辆轨迹数据，数据集均以路段名字命名。其中，I-80 和 US-101 是高速公路，Lankershim 和 Peachtree 为城市道路。NGSIM 数据主要包括道路地理位置信息、CAD 图、固定检测器数据、信号配时数据和车辆轨迹数据。车辆轨迹数据的原始数据格式如图 3-2 所示，共 24 列信息。从左至右第 1 列为 Vehicle ID（车辆编号）；第 2、3 列对应视频处理信息，分别为 Frame ID（每一帧的编号）、Total Frames（总帧数）；第 4 列为 Global Time（Epoch Time），是 Unix 时间信息；第 5～8 列是车辆的位置信息，其中，Local X 表示车辆相对目标道路基准的横向距离，Local Y 表示车辆相对目标道路基准的纵向距离，Global X 和 Global Y 分别是基于 NAD83 记录的车辆经度和纬度；第 9～13 列对应车辆的尺寸和运动信息，其中，Vehicle Length 为车长，Vehicle Width 为车辆宽度，Vehicle Class 为车辆类别（有小汽车、货车和摩托车），Vehicle Velocity 表示车辆瞬时速度，Vehicle Acceleration 为车辆瞬时加速度；第 14 列 Lane Identification 为车辆所处的车道；Origin Zone 和 Destination Zone 分别是原始轨迹数据的第 15、16 列，表示车辆通过研究区域的起始区域和终点区域；第 17、18 列表示道路信息，其中，Intersection 表示车辆所处的交叉口，Section 表示车辆所在道路区域（将单条道路划分为不同区域）；最后 6 列分别是 Direction、Movement、Preceding Vehicle、Following Vehicle、Spacing (Space Headway)、Headway (Time Headway)，分别对应车辆运动方向（EB 向西行驶、WB 向西行驶、SB 向南行驶、NB 向北行驶）、车辆在道路上的运动方向（直行、左转、右转）、前车（与当前车辆相邻的前方车辆）、跟车（与当前车辆相邻的后方车辆）、车头间距、车头时距。

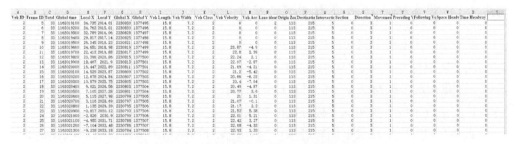

图 3-2　NGSIM 轨迹数据原始格式列表

　　为了验证干道车辆轨迹重构模型效果，选取 Lankershim Street 城市道路数据进行测试与分析。Lankershim Street 位于美国加利福尼亚州洛杉矶市，为双向 6～8 车道。选取 2005 年 6 月 16 日为研究日期，8:28～8:45 为研究时段，Lankershim 和 Universal Hollywood 交叉口为研究交叉口，由南向北直行单车道为研究车道。信号配时采用固定配时方案，周期时长 100s。考虑到 NGSIM 数据流量较小的特征，选取轨迹数据相对较多的 6 个周期验证路段车辆轨迹重构模型。

3.3.1 NGSIM 数据预处理

由于数据采集过程存在一定误差，所以需首先清洗原始车辆运行轨迹，以提高估计效率，降低估计误差。其中，对于任意车辆 i，主要涉及三种类型的异常轨迹。

①回退轨迹。如果存在任意时空点 (t_i^k, x_i^k) 满足式 (3.31)，认为车辆在交叉口处出现回退现象。

$$x_i^k < \max\left\{x_i^k, n = 1, 2, \cdots, k-1\right\} - L \tag{3.31}$$

其中，L 表示阈值，取 $L = 10\text{m}$。

②截尾轨迹。如果车辆轨迹终点没有到达停车线，即最后一个采样点 $(t_i^{\text{last}}, x_i^{\text{last}})$ 满足式 (3.32)，认为车辆在交叉口处出现截尾现象。

$$x_i^{\text{last}} < x_{\text{stopline}} \tag{3.32}$$

其中，x_{stopline} 表示停车线的位置。

③突现轨迹。如果车辆轨迹的起始点在路段中间，即第一个采样点 $(t_i^{\text{first}}, x_i^{\text{first}})$ 满足式 (3.33)，认为车辆在交叉口处出现突现现象。

$$x_i^{\text{first}} < \theta \cdot x_{\text{stopline}} \tag{3.33}$$

其中，$0 < \theta < 1$。

清洗上述三种类型的异常轨迹后，进行车辆轨迹重构模型验证分析。

3.3.2 路段车辆运行轨迹重构模型基本参数

基于 NGSIM 数据测试车辆轨迹重构模型，并与 Mehran[5]提出的不考虑排队过程的动态随机性变分网络 (Variational Theory, VT) 进行比较分析。此外，对比分析 Sun 等[6]提出的重构排队车辆的排队边界曲线优化模型。在此基础上，通过调整众包轨迹的渗透率进一步测试所提方法的有效性。

表 3-1 列出用于路段车辆轨迹重构模型的变分网络基本参数及取值，表 3-2 列出基于卡尔曼滤波估计排队边界曲线所需的参数及取值[2]。

表 3-1 变分网络基本参数

参数	值
自由流速度/(ft/s)	43.63
饱和流率/(veh/h)	1800
阻塞密度/(veh/mile)	200
时间步长/s	1

表 3-2　状态空间模型基本参数

参数	值	参数	值
$\bar{v}\,/\,(\text{ft}\,/\,\text{s})$	4	$\text{VF}_{\text{default}}\,/\,(\text{ft}\,/\,\text{s})$	−20
$\bar{x}\,/\,\text{ft}$	0	q	0.21
$\bar{t}\,/\,\text{s}$	5	R	242.5
$\text{VF}_{\text{I}}\,/\,(\text{ft}\,/\,\text{s})$	−2.6	P_{I}	$\begin{pmatrix} 15000 & 0 \\ 0 & 2.6 \end{pmatrix}$

其中，$\bar{v}$ 表示速度分类器中的速度阈值；$\bar{x}$ 和 $\bar{t}$ 分别对应式(3.22)划分子集的位置阈值和时间阈值；VF_{I} 为初始排队形成速度；$\text{VF}_{\text{default}}$ 为默认的排队消散波斜率；q 为排队过程的激励噪声；R 为测量值的噪声；P_{I} 为初始误差协方差矩阵。

3.3.3　模型评价准则

为了综合评价车辆轨迹重构模型性能，通过行程时间均方根误差、排队位置均方根误差以及排队尺寸误差(Queue Size Error)进行量化分析。前两个指标分别对应时间误差(Time Error)和排对长度误差(Queue Length Error)，可通过式(3.34)和式(3.35)计算。排队尺寸误差从周期排队车辆数的角度刻画了估计排队尺寸和实际排队尺寸的误差，可由式(3.36)获得。

$$\text{time error} = \frac{1}{m}\sum_{i=1}^{m}\left|\tilde{t}_l - t_i\right| \tag{3.34}$$

其中，m 表示需要估计的车辆总数，$\tilde{t}_l$ 表示车辆 i 通过研究区域的估计时间，t_i 表示车辆 i 通过研究区域的实际时间。

$$\text{queue length error} = \frac{1}{N}\sum_{c=1}^{N}\left|\tilde{x}_c - x_c\right| \tag{3.35}$$

$$\text{queue size error} = \frac{1}{N}\sum_{c=1}^{N}\left|\tilde{Q}_c - Q_c\right| \tag{3.36}$$

其中，N 表示需要重构车辆轨迹的周期数；$\tilde{x}_c$ 表示周期 c 估计的排队长度，x_c 表示周期 c 实际的排队长度；$\tilde{Q}_c$ 和 Q_c 分别表示周期 c 估计和实际的排队车辆数。

3.3.4　路段车辆运行轨迹重构模型测试与分析结果

图 3-3 为重构的路段交通流单车道直行方向全样车辆轨迹图。其中，红色粗实线表示红灯时长，绿色粗实线表示绿灯时长，黑色细实线表示离散化的时空网格，黑色粗实线表示所估计的排队边界曲线，紫色实线表示样本车辆，蓝色实线表示网格化的实际样本车辆轨迹，蓝色虚线表示重构的车辆运行轨迹。由图可知，cycle10 和 cycle9 均出现了估计轨迹与样本浮动车轨迹交叉的现象，这是因为 VT 方法需要

以浮动车轨迹为参考，估计的是浮动车后方车辆的运行轨迹，而出现交叉的轨迹为该周期的第一条轨迹，无前车参考，故仅能根据变分网络计算。所提方法由于考虑了排队边界曲线的动态随机性，不完全依赖于样本车辆的轨迹，所以可实现周期内样本车辆轨迹之前的车辆轨迹重构。

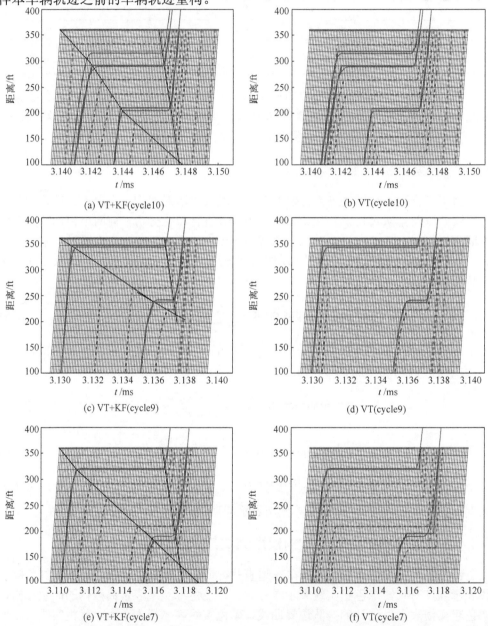

图 3-3　重构的路段车辆运行轨迹时空图：(a) VT+KF 表示基于三维冲击波的变分理论与卡尔曼滤波的整合方法；(b) VT 表示仅基于三维冲击波的变分理论（见彩图）

为了更好地量化车辆轨迹重构结果，表 3-3 列出了六个周期的排队位置均方根误差、行程时间均方根误差和排队车辆数平均误差。VT 是 Mehran 等[5]提出的基于变分理论重构车辆轨迹的方法，该方法忽略了排队形成过程的动态随机性。结果表明，当应用基于三维冲击波的变分理论与卡尔曼滤波的整合方法(VT+KF)时，三个指标整体优于仅基于三维冲击波的变分理论(VT)。VT+KF 通过卡尔曼滤波算法估计排队边界曲线，一定程度上将确定性的变分理论转变成条件确定性的变分网络。而仅基于三维冲击波的变分理论(VT)认为在一定范围内的车辆排队延误不变，且与相近的前车(参考众包车辆轨迹)一致。因此，在车辆轨迹重构模型的建立过程中，应考虑车辆到达交叉口的随机性和排队的动态过程。

表 3-4 为 VT+KF 整合方法与交通波边界优化模型的对比结果。Sun 等[6]于 2013 年提出了两种估计交通流轨迹的模型，分别是基于交通波边界估计的优化模型和基于交通波边界估计的延误模型，且研究结果表明优化模型的精度和鲁棒性优于延误模型，因此仅将优化模型与提出的 VT+KF 整合方法进行对比。优化模型的本质是提取样本车辆轨迹的关键点，并将关键点匹配至时空网格中，与之相对应的轨迹即为样本车辆轨迹的拟合轨迹，依据估计轨迹与实际轨迹之间的残差最小化，将最终确定的关键点作为排队边界曲线，但该方法仅针对排队车辆，故表 3-4 中的统计指标均针对排队车辆。由表可知，VT+KF 整合方法效果较好，并且优化模型假设任意相邻样本车辆之间车辆到达交叉口服从均匀分布，由图 3-3 可见该假设并不成立，这也影响了其轨迹重构精度。

表 3-3　不同轨迹重构方法的测试结果(渗透率为 20%～30%)

周期数	方法	排队位置/ft	时间误差/s	排队尺寸误差(车辆数)
6 cycles	VT+KF	24.53	4.50	0.6
	VT	39.08	11.31	1.0

表 3-4　仅针对排队车辆轨迹重构结果的对比分析(20%～30%)

周期数	方法	排队位置/ft	时间误差/s	排队尺寸误差(车辆数)
6 cycles	Optimization	22.55	5.32	0.3
	VT+KF	20.84	3.12	0.5

3.3.5　敏感性分析

由于 NGSIM 数据本身交通状态相对畅通的特征(单车道：通常一个周期只有 7～12 辆车)，所以选取车辆相对较多的一个周期(cycle10：11 辆车)进行渗透率敏感性分析，测试算法的稳定性和鲁棒性。表 3-5 给出了不同渗透率下 VT+KF 整合方法的精度。结果表明所提出的方法随着浮动车渗透率的增加保持稳定的算法精度。

此外，由排队位置误差和排队尺寸误差的分析结果显示，VT+KF 整合方法明显优于 VT。因此，车流在排队过程中的延误时间并非恒定，应考虑排队过程的动态随机性。

表 3-5　路段车辆运行轨迹重构模型渗透率敏感性分析（以 cycle10 为例）

渗透率	方法	排队位置/ft	时间误差/s	排队尺寸误差(车辆数)
20%～30% (3/11)	VT+KF	55.934	4	2
	VT	55.934	12.75	2
30%～40% (4/11)	VT+KF	28.58	3	1
	VT	55.934	8.86	2
40%～50% (5/11)	VT+KF	55.934	3	2
	VT	55.934	12.5	2

参 考 文 献

[1]　Kalman R. A new approach to linear filtering and prediction problems. Journal of Basic Engineering Transactions, 1960, 82(1):35-45.

[2]　Yin J, Sun J, Tang K. A Kalman filter based queue length estimation method with low-penetration mobile sensor data at signalized intersections. Transportation Research Record: Journal of the Transportation Research Board, 2018, 2672(45): 253-264.

[3]　Xie X, van Lint H, Verbraeck A. A generic data assimilation framework for vehicle trajectory reconstruction on signalized urban arterials using particle filters. Transportation Research Part C: Emerging Technologies, 2018, 92:364-391.

[4]　NGSIM. Next Generation Simulation, http://ngsim.fhwa.dot.gov, 2005.

[5]　Mehran B, Kuwahara M, Naznin F. Implementing kinematic wave theory to reconstruct vehicle trajectories from fixed and probe sensor data. Transportation Research Part C: Emerging Technologies, 2011, 17:247-268.

[6]　Sun Z, Ban X. Vehicle trajectory reconstruction for signalized intersections using mobile traffic sensors. Transportation Research Part C: Emerging Technologies, 2013, 36:268-283.

第 4 章　基于众包轨迹的信号交叉口周期排队长度估计

利用众包轨迹数据进行交叉口排队长度估计已成为当前热门的研究方向，如图 4-1 所示。目前大多数方法均要求较高的众包轨迹渗透率，但由于受到技术限制和隐私保护等因素的制约，众包轨迹渗透率仍将在相当长的时间内维持较低的水平。本章提出一种利用较低渗透率（如 10%以下）的众包轨迹数据进行交叉口排队长度估计的方法，该方法首先根据周期内众包轨迹分布将每周期细分为四种不同场景并提取众包轨迹的关键信息；然后根据不同的车辆到达分布假设构建似然函数，并利用期望最大化（Expectation Maximization, EM）算法求解似然函数估计周期到达流率；最后基于交通波理论估计排队长度，从而识别干道交通状态。

图 4-1　众包环境下信号交叉口排队长度估计

为了使本章提出的交叉口排队长度估计算法更符合实际情况，进行如下假设。

①对于未饱和交叉口，假设车辆的到达分布服从泊松分布（Poisson Distribution）；对于饱和交叉口，假设车辆到达分布服从二项分布（Binomial Distribution）。在交通工程中，信号交叉口的车辆到达通常被描述为一个随机过程。如 Comert 等[1,2]基于泊松分布假设构建了信号交叉口排队长度估计的解析模型。Zheng[3]将未饱和状态和饱和状态的车辆到达过程分别假设服从泊松分布和二项分布，构建概率延误分布模型研究延误的不确定性。Zheng 等[4]根据实际网联车辆数据，将信号交叉口的车辆到达建模为时间依赖的泊松分布。

②交叉口信号配时信息已知。随着无线通信技术的发展，越来越多的道路尤其是城市干道的交通路侧设施包括交通信号灯实现联网，能够方便地获得实时的信号配时信息。同时排队长度估计作为信号配时优化的基础，需要已知信号配时信息才能实现信号控制优化。

③每周期内至少存在一条众包轨迹数据。若周期内不存在众包轨迹数据，那么显然基于众包轨迹的排队长度方法不再适用，将基于张量分解方法（详见第 5 章）解决无众包轨迹周期排队长度估计问题。

④车辆在加入排队之前，以自由流状态运行。

4.1　交通波理论

在正式介绍本章方法之前，首先对交通波理论进行介绍，交通波理论能够详细描述周期排队形成和消散过程，本章基于交通波理论对周期排队长度进行估计。由于车辆在交叉口受到信号灯的管控，服从"红灯停、绿灯行"的规则，所以在信号交叉口会产生多种交通波，通常情况下交通波在信号周期内的传播可以分为四个阶段。

阶段 1：当红灯开始时，到达交叉口停车线的车辆开始停车，此时由于到达交通状态和停车交通状态之间的状态不连续，产生自停车线向上游传播的排队波 v_1，该阶段内排队长度随着排队波的传播不断增长。

阶段 2：当绿灯开始时，排队的车辆开始以饱和流率消散，产生自队列最前端向上游传播的消散波 v_2，通常情况下消散波 v_2 的速度大于排队波 v_1 的速度，因此消散波会追上排队波。当消散波在 T_{max} 追上排队波时，该周期内的最大排队长度 L_{max} 产生。

阶段 3：当消散波 v_2 追上排队波 v_1 时，形成由相遇位置向停车线传播的压缩波 v_3。压缩波在绿灯期间能否传播至停车线将决定下周期开始时是否存在初始排队，当压缩波传播至停车线时，停止传播，下周期开始时不存在初始排队；当压缩波未传播至停车线绿灯即结束时，压缩波继续传播，下周期开始时存在初始排队。

阶段 4：上周期绿灯结束，下周期红灯开始时，如果不存在初始排队（即交叉口处于未饱和状态），那么形成下周期的排队波并从停车线开始向上游传播；如果存在初始排队（即交叉口处于饱和状态），那么形成自停车线向上游传播的初始排队波 v_4，当初始排队波与压缩波相遇时，产生下周期的初始排队长度 L_{min}，随后形成下周期的排队波自初始排队长度位置向上游传播。

图 4-2 分别展示了处于未饱和状态和饱和状态的交叉口交通波传播过程，交叉口最大排队长度估计可以通过排队波和消散波相遇的交叉点 A 获得。为了估计交叉口最大排队长度，需要计算排队波 v_1 和消散波 v_2 的传播速度[5]如下

$$\begin{cases} v_1 = \dfrac{0 - q_a}{k_j - k_a} \\ v_2 = \dfrac{q_s - 0}{k_s - k_j} \end{cases} \tag{4.1}$$

其中，q_a 为到达流率，指红灯开始后至最大排队长度形成时的车辆到达流率，k_a 为到达密度，q_s 为饱和流率，k_s 为饱和密度，k_j 为拥堵密度。根据交通工程经验可知，上述参数中饱和流率、饱和密度及拥堵密度的值在不同周期中变化不大，因此消散波的速度较为稳定。而到达流率和到达密度随不同周期发生变化，因此交叉口排队长度估计的关键在于如何精确估计周期到达流率，从而计算周期排队波的速度。

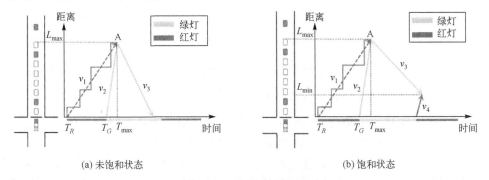

(a) 未饱和状态　　　　　　　　　　　　　(b) 饱和状态

图 4-2　交通波传播过程

4.2　周期到达场景分类

众包车辆轨迹可根据是否停车划分为停车轨迹和未停车轨迹。图 4-3 为一个周期内所有车辆的轨迹，包括普通车辆轨迹和众包车辆轨迹。在众包车辆轨迹中，PV1 和 PV2 为停车众包轨迹，PV3 为未停车众包轨迹。周期到达过程分析旨在提取不同类型的轨迹数据所蕴含的关键信息，利用这些信息实现周期到达流率的估计。

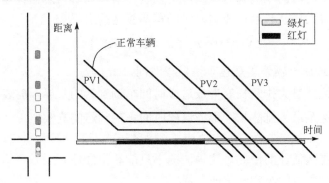

图 4-3　众包轨迹分类

对于周期内的每条停车轨迹，采用 V_i 表示可以获取的关键信息

$$V_i = \left\{ t_{f,i}, t_{d,i}, n_{y,i} \right\}, \quad i = 1, 2, \cdots, k \tag{4.2}$$

其中，$t_{d,i}$ 是第 i 条众包轨迹驶离停车线的时间，k 表示周期内停车轨迹的总数，$n_{y,i}$ 表示第 i 辆众包车辆与第 $(i-1)$ 辆众包车辆或停车线间的车辆数。$t_{f,i}$ 为自由流到达时间，表示第 i 辆众包车辆在不停车的情况下以自由流速度到达停车线的时间

$$t_{f,i} = t_{s,i} + \frac{l_i}{v_f} \tag{4.3}$$

其中，$t_{s,i}$ 为第 i 辆众包车辆停车时间，l_i 为第 i 辆众包车辆停车位置距停车线的距离，v_f 为预设的自由流速度。

信号配时信息是本方法的另一项输入，采用 $V_0 = \{t_{f,0}, t_{d,0}, 0\}$ 表示信号配时信息，其中，$t_{f,0}$ 为红灯开始时间，$t_{d,0}$ 为绿灯开始时间。

根据每周期众包轨迹的分布情况，可将各周期细分为如下四种场景。

①场景 0：不存在众包轨迹。该场景下算法无法应用。

②场景 1：只存在停车众包轨迹。如图 4-4(a) 所示，一个周期内只存在停车众包轨迹数据。可提取某一停车众包轨迹与上一停车众包轨迹或红灯开始时间之间的车辆到达数

$$N\left(\Delta t_{y,i}\right) = n_{y,i} = \left(t_{d,i} - t_{d,i-1}\right) \times q_s \tag{4.4}$$

其中，q_s 为饱和流率，$\Delta t_{y,i} = t_{f,i} - t_{f,i-1}$ 表示第 i 辆众包车辆自由流到达时间与第 $(i-1)$ 辆众包车辆自由流到达时间或红灯开始时间的时间差。

由于停车轨迹提取的信息只能获取周期内部分的车辆到达信息，即最后一辆停车众包轨迹之前的车辆到达信息，无法获取最后一辆停车众包车辆到达至最大排队长度形成这段时间内的车辆到达信息，所以利用信号配时信息估计最后一辆停车众包车辆到达至最大排队长度形成这段时间车辆到达的上界

$$N\left(\Delta t_z\right) = \hat{n}_z \leqslant n_z = \left(t_{d,0} - t_{s,n}\right) \times q_s \tag{4.5}$$

其中，$t_{s,n}$ 代表最后一辆停车众包车辆停车时间，$\Delta t_z = t_{d,0} - t_{s,n}$，$n_z$ 表示最后一辆停车众包车辆到达至最大排队长度形成这段时间车辆到达的上界，$\hat{n}_z$ 表示最后一辆停车众包车辆到达至最大排队长度形成这段时间车辆到达的真实值。

③场景 2：只存在未停车众包轨迹。图 4-4(b) 展示了周期内只有未停车轨迹信息能够被用于排队估计的情况，这种情况下只能获得红灯开始后至第一辆未停车众包车辆到达时这段时间车辆到达的上界

$$N\left(\Delta t_z\right) = \hat{n}_z \leqslant n_z = \left(t_{d,z} - t_{d,0}\right) \times q_s \tag{4.6}$$

其中，$\Delta t_z = t_{d,z} - t_{f,0}$，由于该场景下只有不确定的上界信息，所以该场景下相对较难实现排队长度的精确估计。

④场景 3：同时存在停车/未停车众包轨迹。如图 4-4(c)所示，周期内同时存在停车和未停车的众包轨迹，对于每条停车众包轨迹，可利用式(4.4)提取信息。对于未停车众包轨迹，利用第一条未停车众包轨迹提取最后一辆停车众包车辆与第一辆未停车众包车辆之间车辆到达的上界

$$N(\Delta t_z) = \hat{n}_z \leqslant n_z = (t_{d,z} - t_{d,n}) \times q_s \tag{4.7}$$

其中，$\Delta t_z = t_{d,z} - t_{f,n}$，$t_{d,z}$ 是第一辆未停车众包车辆驶离交叉口的时间，$t_{f,n}$ 和 $t_{d,n}$ 分别为最后一辆停车众包车辆的自由流到达时间和驶离时间。

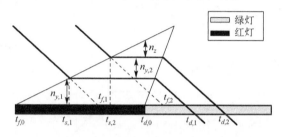

(a)场景 1：只存在停车众包轨迹

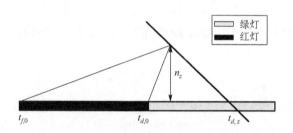

(b)场景 2：只存在未停车众包轨迹

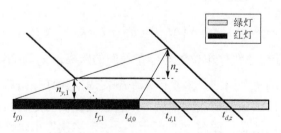

(c)场景 3：同时存在停车/未停车众包轨迹

图 4-4　周期到达场景分类

上述周期到达过程只分析了一次停车轨迹，当交叉口处于过饱和状态时，即绿灯期间无法将周期内的排队车辆清空，会导致下一周期存在初始排队，初始排队中

的车辆在驶离交叉口前会停车超过一次，从而产生多次停车轨迹，如图 4-5 所示。图中的众包车辆在第 n 个周期驶入交叉口并初次停车，在接下来的两个周期内由于无法驶离交叉口多次停车，直到第 $n+2$ 个周期驶离交叉口。因此一次停车轨迹和多次停车轨迹可由车辆是否能够在驶入交叉口的周期内驶离交叉口进行区分。如果车辆在驶入周期内停车并于该周期结束前驶离交叉口，那么该车辆产生的轨迹为一次停车轨迹；如果车辆在驶入周期内停车并于随后的周期驶离交叉口，那么该车辆产生的轨迹为多次停车轨迹。

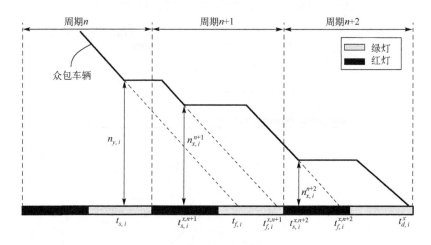

图 4-5　多次停车轨迹

对于一条多次停车轨迹，其提供的信息可分为两类，在初次停车的周期中可从车辆轨迹中提取周期到达信息，在随后的周期中可从车辆轨迹中提取初始排队形成的信息。在初次停车周期，与一次停车轨迹类似，可提取该停车轨迹与上一停车轨迹之间或红灯开始时的车辆到达数。由于车辆在该周期内未驶离交叉口，所以计算公式由式(4.4)变为

$$N\left(\Delta t_{y,i}\right)=n_{y,i}=l_i \times k_j \tag{4.8}$$

其中，l_i 为第 i 辆众包车辆停车位置与停车线间的距离，k_j 为拥堵密度。

在初次停车后的每个周期，多次停车车辆在周期红灯开始后加入初始排队，直至车辆驶离交叉口。因此在初次停车后，众包轨迹提供的是初始排队形成的信息，而不是周期车辆到达信息，如图 4-5 所示，x 表示多次停车轨迹提供的初始排队信息，包括：当前众包车辆 i 与前一辆众包车辆$(i-1)$或停车线之间的车辆数 $n_{x,i}$、周期内的自由流到达时间 $t_{f,i}^x$ 及驶离交叉口的时间 $t_{d,i}^x$，以上信息能够用于估计初始排队长度。

4.3　未饱和交通状态下周期到达流率估计

根据交通状态的不同对周期到达分布进行不同的假设，即未饱和状态下服从泊松分布，饱和状态下服从二项分布。周期到达流率估计的关键是对周期到达分布参数的估计，本章采用极大似然估计(Maximum Likelihood Estimation, MLE)方法估计周期到达分布参数。

极大似然估计方法是概率论在统计学中的应用，是常用的参数估计方法，当某个随机样本已知服从某种概率分布，但是概率分布中具体参数的值无法确定时，极大似然估计方法通过探求使观测样本出现概率最大的参数值作为参数估计值。利用极大似然估计方法首先需要根据观测样本构建未知参数的似然函数，本章中需要估计的未知参数为到达分布假设(泊松分布或二项分布)中的参数，观测样本为每周期从众包轨迹数据中提取的信息，利用该信息建立到达分布中未知参数的似然函数。极大似然估计方程求解通常需要对未知参数求导，为了求解似然函数，本章采用期望最大化(EM)算法。

EM 算法于 1977 年由 Dempster 等[6]提出，目前在交通领域取得了广泛的应用，例如，交通流量估计[6]、协同驾驶[7,8]、交通流量预测[9]、燃油消耗预测[10]等。从停车轨迹能够提取车辆到达数，而从未停车轨迹只能提取车辆到达数的上界 n_z，该信息是不确定信息，当似然函数中存在不确定信息时，采用 EM 算法能够较好地求解似然函数。EM 算法包含两个步骤：E 步(Expectation Step)和 M 步(Maximization Step)，其中，E 步在给定确定信息和当前参数估计值的前提下计算不确定信息的期望值，M 步根据不确定信息的期望值，求解参数的极大似然估计，E 步和 M 步不断循环迭代直至收敛。本章根据到达分布的不同假设，构建不同的求解过程。

当交叉口处于未饱和状态时，假设周期内车辆到达服从泊松分布，泊松分布的参数为 λ(也就是到达流率)并且每周期变化，因此需要进行每周期估计。与 Zheng 等[4]集计一段时间内的历史数据构建极大似然函数估计流量的方法不同，本章方法根据周期内众包轨迹数据对每个周期构建似然函数估计周期到达流率。基于各周期从众包轨迹提取的信息，在泊松分布假设下构建似然函数

$$
\begin{aligned}
L(Y,Z|\lambda) &= \prod_{i=1}^{n} p(n_{y,i}|\lambda)\, p(\hat{n}_z|\lambda) \\
&= \prod_{i=1}^{n} \text{Poisson}(\Delta t_{y,i})\text{Poisson}(\Delta t_z) \\
&= \prod_{i=1}^{n} \left[\frac{(\lambda \Delta t_{y,i})^{n_{y,i}}\, e^{-(\lambda \Delta t_{y,i})}}{n_{y,i}!} \right] \left[\frac{(\lambda \Delta t_z)^{\hat{n}_z}\, e^{-(\lambda \Delta t_z)}}{\hat{n}_z!} \right]
\end{aligned}
\tag{4.9}
$$

其中，Y 和 Z 分别表示从停车众包轨迹及未停车众包轨迹中提取的信息。

采用 EM 算法估计泊松分布参数 λ 的步骤如下。

步骤 1：泊松分布参数 λ 初始化。为 E 步骤设定泊松分布的初始值 λ，取值为 1。

步骤 2：E 步骤。在给定到达车辆上界 n_z 和当前参数 $\lambda^{(s)}$ 的情况下，计算条件期望在 Δt_z 期间的真实到达车辆数 $\hat{n}_z$

$$\hat{n}_z \bigg| n_z, \lambda^{(s)} = \sum_{k=1}^{n_z} k P(\hat{n}_z = k | \hat{n}_z \leqslant n_z, \lambda^{(s)}) = \sum_{k=1}^{n_z} k \frac{\dfrac{(\lambda^{(s)} t_z)^k}{k!}}{\displaystyle\sum_{l=0}^{n_z} \dfrac{(\lambda^{(s)} t_z)^l}{l!}} \tag{4.10}$$

步骤 3：M 步骤。在给定观测信息下，求解使似然函数最大化的参数值并令其作为估计参数值，为了便于计算，将似然函数式 (4.9) 取对数形式

$$\begin{aligned}
&\ln\left(L(Y, Z | \lambda)\right)\\
&= \sum_{i=1}^{n} \left[\ln \frac{(\lambda \Delta t_{y,i})^{n_{y,i}} \mathrm{e}^{-(\lambda \Delta t_{y,i})}}{n_{y,i}!} \right] + \left[\ln \frac{(\lambda \Delta t_z)^{\hat{n}_z} \mathrm{e}^{-(\lambda \Delta t_z)}}{\hat{n}_z!} \right]\\
&= \sum_{i=1}^{n} \left[n_{y,i} \left(\ln \lambda + \ln \Delta t_{y,i} \right) - \lambda \Delta t_{y,i} - \ln n_{y,i}! \right]\\
&\quad + \left[\hat{n}_z \left(\ln \lambda + \ln \Delta t_z \right) - \lambda \Delta t_z - \ln \hat{n}_z! \right]\\
&= C + \sum_{i=1}^{n} \left[n_{y,i} \ln \lambda - \lambda \Delta t_{y,i} \right] + \left[\hat{n}_z \ln \lambda - \lambda \Delta t_z \right]
\end{aligned} \tag{4.11}$$

其中，C 为常数。之后，通过对 λ 求导，等式取 0，获得新的参数估计值 $\lambda^{(s+1)}$

$$\lambda^{(s+1)} = \frac{\displaystyle\sum_{i=1}^{n} n_{y,i} + \hat{n}_z}{\displaystyle\sum_{i=1}^{n} \Delta t_{y,i} + \Delta t_z} \tag{4.12}$$

步骤 4：迭代。迭代 E 步骤和 M 步骤，直至收敛或者迭代次数超过设定阈值。在迭代结束后将最后由 M 步骤获得的参数估计值作为该周期到达流率的真实值 λ_{real}。

4.4　饱和交通状态下周期到达流率估计

当交叉口处于饱和状态时，假设周期车辆到达分布服从二项分布，通过估计二

项分布中的参数 p 估计周期到达流率。基于每周期从众包轨迹提取的信息，在二项分布假设下构建似然函数

$$
\begin{aligned}
L(Y,Z|p) &= \prod_{i=1}^{Y} p(n_{y,i}|p)p(\hat{n}_z|p) \\
&= \prod_{i=1}^{Y} \text{Binomial}(\Delta t_{y,i})\text{Binomial}(\Delta t_z) \\
&= \prod_{i=1}^{Y} \left[C_n^{n_{y,i}} p^{n_{y,i}} (1-p)^{n-n_{y,i}} \right]\left[C_n^{\hat{n}_z} p^{\hat{n}_z} (1-p)^{n-\hat{n}_z} \right]
\end{aligned}
\tag{4.13}
$$

其中，Y 和 Z 分别表示从停车众包轨迹及未停车众包轨迹中提取的信息，n 为常数。采用 EM 算法估计二项分布参数 p 的步骤如下。

步骤 1：二项分布参数 p 初始化。为 E 步骤设定二项分布的初始值 p，取值为 0.5。

步骤 2：E 步骤。在给定到达车辆上界 n_z 和当前参数 $p^{(s)}$ 的情况下，计算条件期望在 Δt_z 期间的真实到达车辆数 $\hat{n}_z$

$$
\begin{aligned}
\hat{n}_z\bigg|n_z, p^{(s)} &= \sum_{k=1}^{n_z} kP(\hat{n}_z = k|\hat{n}_z \leqslant n_z, p^{(s)}) \\
&= \sum_{k=1}^{n_z} k \frac{C_n^k [p^{(s)}]^k (1-p^{(s)})^{n-k}}{\sum_{l=1}^{n_z} C_n^l [p^{(s)}]^l (1-p^{(s)})^{n-l}}
\end{aligned}
\tag{4.14}
$$

步骤 3：M 步骤。在给定观测信息下，求解使似然函数最大化的参数值并令其作为估计参数值，将似然函数式 (4.13) 取对数形式

$$
\begin{aligned}
&\ln(L(Y,Z|p)) \\
&= \sum_{i=1}^{Y} [\ln C_n^{n_{y,i}} + n_{y,i}\ln p + (n-n_{y,i})\ln(1-p)] \\
&\quad + \ln C_n^{\hat{n}_z} + \hat{n}_z \ln p + (n-\hat{n}_z)\ln(1-p) \\
&= C + \left(\sum_{i=1}^{Y} n_{y,i} + \hat{n}_z \right)\ln p + \left[\sum_{i=1}^{Y} (n-n_{y,i}) + n - \hat{n}_z \right]\ln(1-p)
\end{aligned}
\tag{4.15}
$$

其中，C 为常数，通过对参数 p 求导，等式取 0，可获得新的参数估计值 $p^{(s+1)}$

$$
p^{(s+1)} = \frac{\sum_{i=1}^{Y} n_{y,i} + \hat{n}_z}{(Y+1)n}
\tag{4.16}
$$

步骤 4：迭代。迭代 E 步骤和 M 步骤，直至收敛或者迭代次数超过设定阈值。在迭代结束后将最后由 E 步骤获得的车辆到达数估计值 $\hat{n}_{z,\text{real}}$ 作为 Δt_z 期间真实的车辆到达数，计算周期估计到达流率

$$\lambda_{\text{real}} = \frac{\sum\limits_{i=1}^{Y} n_{y,i} + \hat{n}_{z,\text{real}}}{\sum\limits_{i=1}^{Y} \Delta t_{y,i} + t_z} \tag{4.17}$$

4.5　基于参数估计的排队长度估计

4.5.1　初始排队长度估计

由于本周期的初始排队长度与上周期的最大排队长度直接相关，所以需要利用上周期的最大排队长度及上周期的轨迹数据估计本周期的初始排队长度。根据本周期和上周期中众包轨迹不同的分类情况，采用不同方法估计初始排队长度。

①当上周期存在未停车众包轨迹时，代表上周期的排队车辆在绿灯时间内被完全清空，因此本周期的初始排队长度为 0。

②当上周期存在停车众包轨迹且本周期内不存在多次停车众包轨迹时，无法确定本周期是否存在初始排队，如图 4-6(a)所示。可通过最后一条停车众包轨迹前的车辆数 $n_{y,i}$ 以及驶离交叉口的时间 $t_{d,n}$ 计算初始排队长度

$$\begin{cases} L_{\min} = L_{\max} - \sum\limits_{i=1}^{Y} n_{y,i} - (T_R - t_{d,n}) \times q_s \\[3mm] T_{\min} = T_R + \dfrac{L_{\min}}{|v_4|} \\[3mm] v_4 = \dfrac{0 - q_s}{k_j - k_s} \end{cases} \tag{4.18}$$

其中，$L_{\max}$ 为上一周期的最大排队长度，具体估计方法见下一部分，Y 为上一周期从所有停车众包轨迹中提取的信息，T_R 为本周期的红灯开始时间，$t_{d,n}$ 为最后一辆停车众包车辆驶离交叉口的时间。当估计结果大于 0 时，即 $L_{\min} > 0$ 时，表示本周期存在初始排队。

③当本周期存在多次停车众包轨迹时，说明本周期一定存在初始排队。可通过从多次停车众包轨迹中提取的信息精确估计初始排队长度，如图 4-6(b)所示，多次停车众包轨迹包含的初始排队形成信息可精确估计初始排队波速度 v_4，据此初始排队长度估计如下

$$
\begin{cases}
L_{\min} = L_{\max} - \sum_{i=1}^{Y} n_{y,i} + \sum_{i=1}^{X} n_{x,i} \\
T_{\min} = \dfrac{L_{\min}}{|v_4|} + T_R \\
v_4 = \left(0 - \sum_{i=1}^{X} n_{x,i} \Big/ \sum_{i=1}^{X} \Delta t_{x,i} \right) / (k_j - k_s)
\end{cases}
\tag{4.19}
$$

其中，X 为本周期从所有多次停车众包轨迹中提取的信息，Y 为上一周期从所有停车众包轨迹中提取的信息，$\Delta t_{x,i} = t_{f,i}^x - t_{f,i-1}^x$，$t_{f,0}^x = T_R$。

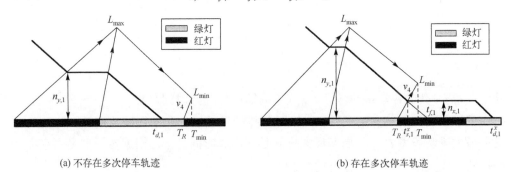

(a) 不存在多次停车轨迹　　　　　　　　　(b) 存在多次停车轨迹

图 4-6　初始排队长度估计

如果本周期存在初始排队，同时也存在一次停车众包轨迹(即周期处于场景 1 或场景 3)，此时从第一条停车众包轨迹中提取的第一辆众包车辆停车时前方的车辆数 $n_{y,1}$ 信息包括了初始排队车辆，因此不能正确反映初始排队形成时至第一辆众包车辆到达时这段时间内的车辆到达信息，需要根据从第一条停车众包轨迹中提取的信息进行更新

$$
\begin{cases}
n_{y,1} = n_{y,1} - L_{\min} \\
\Delta t_{y,1} = t_{f,1} - T_{\min}
\end{cases}
\tag{4.20}
$$

4.5.2　最大排队长度估计

周期最大排队长度估计的关键是排队波速度 v_1 和消散波速度 v_2 的估计，为了估计排队波和消散波速度需要估计三种交通状态：到达状态、拥堵状态和消散状态。其中，到达状态的参数为到达流率 q_a 和到达密度 k_a，到达流率 λ_{real} 通过建立似然函数并采用 EM 算法求解得到，由于假设车辆在加入队列前以自由流速度 v_f 行驶，所以到达密度 $k_a = \lambda_{\text{real}} / v_f$。消散状态的参数为饱和流率 q_s 和饱和密度 k_s，拥堵状态的参数为拥堵密度 k_j。交通拥堵状态和消散状态较为稳定并且参数值几乎不随周期变化，但是由于不同的交叉口结构不同，拥堵状态和消散状态的参数值仍有可能发

生细微变化，所以应利用众包轨迹，对消散状态和拥堵状态的参数进行更准确的估计。假设 $Y^n : \{C^1, C^2, \cdots, C^n\}$ 为 n 个周期所获取的所有停车众包轨迹信息，每个周期 $C^i : \{V_j = \{t_{f,j}, t_{d,j}, n_{y,j}\}, j = 1, 2, \cdots, k^i\}$ 包含周期内所有停车众包轨迹信息，q_s、k_s、k_j 计算方式如下

$$\begin{cases} q_s = \sum_{i=1}^{n} \dfrac{\left[\sum_{j=1}^{k^i}(t_{d,j} - t_{d,j-1})/n_{y,j}\right]\Big/ k^i}{n} \\ k_s = q_s / v_f \\ k_j = \sum_{i=1}^{n} \dfrac{\left[\sum_{j=1}^{k^i}(l_j - l_{j-1})/n_{y,j}\right]\Big/ k^i}{n} \end{cases} \tag{4.21}$$

其中，$l_0 = 0$ 代表停车线位置，$t_{d,0}$ 代表周期红灯开始时间。

基于不同交通状态的参数估计，计算排队波速度 v_1 和消散波速度 v_2，进而计算周期最大排队长度 $L_{\max}$ 和周期最大排队长度形成时间 $T_{\max}$，根据本周期是否存在初始排队长度采用不同的计算方式。

如图 4-7(a) 所示，如果周期内不存在初始排队长度，则最大排队长度计算方式如下

$$\begin{cases} T_{\max} = (v_1 T_R - v_2 T_G)/(v_1 - v_2) \\ L_{\max} = v_1(T_{\max} - T_R) \end{cases} \tag{4.22}$$

如图 4-7(b) 所示，如果周期内存在初始排队长度，则最大排队长度计算方式如下

$$\begin{cases} T_{\max} = (v_1 T_{\min} - v_2 T_G - L_{\min})/(v_1 - v_2) \\ L_{\max} = v_1(T_{\max} - T_{\min}) + L_{\min} \end{cases} \tag{4.23}$$

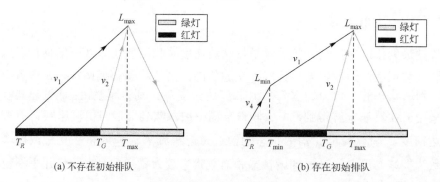

(a) 不存在初始排队　　　　　　　　　　　(b) 存在初始排队

图 4-7　最大排队长度估计

4.6　基于非参数估计的排队长度估计

由于轨迹数据为抽样数据，现有方法大多假设车辆到达服从某一个分布，比如泊松分布或均匀分布[11-16]。然而，现实中车辆到达往往随机，很难采用某一种分布刻画车辆到达规律。同时，部分方法对算法模型输入变量进行若干假设，如信号配时信息、轨迹渗透率等[11-16]，由此得到理想的排队长度估计结果。但在现实环境中这些输入信息获取困难，甚至无法获取，限制了方法的实用性。本章方法利用抽样轨迹数据作为算法输入，实现流向级排队长度估计，无须依赖交通流模型、车辆到达分布假设及上述若干输入信息。具体而言，由于抽样车辆的排队位置分布与排队长度分布可相互转换[12]，所以首先基于非参数估计方法对研究路段某一流向的排队位置分布进行拟合。然后，以一定的时间间隔对排队位置进行连续采样，得到降序排列的排队长度估计值。最后，运用非参数拟合[13]获取流向级排队长度分布。根据排队长度分布，转换可得最终的排队长度估计结果。

4.6.1　车辆排队位置估计

在低渗透率环境下，若一个信号周期内获得的轨迹数量有限，可将多天同时段轨迹数据进行集计，以获取可靠的初始数据。用 q_p^i 表示某条抽样轨迹 i 对应车辆的流向级排队位置

$$q_p^i = \frac{q_d^i}{s} \tag{4.24}$$

其中，q_d^i 表示车辆 i 距离交叉口停车线的距离；s 表示排队车辆的平均车头间距。

假设从研究路段某流向拥堵开始到结束共采集到 m 辆排队车辆，排队位置可表示为 $\{q_p^1, q_p^2, \cdots, q_p^m\}$，为了尽可能准确地反映数据的分布情况，不进行任何分布假设，采用基于 Parzen 窗口的非参数估计方法对排队位置进行拟合和平滑。排队位置的概率密度函数如下

$$\hat{P}_m\left(q_p\right) = \frac{1}{m}\sum_{i=1}^{m}\frac{1}{V_m}\varphi\left(\frac{q_p - q_p^i}{h_m}\right) \tag{4.25}$$

$$\text{s.t.}\begin{cases} t_b \leqslant t_e^i \leqslant t_e \\ t_b \leqslant t_b^i \leqslant t_e \end{cases}$$

其中，$\varphi(\cdot)$ 表示高斯核函数；h_m 表示核带宽，h_m 越宽，$\hat{P}_m\left(q_p\right)$ 估计越平滑。令

$h_m = 1.05\mu(2m)^{-1/5}$，其中，μ 表示停车位置 $\{q_p^1, q_p^2, \cdots, q_p^m\}$ 的标准差；V_m 表示 Parzen 窗口中超立方体体积，由于排队位置属于一维数据，所以，$V_m = h_m^n = h_m$，其中，$n=1$。考虑到车辆排队位置存在下边界 0，进一步将流向级排队位置集合转换为 $\{-q_p^1, -q_p^2, \cdots, -q_p^m, q_p^1, q_p^2, \cdots, q_p^m\}$ 便于分布拟合。排队位置的概率密度函数修正为

$$\hat{P}_m(q_p) = \frac{1}{m}\sum_{i=1}^{m}\frac{1}{V_m}\left(\varphi\left(\frac{q_p + q_p^i}{h_m}\right) + \varphi\left(\frac{q_p - q_p^i}{h_m}\right)\right) \tag{4.26}$$

$$\text{s.t.}\begin{cases} t_b \leqslant t_e^i \leqslant t_e \\ t_b \leqslant t_b^i \leqslant t_e \\ q_p^i \geqslant 0 \end{cases}$$

4.6.2　排队长度分布估计

在获得流向级车辆排队位置分布后，对分布曲线进行采样，提取排队位置，获得降序排列的排队长度估计值。如图 4-8 所示，对排队位置的分布曲线沿横轴等间隔采样，得到样本集 $\{(\hat{q}_p^1, f_1), (\hat{q}_p^2, f_2), \cdots, (\hat{q}_p^l, f_l)\}$，且满足以下条件

$$f_1 = \hat{P}_m(Q_{\max}) = \hat{P}_m\left(\max\{q_1^p, q_2^p, \cdots, q_o^p\}\right) \tag{4.27}$$

$$f_l = \hat{P}_m(Q_{\min}) = \hat{P}_m\left(\min\{q_1^p, q_2^p, \cdots, q_o^p\}\right) \tag{4.28}$$

$$f_2 - f_1 = f_3 - f_2 = \cdots = f_l - f_{l-1} \tag{4.29}$$

其中，f_i 表示第 i 个样本对应排队位置出现的频率；l 表示从排队位置分布曲线中进行采样的次数；q_j^p 表示第 j 个时间间隔最后一辆采样车的排队位置。

对 $\{(\hat{q}_p^1, f_1), (\hat{q}_p^2, f_2), \cdots, (\hat{q}_p^l, f_l)\}$ 进行非参数估计，可得最终的流向级排队长度分布，采用 Q 表示流向级排队长度

$$\hat{P}_l(Q) = \frac{1}{l}\sum_{i=1}^{l}\frac{1}{V_l}\varphi\left(\frac{Q - \hat{q}_p^i}{h_l}\right) \tag{4.30}$$

$$\text{s.t.}\begin{cases} t_b \leqslant t_e^i \leqslant t_e \\ t_b \leqslant t_b^i \leqslant t_e \end{cases}$$

其中，h_l 表示核带宽，令 $h_l = 1.05\mu(2l)^{-1/5}$，μ 表示 $\{\hat{q}_p^1, \hat{q}_p^2, \cdots, \hat{q}_p^l\}$ 的标准差；V_m 表示 Parzen 窗口中超立方体体积，由于排队长度同样属于一维数据，所以，

$V_l = h_l^n = h_l$，其中，$n = 1$。基于式(4.31)所示流向级排队长度分布，可得与流向级排队长度相关的若干值，如流向级平均排队长度 AQ

$$AQ = \sum_{i=1}^{n} Q_i \hat{P}_l(Q_i) \tag{4.31}$$

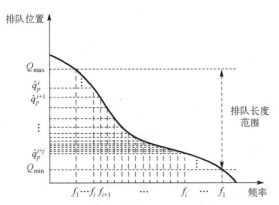

图 4-8　流向级排队位置分布采样示意图

4.7　数据采集与实验分析

4.7.1　仿真分析

1) 众包环境下的仿真路网构建

为了模拟实际干道路网，采用微观交通软件 VISSIM 搭建仿真路网模型。如图 4-9 所示，选取济南市经十路连续六个信号交叉口作为研究对象，经十路是济南市重要的东西向交通干道，交通流量(尤其是早晚高峰)大，干道长时间处于饱和状态，极易产生排队溢流现象。选取的六个交叉口由西向东分别为舜耕路、千佛山路、历山路、山师东路、环山路以及山大路与经十路的交叉口，研究路段的总长度为 2.8km，道路限速为 50km/h，各交叉口初始信号配时方案如图 4-9 所示，周期长度为 210s。

众包轨迹是由出行者通过智能终端设备以众包方式反馈时空位置信息形成的时空轨迹，在众包环境中，众包车辆每隔一段时间实时上传时空位置信息。为了模拟众包环境，采用 VISSIM 软件提取仿真路网中车辆实时时空信息。

VISSIM 是被广泛应用的一种微观交通流仿真工具，能够在路网配置、交通组成、信号控制、公共交通灯等不同约束条件下分析交通运行状态，在评估交通设施运营特性和优化方案时具有重要作用。在仿真运行过程中，当仿真参数需要实时发生变化，或者需要实时获取仿真数据和评价结果时，利用 VISSIM 所提供的 COM（Component Object Model）接口进行二次开发，每隔 3s 读取车辆时空信息，模拟实际众包车辆上传 GPS 数据过程，同时，获取信号交叉口每周期的信号配时信息。

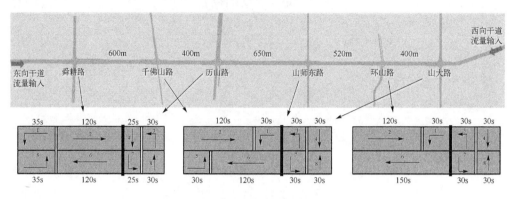

图 4-9　测试路网示意图

众包数据能否为交通管控提供决策支持，很大程度上取决于众包用户数量在整体交通流中的占比，即渗透率。为了模拟不同的渗透率条件，将路网部分车辆设定为众包车辆，对于每一辆进入路网的车辆，其是否为众包车辆的概率与渗透率 p 相等。构建的众包环境如图 4-10 所示，图 4-10（a）为 10%渗透率下的仿真路网，图 4-10（b）为 30%渗透率下的仿真路网，其中，黑色为普通车辆，白色为众包车辆。由于众包数据的渗透率直接影响算法的性能，所以将在仿真实验中测试不同的众包渗透率。

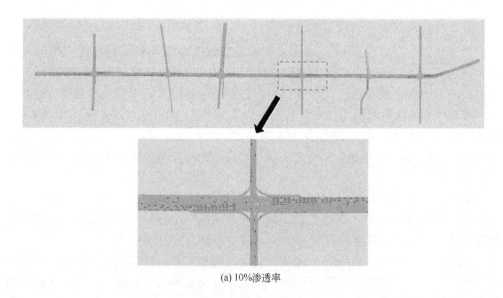

(a) 10%渗透率

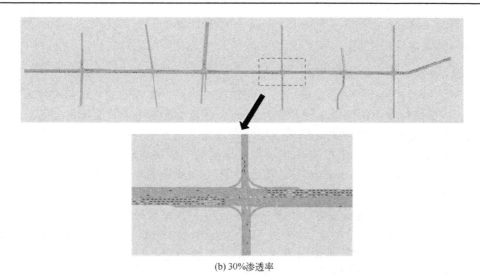

(b) 30%渗透率

图 4-10　众包环境中不同渗透率下的仿真路网

　　为了测试基于众包轨迹的排队长度估计方法性能,选取经十路-山师东路交叉口作为研究对象,交叉口结构如图 4-11 所示,其中东、西进口道各有 5 条车道,包括 1 条左转车道,3 条直行车道和 1 条右转展宽车道,南、北方向各有 2 条车道。假设从众包轨迹数据中能够确认车辆所在车道,则该情况下算法能够应用于每条车道。选取交叉口西进口道 3 条直行车道中的中间车道作为算法应用示例,如图 4-11 所示。假设众包车辆每隔 3s 上传时空信息,路网中车辆的自由流速度为 50km/h,交叉口采用固定信号配时,其中西向进口道直行相位绿灯时间为 45s,红灯时间为 55s。

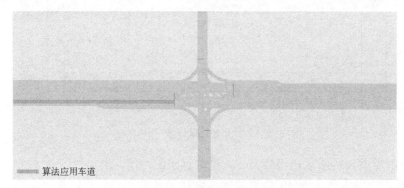

　　　　算法应用车道

图 4-11　排队长度算法应用交叉口示意图

　　基于众包轨迹的排队长度估计算法性能很大程度上取决于众包轨迹的渗透率,因此将测试不同渗透率下算法的性能表现。同时,城市干道交通状况复杂,交叉口可能处于不同的交通场景,如未饱和状态或饱和状态,当交叉口处于过饱和状态时,可能导致排队车辆多次停车,以及下游交叉口发生排队溢流等,因此为了增强算法的实用性,将测试算法在不同交通场景下的性能。最后,为了证明算法的有效性,选取当前具有代表性的基于众包轨迹的排队长度估计方法进行对比。

2) 案例 1: 未饱和交通状态

为了测试算法在未饱和交通状态下的性能,将直行车道的交通流量设定为 600辆/h,该交通流量下的交叉口饱和度为 0.67。在未饱和状态下,提出的排队长度估计方法假设交叉口的车辆到达服从泊松分布。为了验证实验场景下泊松分布假设是否成立,提取该交通流量下 30 个周期红灯期间的车辆到达数,如表 4-1 所示。

利用 K-S(Kolmogorov-Smirnov)检验验证 30 个周期的车辆到达数是否服从泊松分布,K-S 检验能够检验单一样本是否服从某一特定分布。此处 K-S 检验的原假设(Null Hypothesis)为周期到达分布服从泊松分布,当 K-S 检验的输出值 p 大于 0.05时假设成立,反之则假设不成立。采用 SPSS(Statistical Product and Service Solutions)软件运行 K-S 检验后的结果如图 4-12 所示,K-S 检验输出的 p 值为 0.969 大于 0.05,因此该场景下,车辆周期到达服从泊松分布。

表 4-1　未饱和状态下 30 个周期红灯期间车辆到达数

红灯期间车辆到达数	1	2	3	4	5	6	7	8	9	10	11	12	13	14
周期统计数	1	2	0	3	3	1	3	1	7	1	3	3	1	1

One-Sample Kolmogorov-Smirnov Test 2

		number of cycle
N		14
Poisson Parameter[a,b]	Mean	2.14
Most Extreme Differences	Absolute	0.131
	Positive	0.131
	Negative	0.067
Kolmogorov-Smirnov Z		0.491
Asymp.Sig. (2-tailed)		0.969	p值

a. Test distribution is Poisson

b. Calculated from data

图 4-12　SPSS 软件 K-S 检验输出图

在验证周期到达服从泊松分布后,测试算法的性能。图 4-13 分别展示了算法在30%、10%和 5%渗透率下 30 个周期的实际排队长度和估计排队长度,由于采用了相同的随机种子,所以 30 个周期每周期车辆到达数量及实际排队长度相同。由图4-13 可见,随着渗透率的增加排队长度估计值越接近实际值,这是由于当车辆数相同的条件下,渗透率越高,众包车辆数越多,从众包轨迹中能够提取的信息越多,算法估计结果越精确。每周期柱状图上方的数字表示该周期按照众包轨迹分布的场景分类,即场景 0: 无轨迹周期,场景 1: 只有停车轨迹周期,场景 2: 只有未停车轨迹周期,场景 3:同时存在停车/未停车轨迹。可以发现渗透率越高,周期内的众包轨迹数越多,场景 3 的比例越高,场景 0~2 的比例越低。

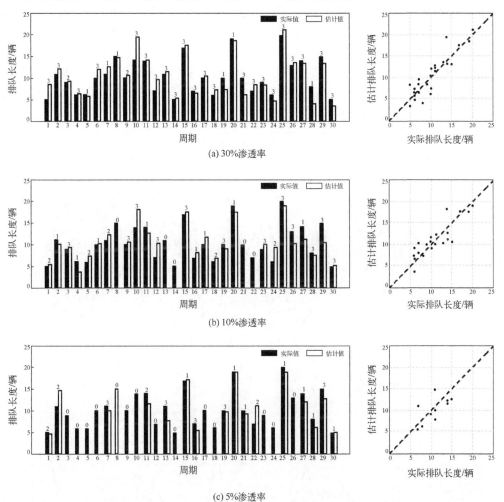

(a) 30%渗透率

(b) 10%渗透率

(c) 5%渗透率

图 4-13　未饱和状态下算法在不同渗透率下的实验结果

为了进一步分析不同场景分类下算法性能区别,在 5%和 10%渗透率下各进行 30 次实验,每次实验持续 30 个周期,图 4-14 和图 4-15 分别展示了不同渗透率下各场景 MAPE 和 MAE 指标的变化情况,同时统计了 30 个周期的平均 MAPE 和 MAE。由图可见,场景 1 周期的 MAE 和 MAPE 折线与平均 MAE 和 MAPE 折线接近,原因是在 5%渗透率下场景 1 周期在所有算法应用周期中占比最高。由图 4.14 和图 4.15 可见,在 5%的渗透率下,场景 1 周期的 MAE 在 1.5~3.5 辆的范围内波动,MAPE 在 14%~30%范围内波动,当渗透率上升为 10%时,场景 1 周期的 MAE 和 MAPE 指标下降,分别在 0.9~3.1 辆和 8%~28%范围内波动,可见场景 1 周期内算法的性能表现较为稳定。场景 2 周期性能指标波动剧烈，场景 2 周期的 MAPE 和 MAE 折线明显高于平均折线，因此算法在场景 2 周期下的性能较差。当周期只存在运动轨迹时，只能提取车辆到达数的上界信息无法获得确定信息，这种情况下难以对周期排队长度实现精确估计，可通过结合其他数据源(如线圈检测器数据和视频数据)提升场景 2 周期的排队长度估计性能。当周期同时存在停车和未停车众包轨迹时，即周期为场景 3 周期，场景 3 周期的 MAPE 和 MAE 折线几乎均处于平均折线以下，说明由于能够同时获得停车轨迹提供的确定信息与未停车轨迹提供的上界信息，场景 3 周期的算法性能表现最好。

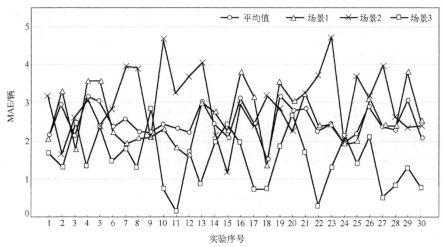

(a) 不同到达场景的MAE 指标

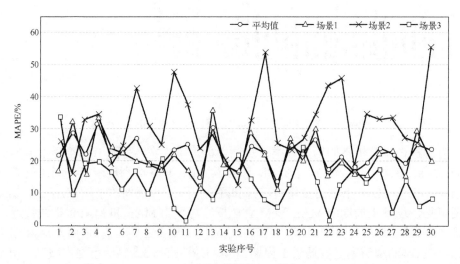

(b) 不同到达场景的MAPE 指标

图 4-14　5%渗透率下算法在不同场景的性能表现

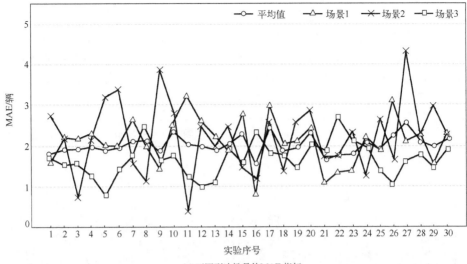

(a) 不同到达场景的MAE 指标

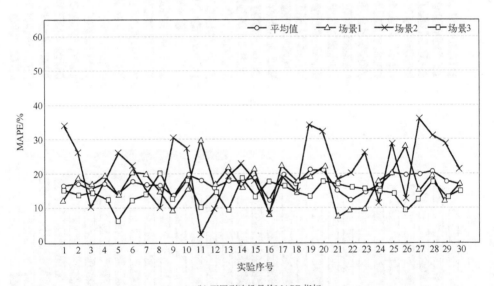

(b) 不同到达场景的MAPE 指标

图 4-15　10%渗透率下算法在不同场景的性能表现

图 4-16 展示了每次实验中各场景在 30 个周期中所占比例，各场景所占比例之和为算法的应用率，其中虚线为算法在 30 次实验中的平均应用率。如图 4-16(a)所示，算法在 5%渗透率下的平均应用率为 58%，当渗透率进一步降低时，更多的周期不存在众包轨迹，算法的应用率进一步降低。如图 4-16(b)所示，当渗透率增加至 10%时，算法的应用率明显增加，增加约为 80%，可以预见当渗透率进一步增加时算法的应用率将达到 100%。同时，当算法的渗透率为 5%时，场景 1 周期所占比

例要远高于场景 2、3 周期所占比例，平均约为 35.2%；当渗透率从 5% 增加至 10% 时，场景 1 周期所占比例变化较小，从平均 35.2% 增加到平均 40.4%，场景 3 周期的比例显著增加，从平均 9.9% 增加到平均 30.6%。当渗透率增加为 30% 时，由图 4-16(a) 可见大部分算法应用周期均为场景 3 周期，这是因为当渗透率增加时周期内存在更多众包轨迹，同时存在停车和未停车众包轨迹的概率增加。

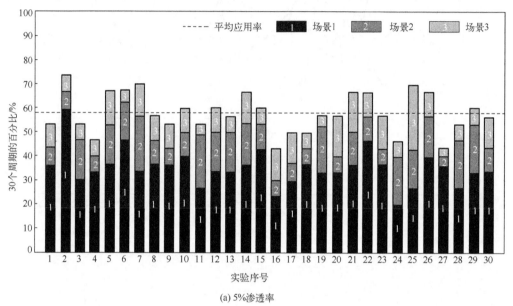

(a) 5% 渗透率

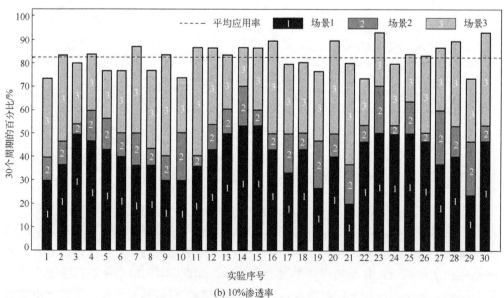

(b) 10% 渗透率

图 4-16　未饱和状态不同渗透率下各场景比例

3）案例 2：饱和交通状态

为了测试算法在饱和状态下的性能,除了将每车道的流量设定为 900 辆/h 外(交叉口饱和度为 1.0),其他实验参数均与案例 1 保持相同。在饱和状态下,假设车辆到达服从二项分布,与案例 1 类似,在实验前首先验证车辆到达服从二项分布的假设是否成立。同样提取该交通流量下 30 个周期红灯期间的车辆到达数,如表 4-2 所示。由统计学可知,当某样本的变异系数(Coefficient of Variance),即方差与均值之比小于 1 时,则该样本服从二项分布,为了验证红灯期间车辆到达数是否服从二项分布,计算变异系数 I

$$I = \frac{\sigma^2}{\mu} \tag{4.32}$$

其中,σ^2 为车辆到达数的方差,μ 为平均车辆到达数。将表 4-2 中的数据代入后计算得到变异系数为 0.87 小于 1,因此该交通场景下车辆到达分布服从二项分布,假设成立。

表 4-2　饱和状态下 30 个周期红灯期间车辆到达数

红灯期间车辆到达数	10	11	12	13	14	15	16	17	18	19	20	21	22	23	24
周期统计数	2	1	2	1	3	2	2	2	2	4	3	2	3	0	1

图 4-17 展示了饱和状态下算法在 30%、10%和 5%渗透率下 30 个周期的实际排队长度和估计排队长度,由于饱和状态下排队长度可能无法在一个周期内清空,所以会产生初始排队长度,图 4-17 同时展示了周期最大排队长度和初始排队长度的真实值和估计值。可以看出,初始排队长度估计精度与上一周期的最大排队长度估计精度直接相关,当上一周期排队长度估计精确时,那么该周期的初始排队长度也会被精确估计(如图 4-17(b)中周期 15 的最大排队长度估计精确,因此周期 16 的初始排队长度同样能够精确估计;而周期 16 的最大排队长度估计误差较大,导致周期 17 的初始排队长度无法精确估计)。与未饱和状态相比,饱和状态下每周期的排队长度明显增加,同时在相同的渗透率下,存在更多的场景 1 周期和更少的场景 3 周期,原因为当交叉口处于饱和状态时,周期的排队车辆可能无法在一个周期内被清空,导致周期内没有未停车车辆。

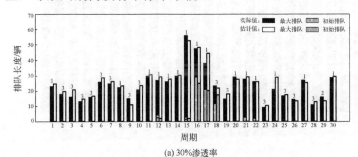

(a) 30%渗透率

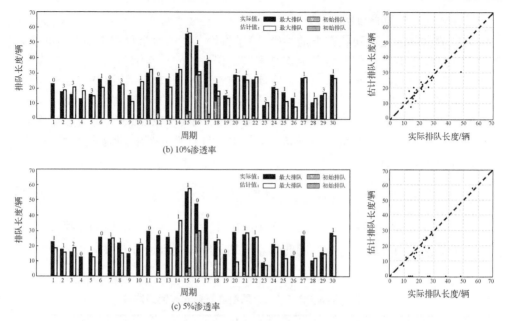

(b) 10%渗透率

(c) 5%渗透率

图 4-17　饱和状态下算法在不同渗透率下的实验结果

进一步测试饱和状态下不同场景分类所占比例，同样进行了 30 次实验，每次实验包括 30 个周期。图 4-18 展示了饱和状态下每次实验中各场景在 30 个周期中所占比例。与未饱和状态下相比，相同渗透率下算法的应用率明显增加，5%渗透率下应用率从 58%提升至 69%，10%渗透率下算法应用率从 82%提升至 91%，这是因为当交通流量提升时，周期内到达的车辆更多，相同渗透率下存在更多的众包车辆，而周期内众包轨迹越多则可提取的信息越多，算法估计更加精确。

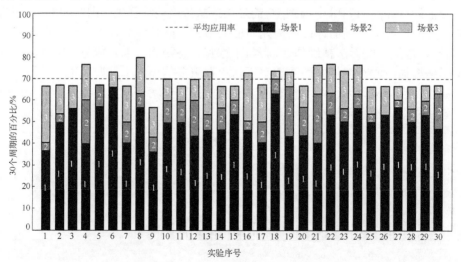

(a) 5%渗透率

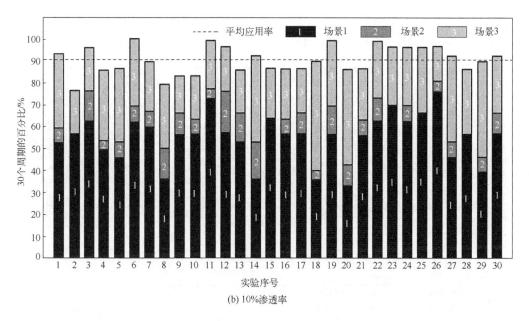

图 4-18　饱和状态不同渗透率下各场景比例

4) 案例 3：过饱和交通状态

城市干道路网在高峰期间通常处于过饱和状态，交通需求往往远大于交通供给，车辆进入交叉口后通常需要经历多次停车才能通过交叉口，因此会产生多次停车轨迹。当前基于众包轨迹的排队长度估计算法通常假设众包车辆在交叉口停车不超过两次[17,18]，不适用于城市干道，而本章提出的基于众包轨迹的排队长度估计方法适用于过饱和状态产生的多次停车场景。为了测试算法在过饱和状态下的性能，将每车道的流量设定为 1100 辆/h，同时渗透率设定为 10%，其他仿真参数保持不变，在该流量下，车辆在驶离交叉口前会多次停车。

图 4-19 展示了 10% 渗透率过饱和状态下的排队长度估计结果。图 4-19(a) 为 30 个周期内的车辆轨迹。仿真开始初期，大部分车辆经过一次停车即能通过交叉口，少部分车辆需要经历两次停车，在第 4 个周期时周期车辆到达数较少，还存在未停车的众包轨迹使得该周期为场景 2 周期。当仿真运行一段时间后，从周期 11 开始，由于单个周期内无法清空的车辆不断增加，部分车辆需要经历 3 次停车才能驶离交叉口。随着仿真运行，交叉口车辆不断累积，此时，车辆需要经历 4~5 次停车才能驶离交叉口。图 4-19(b) 展示了 30 个周期最大排队长度和初始排队长度的真实值和估计值，算法的 MAPE 和 MAE 指标分别为 5.12 辆和 8.2%，因此算法在过饱和状态下表现良好。同时可以看出由于没有未停车轨迹，几乎所有周期均是场景 1 或 0

周期，同时由于交通流量大，每周期到达车辆数多，所以相同渗透率下众包车辆数也增多，10%渗透率下 30 个周期的算法应用率达到 100%。

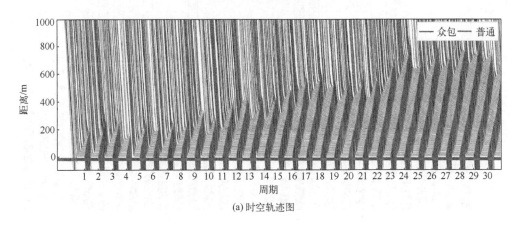

(a) 时空轨迹图

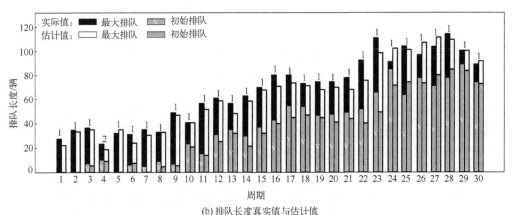

(b) 排队长度真实值与估计值

图 4-19　过饱和状态 10%渗透率排队长度估计结果（见彩图）

5) 案例 4：下游排队溢流状态

对于城市干道，当下游交叉口处于过饱和状态时，很可能产生排队溢流的现象，此时由于下游交叉口饱和，上游交叉口的车辆无法正常驶入下游交叉口，所以需要研究在下游存在排队溢流现象时估计排队长度的方法。

设计下游存在排队溢流现象的排队长度估计算法时，首先需要通过众包轨迹识别下游是否存在溢流状态。以图 4-20 为例，众包车辆 1 和 2 分别在周期 1 和周期 2 期间加入排队，并且直到第 3 个周期才开始移动，说明周期 1 和周期 2 的绿灯期间排队车辆无法驶离交叉口，因此周期 1 和 2 期间下游交叉口被检测到发生排队溢流。

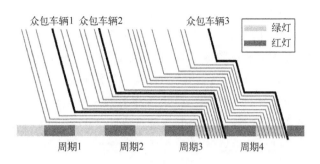

图 4-20　溢流状态下的车辆轨迹

上述例子中展示了绿灯期间没有任何车辆驶离交叉口的极端情况，实际场景中下游交叉口可能还有少量剩余空间，在上游交叉口开始消散进入下游交叉口后才发生排队溢流现象，因此只有部分绿灯时间受到影响，如图 4-21 所示。该情况下下游溢流发生的检测方法和有效绿灯时间的计算如下

$$
\begin{cases}
\Delta n = n_y^i - n_y^{i+1} \\
\mu = \dfrac{\Delta n}{q_s \times \left(T_R^{i+1} - T_G^i \right)} \\
T_A^{i+1} = \mu \times \left(T_R^{i+1} - T_G^i \right) + T_G^i
\end{cases}
\tag{4.33}
$$

其中，n_y^i 和 n_y^{i+1} 分别为在第 i 个周期和第 $i+1$ 个周期最后一辆停车众包车辆前方的停车数，q_s 为饱和流率，T_R^i 和 T_G^i 分别为第 i 个周期的红灯和绿灯开始时间。若 $\Delta n = 0$，表示绿灯期间没有车辆驶离交叉口；若 $\Delta n > 0$，表示绿灯期间有 Δn 辆车驶离交叉口，μ 为有效绿灯时间占总绿灯时间的比例，当 $\mu < 1$ 时表示部分绿灯时间受到下游排队溢流的影响，T_A^{i+1} 为有效绿灯结束时间，同时也可视为下个周期的红灯开始时间。在计算有效绿灯结束时间后，将式(4.18)、式(4.19)、式(4.22)和式(4.23)中的红灯开始时间 T_R 改为 T_A^{i+1}，即可获取下游存在排队溢流时的周期初始排队长度和最大排队长度。

为了测试算法在下游存在排队溢流时的性能，将每车道的流量设定为 600 辆/h，众包轨迹的渗透率为 10%，测试持续时间为 30 个周期，将周期 5～8 和 16～19 设定为下游溢流发生的周期，并测试算法在有效绿灯时间分别为 0、20% 和 50% 时算法的性能。

图 4-22 展示了在不同有效绿灯时间下的算法性能，当有效绿灯时间为 0 时由于绿灯期间停车车辆无法驶离交叉口，可以看出在下游溢流发生周期(即周期 5～8 和

周期 16~19)内，交叉口的排队长度不断增加；当有效绿灯时间为 20%时，排队长度的变化趋势与有效绿灯时间为 0 时相同，但是由于绿灯期间有停车车辆驶离，所以累积的最大排队长度低于有效绿灯时间为 0 的场景；当有效绿灯时间为 50%时，可以看出下游的排队溢流对交叉口的排队长度几乎没有影响，原因为该交通流量下绝大部分车辆在前 50%的绿灯时间内驶离。在有效绿灯时间为 0、20%和 50%时，算法在 30 个周期的平均 MAE 和 MAPE 指标分别为 2.97 辆和 13.2%、3.11 辆和 16.0% 及 1.99 辆和 18.6%，可见算法在下游存在排队溢流时仍能较精确地估计交叉口排队长度。

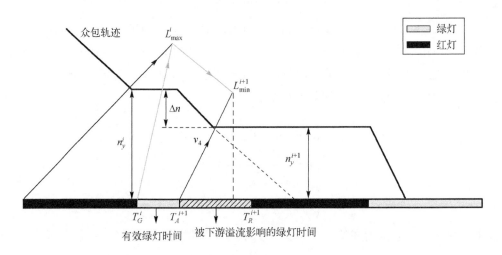

图 4-21　下游溢流状态检测和有效绿灯时间计算

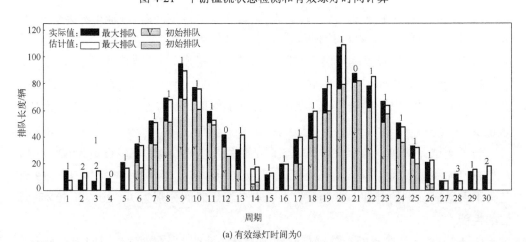

(a) 有效绿灯时间为0

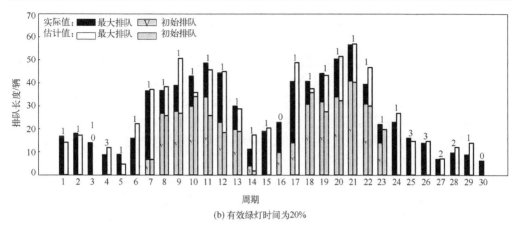

(b) 有效绿灯时间为20%

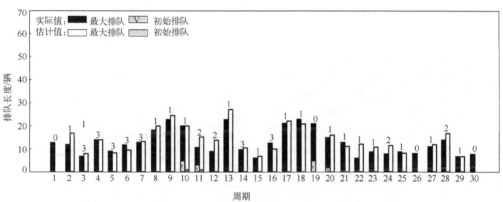

(c) 有效绿灯时间为50%

图 4-22　下游排队存在排队溢流时不同有效绿灯时间的排队长度估计结果

6) 与其他算法对比结果

为了进一步验证提出的排队长度估计算法的准确性，将本书算法与其他基于众包轨迹的排队长度估计算法进行对比，选取 Tiaprasert 等[11]和 Shahrbabaki 等[19]提出的排队长度估计算法作为对比算法。采用的仿真参数与案例 2 相同，交通流量设置为每车道 900 辆/h。需要注意的是 Tiaprasert 等提出的算法为实时排队长度估计算法，每个采样周期输出排队长度的估计值，而本书算法是最大排队长度估计算法，每周期只估计最大排队长度，因此只选取 Tiaprasert 方法周期内估计的最大排队长度进行对比。

图 4-23 展示了三种算法估计最大排队长度的对比结果，渗透率测试范围为 5%～100%，同一渗透率下每种算法均进行了 30 次实验，每次实验包括 30 个周期，不同算法在不同渗透率下的平均 MAPE 和平均应用率采用折线图表示。由图 4-23(a)中可见，提出的算法在低渗透率(20%以下)场景下明显优于其他两种算法，当渗透率高于 20%时，提出的算法性能与 Shahrbabaki 等的算法相近。由图 4-23(b)可见当

渗透率在 20%以下时应用率最高，当渗透率大于 20%时，三种算法均达到较高的成功率。在低渗透率环境下算法性能较好的原因是 Tiaprasert 等的算法要求至少一条停车众包轨迹和未停车众包轨迹才能实现排队长度估计，在低渗透率环境下难以满足；在渗透率低于 20%时，Shahrbabaki 等的算法通过加入质量密度函数的平均值补偿排队长度估计误差，然而在较低渗透率(如 5%)时质量密度函数的平均值较大，导致排队长度估计结果误差较大；而提出的算法每周期只要求存在一条停车或未停车众包轨迹即能实现排队长度估计，同时对每条众包轨迹包含的信息进行提取，实现排队长度的精确估计。

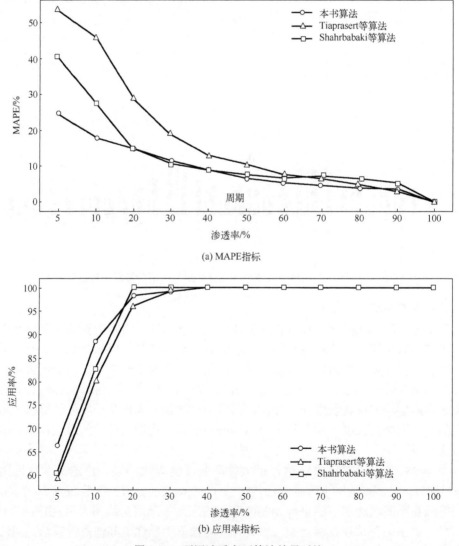

(a) MAPE指标

(b) 应用率指标

图 4-23　不同渗透率下算法结果对比

4.7.2　实证分析

为了进一步验证提出的基于众包轨迹的信号交叉口排队长度估计方法的有效性，采用真实的 GPS 数据进行实验，GPS 数据来源于 OpenITS 研究计划（http://www.openits.cn/openData），选取安徽省合肥市黄山路与科学大道交叉口作为研究对象，该交叉口的结构与信号相序如图 4-24 所示，采集时间为 2016 年 10 月 13 日上午 7:30～8:30，采集间隔为 3s。将算法应用于交叉口西进口道的直行相位，西进口道直行相位包括三条直行车道，通过高点视频获取每周期的排队长度的真实值，通过对比排队长度的真实值与估计值验证算法的性能。

为了评价算法估计的准确性，采用平均绝对百分比误差（MAPE）和平均绝对误差（MAE）指标。如果 $\bar{x}_i$ 和 x_i 分别表示第 i 个估计值和实际值，则评价指标计算如下

$$\text{MAPE} = \frac{1}{N}\sum_{i=1}^{N}\left|\frac{x_i - \bar{x}_i}{x_i}\right| \times 100 \tag{4.34}$$

$$\text{MAE} = \frac{1}{N}\sum_{i=1}^{N}\left|x_i - \bar{x}_i\right| \tag{4.35}$$

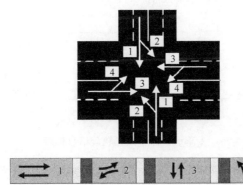

图 4-24　交叉口示意图

从众包车辆接收到的 GPS 数据经过处理后的格式如表 4-3 所示，其中，Rec_CarID 表示上传 GPS 数据的众包车辆车牌号，Rec_Time 是众包车辆上传 GPS 数据点的时间，Rec_Longtitude 和 Rec_Latitude 是众包车辆上传 GPS 数据点时的经纬度，Rec_Speed 是众包车辆的速度，Rec_Direction 是众包车辆的行进方向，以正北方向为 0，顺时针旋转。GPS 数据没有车辆所处车道的信息，这是由于目前 GPS 精度存在误差，无法确定车辆处于哪条车道，因此在排队长度估计算法的实际应用中需要考虑如何估计多车道的排队长度。为了解决此问题，假设多车道情况下相同方向每条车道每周期的排队长度相近，由于实际中司机通常选择排队车辆较少的车道以便快速通过交叉口，该假设符合实际情况。图 4-25 展示了进口道为三车道时从

停车众包轨迹中提取信息的方法。当两辆停车众包车辆周期内停车位置相同时，此时只提取以自由流状态到达时间较晚的众包车辆信息，如图中第 2、3 辆众包车辆排在相同的位置，车辆 3 比车辆 2 更晚到达，此时只从车辆 3 的轨迹中提取信息。

表 4-3　GPS 数据示例

Rec_CarID	Rec_Time	Rec_Longitude	Rec_Latitude	Rec_Speed/(km/h)	Rec_Direction
A86296	7:59:10	117.196458	31.842320	52	88
A86296	7:59:13	117.196969	31.842323	52	88
A86296	7:59:16	117.197483	31.842317	47	88
A86296	7:59:19	117.197876	31.842237	11	88
A86296	7:59:22	117.197909	31.842272	0	88

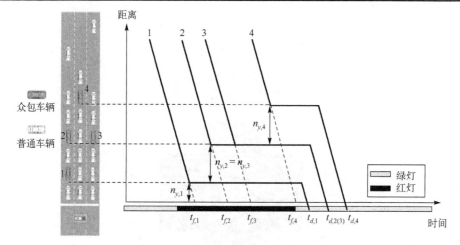

图 4-25　多车道下停车众包轨迹信息提取

表 4-4 统计了交叉口的信号配时信息、交通流状态以及渗透率，可以看出早高峰 7:30～8:00 和 8:00～8:30 的交通流量随时间增加，信号配时发生变化，东西直行相位绿灯时间增加。在该交通流量下，交叉口处于未饱和状态，因此假设交叉口周期到达服从泊松分布。同时可以看出众包轨迹渗透率处于极低状态，平均渗透率仅为 4.2%。

表 4-4　实证实验相关参数统计

	时间段	周期时长/s	周期数	绿灯时长/s	交通流量(30min)	渗透率/%
1	7:30～8:00	125	15	40	219	4.57
2	8:00～8:30	160	11	50	281	3.92
汇总		—	26	—	500	4.20

图 4-26 展示了每周期实际最大排队长度和估计最大排队长度的对比,可以看出由于早高峰交通流量增大,后 11 个周期(即 8:00～8:30)相比前 15 个周期(即 7:30～8:00)平均最大排队长度更长。算法总体表现较好,但在一些周期(如 5、15、22 和 23)会过高估计排队长度,从视频数据分析其原因为上游交叉口在绿灯开始后形成车队驶入交叉口,且众包车辆处于车队中,此时车辆周期到达不服从泊松分布,因此过高估计排队长度。26 个周期平均 MAE 为 2.0 辆,平均 MAPE 为 21.7%,算法在较低渗透率下性能较好。当周期不存在众包轨迹时(如周期 2、3、4),算法无法应用,因此引入应用率指标评价算法性能。应用率指算法得以应用的周期数占总周期数的比例。实际场景 26 个周期下算法的应用率为 69.2%,尽管前 15 个周期(即 7:30～8:00)的渗透率大于后 11 个周期(即 8:00～8:30)的渗透率,但算法在后 11 个周期的应用率为 81.8%,大于前 15 个周期 60%的应用率。原因为后 11 个周期交通流量大、周期长,因此平均一个周期内众包轨迹数多于前 11 个周期的平均众包轨迹数,而算法性能与一个周期内众包轨迹数量直接相关。

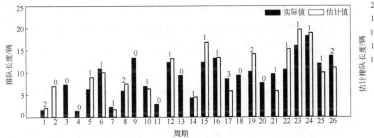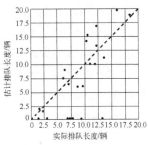

图 4-26　实际场景下的排队长度与估计排队长度

参 考 文 献

[1]　Comert G, Cetin M. Analytical evaluation of the error in queue length estimation at traffic signals from probe vehicle data. IEEE Transactions on Intelligent Transportation Systems, 2011, 12(2):563-573.

[2]　Comert G. Simple analytical models for estimating the queue lengths from probe vehicles at traffic signals. Transportation Research Part B: Methodological, 2013, 55:59-74.

[3]　Zheng F. Modeling urban travel times. Netherlands: Delft University of Technology, 2011.

[4]　Zheng J, Liu X. Estimating traffic volumes for signalized intersections using connected vehicle data. Transportation Research Part C: Emerging Technologies, 2017, 79:347-362.

[5]　Liu X, Wu X, Ma W, et al. Real time queue length estimation for congested signalized intersections. Transportation Research Part C: Emerging Technologies, 2009, 17(4):412-427.

[6]　Dempster A, Laird N, Rubin D. Maximum likelihood from incomplete data via the EM algorithm. Journal of the Royal Statistical Society Series B:Methodological, 1977, 39(1):1-38.

[7]　Huang D, Leung H. An expectation-maximization-based interacting multiple model approach for cooperative driving systems. IEEE Transactions on Intelligent Transportation Systems, 2005, 6(2):206-228.

[8]　Sun S, Xu X. Variational inference for infinite mixtures of gaussian processes with applications to traffic flow prediction. IEEE Transactions on Intelligent Transportation Systems, 2011, 12(2):466-475.

[9]　Magana V, Muñoz-Organero M. Discovering regions where users drive inefficiently on regular journeys. IEEE Transactions on Intelligent Transportation Systems, 2015, 16(1):221-234.

[10]　Zhang H, Liu H, Chen P, et al. Cycle-based end of queue estimation at signalized intersections using low-penetration-rate vehicle trajectories. IEEE Transactions on Intelligent Transportation Systems, 2020, 21(8):3257-3272.

[11]　Tiaprasert K, Zhang Y. Queue length estimation using connected vehicle technology for adaptive signal control. IEEE Transactions on Intelligent Transportation Systems, 2015, 16(4):2129-2140.

[12]　谈超鹏, 姚佳蓉, 唐克双. 基于抽样车辆轨迹数据的信号控制交叉口排队长度分布估计. 中国公路学报, 2021, 34(11):282-295.

[13]　Wang X, Ke L, Qiao Z, et al. Large-scale traffic signal control using a novel multiagent reinforcement learning. IEEE Transactions on Cybernetics, 2020, 51(1):174-187.

[14]　Fang M, Li Y, Cohn T. Learning how to active learn: a deep reinforcement learning approach. arXiv preprint arXiv:1708.02383, 2017.

[15]　Omidshafiei S, Kim D, Liu M, et al. Learning to teach in cooperative multiagent reinforcement learning//Proceedings of the AAAI Conference on Artificial Intelligence, Hawaii, 2019.

[16]　Andrea V. Simulation of a traffic light scenario controlled by a deep reinforcement learning agent. Milan: University of Milan, 2018.

[17]　Ban X, Hao P, Sun Z. Real time queue length estimation for signalized intersections using sample travel times from mobile sensors. Transportation Research Part C: Emerging Technologies, 2011, 19(6):1133-1156.

[18]　Hao P, Ban X. Long queue estimation for signalized intersections using mobile data. Transportation Research Part B: Methodological, 2015, 82:54-73.

[19]　Shahrbabaki M, Safavi A, Papageorgiou M, et al. A data fusion approach for real-time traffic state estimation in urban signalized links. Transportation Research Part C: Emerging Technologies, 2018, 92:525-548.

第5章　基于迭代张量分解的卡口数据修复

考虑到在低渗透率众包场景下，相当一部分的周期处于无众包轨迹状态，本章针对周期无众包轨迹的交叉口，提出基于迭代张量分解的无众包轨迹周期排队长度估计方法，实现周期级排队长度估计。利用动态张量技术，将无众包轨迹周期到达流率建模为动态张量模型，将无众包轨迹周期到达流率估计问题转化为交通缺失数据填补的问题。在此基础上基于 Tucker 分解方法，介绍截断奇异值分解方法和基于截断奇异值分解的张量分解方法，并提出迭代张量分解方法估计无众包轨迹周期的车辆到达流率，该方法能够使目标函数随着二进制张量的更新而动态调整，提高梯度下降方法的效率。最后，利用实际卡口流量数据对迭代张量分解方法进行性能测试。

5.1　张量分解方法基础

本节将对张量下的相关概念、定义及基本运算进行介绍。张量可视为向量和矩阵在高阶的推广，常被称为多维向量或多维矩阵。若将向量、矩阵和张量均视为数据容器，则向量可视为一阶张量，仅用一个变量对数据元素进行描述；矩阵可视为二阶张量，通过列标号和行标号两个变量对元素进行描述；张量则可通过多个变量对数据容器中任一元素进行唯一性标识。在一定的维数下，张量的容量远远大于矩阵容量，采用张量对数据进行表示和处理能够有效反映和挖掘各数据元素间的多维相关性。

为了便于区分，采用大写的花体字母$(\mathcal{A}, \mathcal{B}, \cdots)$代表张量，采用倾斜的大写字母$(A, B, \cdots)$代表矩阵，采用倾斜的小写字母$(a, b, \cdots)$代表向量。

张量表达形式：在一些向量空间的多重线性映射，一个 N 阶张量又可称为 N 维矩阵或者 N 边向量。一个 N 阶张量表示为 $\mathcal{X} \in \mathbb{R}^{I_1 \times I_2 \times \cdots \times I_N}$，张量在$(i_1, i_2, \cdots, i_n)$处的元素值可表示为 $x_{i_1, i_2, \cdots, i_n}$，其中，$1 \leqslant i_n \leqslant I_N$。一个三阶张量如图 5-1 所示。

张量的矩阵化：即张量的展开，是一个将张量的元素重新排列为矩阵的过程。在张量计算中常常需要将张量展开为矩阵的形式，以方便运算。例如，一个 N 阶张量 $\mathcal{X} \in \mathbb{R}^{I_1 \times I_2 \times \cdots \times I_N}$ 按 n 模式进行矩阵化后的矩阵表示为 $A_{(n)}$，张量中的元

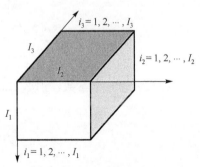

图 5-1　三阶张量示意图

素和矩阵中的元素之间的映射关系表示为

$$(\mathcal{X}_{(n)})_{i_n,j} = x_{i_1,i_2,\cdots,i_N}, \ j = 1 + \sum_{\substack{k=1\\k\neq n}}^{N}(i_k-1)J_k, \ J_k = \prod_{\substack{m=1\\m\neq n}}^{k-1}I_m \tag{5.1}$$

图 5-2 为一个三阶张量 $\mathcal{X} \in \mathbb{R}^{I_1\times I_2\times I_3}$ 矩阵化的示例。

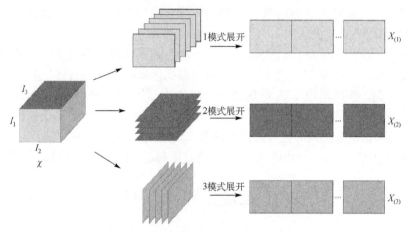

图 5-2　三阶张量的三模式展开示意图

张量的 n 模式乘积：张量与一个矩阵的 n 模式乘积表示为 $\times_n$。如给定一个张量 $\mathcal{X} \in \mathbb{R}^{I_1\times I_2\times\cdots\times I_N}$ 和一个矩阵 $U \in \mathbb{R}^{J\times I_n}$，其 n 模式乘积可表示为 $\mathcal{X}\times_n U \in \mathbb{R}^{I_1\times\cdots\times I_{n-1}\times J\times I_{n+1}\times\cdots\times I_N}$，对于乘积结果内的任意元素，有

$$(\mathcal{X}\times_n U)_{i_1\cdots i_{n-1}ji_{n+1}\cdots i_N} = \sum_{i_n=1}^{I_n} x_{i_1 i_2\cdots i_N}u_{ji_n} \tag{5.2}$$

张量的 Hadamard 积：给定两个尺寸相同的张量 $\mathcal{X},\mathcal{Y} \in \mathbb{R}^{I_1\times I_2\times\cdots\times I_N}$，它们之间的 Hadamard 积可表示为

$$\mathcal{X}*\mathcal{Y} = \begin{bmatrix} x_{11}y_{11} & x_{12}y_{12} & \cdots & x_{1J}y_{1J} \\ x_{21}y_{21} & x_{22}y_{22} & \cdots & x_{2J}y_{2J} \\ \vdots & \vdots & & \vdots \\ x_{I1}y_{I1} & x_{I2}y_{I2} & \cdots & x_{IJ}y_{IJ} \end{bmatrix} \tag{5.3}$$

如果 a 为一个常数，那么 Hadamard 积可定义为

$$a*\mathcal{Y} = \begin{bmatrix} ay_{11} & ay_{12} & \cdots & ay_{1J} \\ ay_{21} & ay_{22} & \cdots & ay_{2J} \\ \vdots & \vdots & & \vdots \\ ay_{I1} & ay_{I2} & \cdots & ay_{IJ} \end{bmatrix} \tag{5.4}$$

矩阵的 Kronecker 积：给定两个矩阵 $A \in \mathbb{R}^{I \times J}$ 和 $B \in \mathbb{R}^{K \times L}$，它们之间的 Kronecker 积表示为 $A \otimes B$，乘积后的矩阵大小为 $(IK \times JL)$

$$A \otimes B = \begin{bmatrix} a_{11}B & a_{12}B & \cdots & a_{1J}B \\ a_{21}B & a_{22}B & \cdots & a_{2J}B \\ \vdots & \vdots & & \vdots \\ a_{I1}B & a_{I2}B & \cdots & a_{IJ}B \end{bmatrix} \tag{5.5}$$

张量的内积和 Frobenius 范数：给定两个大小相同的张量 $\mathcal{X}, \mathcal{Y} \in \mathbb{R}^{I_1 \times I_2 \times \cdots \times I_N}$，它们之间的内积为各元素乘积之和

$$\langle \mathcal{X}, \mathcal{Y} \rangle = \sum_{i_1=1}^{I_1} \sum_{i_2=2}^{I_2} \cdots \sum_{i_N=1}^{I_N} x_{i_1 i_2 \cdots i_N} y_{i_1 i_2 \cdots i_N} \tag{5.6}$$

对于一个张量 $\mathcal{X} \in \mathbb{R}^{I_1 \times I_2 \times \cdots \times I_N}$，其 Frobenius 范数为 $\|\mathcal{X}\|_F^2 = \langle \mathcal{X}, \mathcal{X} \rangle$。

Tucker 张量分解方法首先由 Tucker 在 1963 年提出[1]，随后 Levin[2]和 Tucker[3] 对该方法进一步改善。过去的研究中 Tucker 分解被证明是一种高效的处理多维数据的方法。图 5-3 给出了一个三阶张量的 Tucker 分解示例，Tucker 分解将一个给定的三阶张量 $\mathcal{X} \in \mathbb{R}^{n_1 \times n_2 \times n_3}$ 分解为一个核心张量 $\mathcal{G} \in \mathbb{R}^{r_1 \times r_2 \times r_3}$ 和三个因子矩阵 $U \in \mathbb{R}^{n_1 \times r_1}$，$V \in \mathbb{R}^{n_2 \times r_2}$ 和 $W \in \mathbb{R}^{n_3 \times r_3}$。其中，核心张量 $\mathcal{G} \in \mathbb{R}^{r_1 \times r_2 \times r_3}$ 保存了原始张量中的主要信息，表示各维度之间的相关程度和相互关系，而因子矩阵间通常正交并且可视为张量在每个模上的主成分[4]。

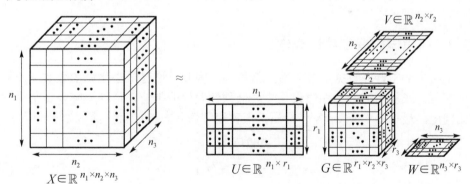

图 5-3　三阶 Tucker 张量分解示意图

5.2　交通流数据张量特征

张量理论应用的本质是利用数据的自然结构和内部相关性，而交通流数据存在明显的时空分布相关性，因此张量理论能够应用于交通领域。目前，大部分张量方

法均假设数据具有低秩性的特性,使得张量方法能够近似表达数据的多模式相关性。因此为了进一步了解张量方法在交通领域应用的原理,本节对交通流数据的相关性和低秩性进行介绍。

5.2.1　交通数据相关性介绍

相关性指两个或两个以上的变量因素之间存在相互关联的性质,交通流由于出行者的出行规律及路网连通性的影响,在时间空间上均呈现相关性。过去的研究中主要在矩阵模式下对交通数据的相关性进行分析研究[5-7],近年来相关学者开始在张量结构下对交通数据相关性进行分析。伍元凯[8]利用美国加州的 PEMS 开源数据对交通流数据静态张量模型进行多相关分析,结果显示交通流数据在周模式、天模式及空间模式上表现出极强的相关性。周思楚[9]利用相关系数矩阵对交通流量数据进行了时间相关性、空间相关性及多模式相关性进行分析,验证了交通流数据内在的相关性。总结目前交通流相关性分析,可得出以下结论。

①受出行者出行规律的影响,交通流量数据在周模式和天模式上呈现出较强的规律性和周期性。

②对于连续相邻的道路路网,路网封闭性越好、交通流汇入或驶出比例越小,交通流数据的空间相关性越高。

城市干道属于典型的城市路网,交通流数据呈现相似的出行规律,时间相关性高。城市干道各交叉口相互连接,交通状态沿上下游传播,交通流汇入、驶出比例较低,空间相关性高。时间、空间的高相关性为张量理论在城市干道交通流量预测中的应用提供了支撑。

5.2.2　交通流数据低秩性介绍

现实生活中许多数据具有天然的低秩性,因此可通过最小化秩函数实现缺失数据的修复。张量中的低秩性假设是矩阵低秩性假设的延伸,低秩矩阵恢复是典型的优化问题,最早由 Kurucz 等[10]提出,低秩矩阵恢复方法的目标函数如下

$$
\begin{aligned}
&\min_{X} \operatorname{rank}(X)\\
&\text{s.t. } X_{\Omega} = M_{\Omega}
\end{aligned}
\tag{5.7}
$$

其中,X 为不完整矩阵,M 为标识矩阵,若元素不在集合 Ω 中,则表示矩阵对应坐标为缺失数据,函数 $X_{\Omega} = M_{\Omega}$ 表示 $X(i,j) = T(i,j), \forall (i,j) \in \Omega$,$\operatorname{rank}(X)$ 表示矩阵 X 的秩,式(5.7)实现在最小化矩阵 X 秩的情况下估计 X 的缺失数据。上述低秩恢复方法已应用于众多领域,例如,机器学习[11,12]和生物信息研究[13]。但由于矩阵 X 求秩是一个非凸问题,所以最小化矩阵 X 的秩通常是 NP-hard 问题[14]。Candes 等提出使用矩阵迹范数最小化代替秩函数最小化补全缺失数据,其优点是迹范数是矩阵的秩最紧密的凸松弛,矩阵迹范数最小化问题的目标函数如下

$$\min_X \|X\|_*$$
$$\text{s.t. } X_\Omega = M_\Omega \tag{5.8}$$

通过使用矩阵迹范数最小化使得矩阵恢复问题由非凸问题转化为凸优化问题。

2013 年，Liu 等[15]首先将矩阵中的低秩近似问题引入张量，根据张量的低秩性提出了 SiLRTC、FaLRTC 和 HaLRTC 三种张量填补算法估计可视化数据中的缺失数据。张量的低秩补全问题可通过以下方式求解

$$\min_{\mathcal{X}} : \|\mathcal{X}\|_*$$
$$\text{s.t.} : \mathcal{X}_\Omega = \mathcal{T}_\Omega \tag{5.9}$$

其中，$\mathcal{X}, \mathcal{T}$ 为尺寸相等的张量，$\mathcal{T}$ 为待填补的张量，$\mathcal{X}$ 为填补后的张量，Ω 为观测到的数据集合。其中张量的迹范数首次由 Liu 等提出

$$\|\mathcal{X}\|_* := \sum_{i=1}^n \alpha_i \|\mathcal{X}_{(i)}\|_* \tag{5.10}$$

其中，α_i 为常数且满足 $\alpha_i \geqslant 0, \sum_{i=1}^n \alpha_i = 1$，$\mathcal{X}_{(i)}$ 为张量 $\mathcal{X}$ 的 i 模式展开。基于上述张量的低秩性假设，众多学者提出了相关的张量填充算法[16,17]。

运用张量填充理论填补数据时，算法能否成功估计未知数据的关键在于低秩假设能否模拟数据的相关性，因此有必要探讨交通流数据能否以低秩矩阵的形式表达。Ran 等[18]通过高阶奇异值分解的方法对交通流量数据进行多模式低秩逼近，结果显示交通流数据在多个模式上均表现出较强的低秩特性。周思楚[9]通过因子分析和高阶奇异值分解分析，进一步确定了交通流数据的低秩性特征和张量理论在交通领域的适用性。因此，交通流量数据符合低秩性假设，并且在利用张量方法时，合适的秩选择有利于对交通数据进行估计。

5.3　周期到达流率动态张量建模

为了实现无众包轨迹周期排队长度的实时估计，首先需要对当前无众包轨迹周期的周期到达流率进行估计，由于周期数随时间的推移而动态增长，所以静态的张量模型难以描述交通流率随周期动态变化的特点。为了实现根据当前周期动态选择历史交通流数据，滚动式地预测无众包轨迹周期到达流率，引入动态张量模型的方法。

动态张量模型基于张量流(Tensor Stream)动态选择张量窗口(Tensor Window)大小进行张量建模。张量流由 Sun 等[19]提出，对于一个 $M+1$ 阶的张量流其定义如下。

张量流：一系列按时间顺序排列的 M 阶的张量 $\mathcal{X}_1, \mathcal{X}_2, \cdots, \mathcal{X}_T$，其中每个 $\mathcal{X}_t \in \mathbb{R}^{n_1 \times \cdots \times n_M}$（$1 \leqslant t \leqslant T$），且 T 随着时间推移不断增加。

由于多数情况下无须使用张量流中的所有张量，为充分利用临近数据并降低张量计算的复杂度，通常会使用张量窗口选取张量流中的部分张量进行实际应用，张量窗口定义如下。

张量窗口：张量流在给定张量窗口尺寸为 W 的情况下，将 t 时刻的子空间构成的动态张量表示为 $D_{(t,W)} \in \mathbb{R}^{W \times n_1 \times \cdots \times n_M} = \{X_{(t-W+1)}, \cdots, X_t\}$，其中，$X_t \in \mathbb{R}^{n_1 \times \cdots \times n_M}$。

利用三阶张量流和张量窗口进行动态张量建模的示意图如图 5-4 所示。

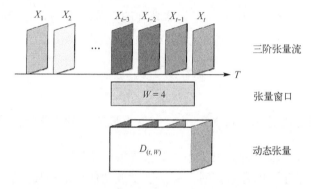

图 5-4　动态张量建模

为了估计当前无众包轨迹周期的到达流率，需要将过去有众包轨迹周期时采用上一章算法所估计得到的周期到达流率作为历史数据，构建随周期增长的张量流，建立当前无众包轨迹周期到达流率的动态张量。将当前无众包轨迹周期的到达流率视为缺失数据，利用张量分解方法填补缺失数据，将填补后的缺失数据估计值作为当前无众包轨迹周期的估计到达流率，从而使无众包轨迹周期的到达流率估计问题转化为动态张量填补问题，无众包轨迹周期到达流率动态张量建模过程的流程图如图 5-5 所示。

将各交叉口周期到达流率数据按图 5-6 方式构建为三阶张量流，其中，第一维为路网内各交叉口待估计相位数的总和，第二维历史天数为选定历史数据的时间范围，第三维周期数随着时间推移不断增加。因此，对于该张量流中的矩阵 $X_t (t = 1, 2, \cdots, T)$ 中的每一个值表示过去某天某个交叉口相位周期 t 的到达流率值，其中，黑色区域表示由此周期无众包轨迹导致的周期估计流率缺失。本章的关键在于将当前无众包轨迹周期到达流率构建为动态张量结构，利用张量分解方法估计当前无众包轨迹周期交叉口的到达流率，从而实现排队长度的估计。

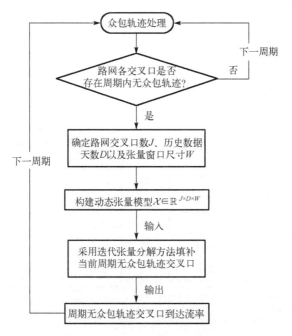

图 5-5　动态张量构建流程图

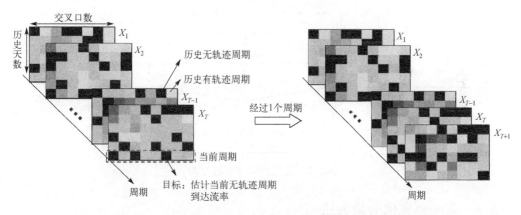

图 5-6　无轨迹周期到达流率预测的动态张量建模（见彩图）

5.4　迭代张量分解算法

本节提出一种新的张量分解算法：迭代张量分解算法（Iterative Tensor Decomposition, ITD），该算法能够自动检测并且修复张量中的缺失数据。ITD 算法的流程图如图 5-7 所示，算法的步骤 1 是根据交通数据构建待填充张量，步骤 2 采用截断奇异值分解（Truncated Singular Value Decomposition, T-SVD）的方法获得张量分解的初始值,步骤 3 利用结合截断奇异值分解的张量分解方法获得初次恢复张量,步骤 4 利用提出的 ITD 方法检测和填补缺失数据并提高算法估计缺失数据的准确度。

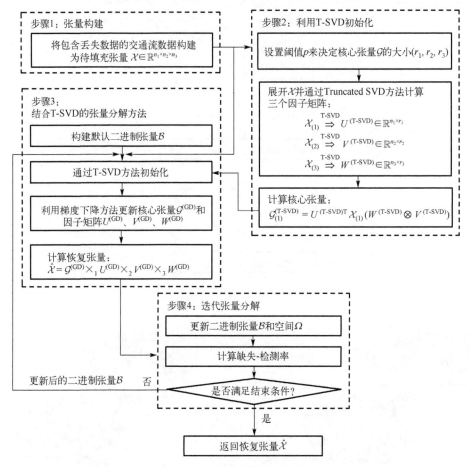

图 5-7　迭代张量算法流程图

5.4.1　截断奇异值分解方法

在介绍截断奇异值分解方法前首先简单介绍矩阵的奇异值分解,对于任意维数的实数矩阵 $A \in \mathbb{R}^{m \times n}$,必定存在正交矩阵 $U = [u_1, u_2, \cdots, u_m] \in \mathbb{R}^{m \times m}$ 和 $V = [v_1, v_2, \cdots, v_n] \in \mathbb{R}^{n \times n}$ 使得以下公式成立

$$A = USV^{\mathrm{T}} \tag{5.11}$$

其中,U 的列向量为 u_i,u_i 为左奇异值向量,V 的列向量为 v_i,v_i 为右奇异值向量,S 为各阶奇异值组成的对角矩阵,如下所示

$$S = \begin{pmatrix} \sum r & 0 \\ 0 & 0 \end{pmatrix} \tag{5.12}$$

其中，$\sum r = \mathrm{diag}(\lambda_1, \lambda_2, \cdots, \lambda_r), \lambda_1 \geqslant \lambda_2 \geqslant \cdots \geqslant \lambda_r \geqslant 0$，$\lambda_i$ 为奇异值。

接下来介绍截断奇异值分解方法，Tucker 分解将给定的三阶张量 $\mathcal{X} \in \mathbb{R}^{n_1 \times n_2 \times n_3}$ 分解为一个核心张量 $\mathcal{G} \in \mathbb{R}^{r_1 \times r_2 \times r_3}$ 和三个因子矩阵 $U \in \mathbb{R}^{n_1 \times r_1}$、$V \in \mathbb{R}^{n_2 \times r_2}$、$W \in \mathbb{R}^{n_3 \times r_3}$ 的形式

$$\mathcal{X} = \mathcal{G} \times_1 U \times_2 V \times_3 W \tag{5.13}$$

由于核心张量的大小对于 Tucker 分解的性能具有重要影响，所以如何选定核心张量的大小对于张量分解的结果至关重要[20]。本节采用 Chen 等[21]提出的截断奇异值分解的方法(T-SVD)确定核心张量的大小。T-SVD 方法是一种秩选择方法，通过对张量每一模矩阵化后得到的矩阵进行奇异值分解，再通过预设的比例阈值确定张量每一模的秩。

在张量代数基础部分中介绍过，一个 N 阶的张量可展开为 n 模式的矩阵。因此，以一个三阶张量 $\mathcal{X}$ 为例，将待填充张量 $\mathcal{X}$ 按每一模展开，对展开后的矩阵进行奇异值分解

$$\begin{aligned} \mathcal{X}_{(1)} &= U \sum\nolimits^{(1)} X^{\mathrm{T}} \\ \mathcal{X}_{(2)} &= V \sum\nolimits^{(2)} Y^{\mathrm{T}} \\ \mathcal{X}_{(3)} &= W \sum\nolimits^{(3)} Z^{\mathrm{T}} \end{aligned} \tag{5.14}$$

其中，U、V、W 分别为 $\mathcal{X}_{(1)}$、$\mathcal{X}_{(2)}$、$\mathcal{X}_{(3)}$ 的左奇异向量，$\sum^{(q)} = \mathrm{diag}(\sigma_1^{(q)}, \sigma_2^{(q)}, \cdots, \sigma_{n_q}^{(q)})$ $q = 1, 2, 3$ 为保存奇异值的对角矩阵，奇异值在对角矩阵中按由大到小排列，因此可通过以下方程确定核心张量的大小

$$\begin{cases} r_q = m,\ p_{m-1}^{(q)} < p \leqslant p_m^{(q)} \\ p_m^{(q)} = \dfrac{\sum\limits_{i=1}^{m} \sigma_i^{(q)}}{\sum\limits_{i} \sigma_i^{(q)}} \end{cases} \tag{5.15}$$

其中，p 为比例阈值，当累加的奇异值占所有奇异值总和的比例达到该阈值后，确定对应展开矩阵的秩，因此可采用该方程决定核心张量和因子矩阵的大小。获得张量 $\mathcal{X}$ 每一模展开的矩阵对应的秩 $\mathrm{rank} - (r_1, r_2, r_3)$ 后，进一步获得截断因子矩阵

$$\begin{cases} U^{(\text{T-SVD})} = U_{r_1} \in \mathbb{R}^{n_1 \times r_1} \\ V^{(\text{T-SVD})} = V_{r_2} \in \mathbb{R}^{n_2 \times r_2} \\ W^{(\text{T-SVD})} = W_{r_3} \in \mathbb{R}^{n_3 \times r_3} \end{cases} \tag{5.16}$$

在获得截断因子矩阵后，需要通过截断因子矩阵计算截断核心张量，由于张量的 n 模式展开矩阵与核心张量及因子矩阵存在如下关系[4]

$$\begin{cases} \mathcal{X}_{(1)} = U\mathcal{G}_{(1)}(W \otimes V)^{\mathrm{T}} \\ \mathcal{X}_{(2)} = V\mathcal{G}_{(2)}(W \otimes U)^{\mathrm{T}} \\ \mathcal{X}_{(3)} = W\mathcal{G}_{(3)}(V \otimes U)^{\mathrm{T}} \end{cases} \tag{5.17}$$

所以，截断核心张量 $\mathcal{G}^{(\mathrm{T-SVD})}$ 的 1 模式展开可由以下方式计算

$$\mathcal{G}_{(1)}^{(\mathrm{T-SVD})} = U^{(\mathrm{T-SVD})\mathrm{T}} \mathcal{X}_{(1)} (W^{(\mathrm{T-SVD})} \otimes V^{(\mathrm{T-SVD})}) \tag{5.18}$$

通过折叠 $\mathcal{G}_{(1)}^{(\mathrm{T-SVD})}$ 即能获得截断核心张量 $\mathcal{G}^{(\mathrm{T-SVD})}$。至此，通过截断奇异值分解的方法获得待填补张量 $\mathcal{X}$ 的截断核心张量 $\mathcal{G}^{(\mathrm{T-SVD})}$ 和截断因子矩阵 $U^{(\mathrm{T-SVD})}$、$W^{(\mathrm{T-SVD})}$ 和 $V^{(\mathrm{T-SVD})}$，作为下一步的初始值。

5.4.2　结合截断奇异值分解的张量分解算法

张量中缺失数据填补的问题可视为基于张量分解的无约束最优化问题，目标方程如下

$$\min L = \frac{1}{2}\|\mathcal{B}*(\mathcal{X}-\mathcal{G}\times_1 U \times_2 V \times_3 W)\|_F^2 + \frac{\lambda}{2}(\|\mathcal{G}\|_F^2 + \|U\|_F^2 + \|V\|_F^2 + \|W\|_F^2) \tag{5.19}$$

其中，λ 为正则化参数，式右边的第一项用于最小化估计误差，第二项是正则化因子，用于防止目标方程过拟合。$\mathcal{B} \in \mathbb{R}^{n_1 \times n_2 \times n_3}$ 为二进制张量，默认张量内所有值都为 1，随后将在下一步中更新张量中的值。

为了求解目标方程，采用梯度下降法。梯度下降法是迭代法的一种，通过迭代求解，得到最小化的损失函数和模型的参数值，进而达到求解目标方程的目的。首先通过对不同决策变量 $\mathcal{G}$、U、W、V 求偏导获得目标方程的梯度

$$\begin{aligned} \frac{\partial L}{\partial \mathcal{G}} &= -\mathcal{E} \times_1 U^{\mathrm{T}} \times_2 V^{\mathrm{T}} \times_3 W^{\mathrm{T}} + \lambda \mathcal{G} \\ \frac{\partial L}{\partial U} &= -\mathcal{E}_{(1)}(W \otimes V)\mathcal{G}_{(1)}^{\mathrm{T}} + \lambda U \\ \frac{\partial L}{\partial V} &= -\mathcal{E}_{(2)}(W \otimes U)\mathcal{G}_{(2)}^{\mathrm{T}} + \lambda V \\ \frac{\partial L}{\partial W} &= -\mathcal{E}_{(3)}(V \otimes U)\mathcal{G}_{(3)}^{\mathrm{T}} + \lambda W \end{aligned} \tag{5.20}$$

其中，$\mathcal{E}=\mathcal{B}*(\mathcal{X}-\mathcal{G}\times_1 U \times_2 V \times_3 W)$。可获得决策变量 $\mathcal{G}$、U、W、V 的更新方程

$$
\begin{aligned}
\mathcal{G} &\Leftarrow (1-\alpha\lambda)\mathcal{G}+\alpha\cdot\mathcal{E}\times_1 U^{\mathrm{T}}\times_2 V^{\mathrm{T}}\times_3 W^{\mathrm{T}} \\
U &\Leftarrow (1-\alpha\lambda)U+\alpha\mathcal{E}_{(1)}(W\otimes V)\mathcal{G}_{(1)}^{\mathrm{T}} \\
V &\Leftarrow (1-\alpha\lambda)V+\alpha\mathcal{E}_{(2)}(W\otimes U)\mathcal{G}_{(2)}^{\mathrm{T}} \\
W &\Leftarrow (1-\alpha\lambda)W+\alpha\mathcal{E}_{(3)}(V\otimes U)\mathcal{G}_{(3)}^{\mathrm{T}}
\end{aligned}
\tag{5.21}
$$

其中，α 为梯度下降法的学习步长。

式 (5.20) 和式 (5.21) 的详细推导见 Chen 等[21]的研究。选取适当的初始值能够明显提高张量分解的性能[4,22]，因此采用截断奇异值分解方法获得的 $\mathcal{G}^{(\mathrm{T\text{-}SVD})}$、$U^{(\mathrm{T\text{-}SVD})}$、$W^{(\mathrm{T\text{-}SVD})}$ 和 $V^{(\mathrm{T\text{-}SVD})}$ 作为 STD 算法的初始值，STD 算法如表 5-1 所示。

表 5-1　结合截断奇异值分解的张量分解算法

算法：结合截断奇异值分解的张量分解算法 (STD)
输入：待填充张量 $\mathcal{X}$，默认二进制张量 $\mathcal{B}$
输出：恢复张量 $\hat{\mathcal{X}}$
设定学习步长 α、正则化参数 λ、公差 ε 以及最大迭代次数 $k_{\max}$
利用 T-SVD 进行初始化：$\mathcal{G}^{(0)}=\mathcal{G}^{(\mathrm{T\text{-}SVD})}$，$U^{(0)}=U^{(\mathrm{T\text{-}SVD})}$，$W^{(0)}=W^{(\mathrm{T\text{-}SVD})}$，$V^{(0)}=V^{(\mathrm{T\text{-}SVD})}$
$\mathcal{X}^{(0)}=\mathcal{G}^{(0)}\times_1 U^{(0)}\times_2 V^{(0)}\times_3 W^{(0)}$
$\quad$ for $\ k=1,2,\cdots,k_{\max}\ $ do:
$\qquad$ 计算误差张量 $\mathcal{E}^{(k)}=\mathcal{B}^*(\mathcal{X}-\mathcal{X}^{(k-1)})$
$\qquad$ 利用梯度下降法更新决策变量：
$\qquad\quad \mathcal{G}^{(k)}\Leftarrow(1-\alpha\lambda)\mathcal{G}^{(k-1)}+\alpha\cdot\mathcal{E}^{(k)}\times_1 U^{(k-1)\mathrm{T}}\times_2 V^{(k-1)\mathrm{T}}\times_3 W^{(k-1)\mathrm{T}}$
$\qquad\quad U^{(k)}\Leftarrow(1-\alpha\lambda)U^{(k-1)}+\alpha\mathcal{E}^{(k)}{}_{(1)}(W^{(k-1)}\otimes V^{(k-1)})\mathcal{G}_{(1)}^{(k-1)\mathrm{T}}$
$\qquad\quad V^{(k)}\Leftarrow(1-\alpha\lambda)V^{(k-1)}+\alpha\mathcal{E}^{(k)}{}_{(2)}(W^{(k-1)}\otimes U^{(k-1)})\mathcal{G}_{(2)}^{(k-1)\mathrm{T}}$
$\qquad\quad W^{(k)}\Leftarrow(1-\alpha\lambda)W^{(k-1)}+\alpha\mathcal{E}^{(k)}{}_{(3)}(V^{(k-1)}\otimes U^{(k-1)})\mathcal{G}_{(3)}^{(k-1)\mathrm{T}}$
$\qquad\quad \mathcal{X}^{(k)}=\mathcal{G}^{(k)}\times_1 U^{(k)}\times_2 V^{(k)}\times_3 W^{(k)}$
$\qquad$ if $\ \left|\mathcal{X}^{(k)}-\mathcal{X}^{(k-1)}\right|_F^2<\varepsilon\ $ then break
$\qquad\quad \mathcal{X}^{(k-1)}=\mathcal{X}^{(k)}$
$\quad$ end for
$\hat{\mathcal{X}}=\mathcal{X}^{(k)}$

5.4.3　迭代张量分解算法

本节提出迭代张量算法 (Iterative Tensor Decomposition, ITD)，该方法不需要缺失数据在待填补张量中的坐标作为输入，可自动检测并修复缺失数据。在通过 STD 方法获得恢复张量 $\hat{\mathcal{X}}$ 后，首先通过计算待填补张量和恢复张量之间每一个元素的平均绝对百分比误差 (MAPE) 构建一个新的空间 Ω

$$
\Omega=\{(i,j,k)\,|\,\mathrm{MAPE}(x_{i,j,k},\hat{x}_{i,j,k})\geqslant q\}
\tag{5.22}
$$

$$\text{MAPE}(a,b) = \frac{|a-b|}{a} \times 100\% \tag{5.23}$$

其中，q 为预设的阈值，空间 Ω 内包含的坐标对应待填补张量 $\mathcal{X}$ 缺失数据所在坐标，空间 Ω 未包含的坐标则对应待填补张量 $\mathcal{X}$ 的正常数据。

在 STD 算法中定义了一个所有元素值为 1 的默认二进制张量 $\mathcal{B}$，通过将所有二进制张量 $\mathcal{B}$ 中包含于空间 Ω 的所有坐标对应的值设为 0，达到更新二进制张量的目的

$$b_{i,j,k} = \begin{cases} 0, & (i,j,k) \in \Omega \\ 1, & (i,j,k) \notin \Omega \end{cases} \tag{5.24}$$

将更新后的二进制张量代替默认二进制张量作为 STD 算法的输入，再次执行 STD 算法，随后通过 STD 输出可获得一个新的恢复张量 $\hat{\mathcal{X}}$，执行式 (5.22)~式 (5.24) 再一次更新二进制张量。上述过程是一个不断循环迭代的过程，直到循环两步之间的缺失检测率 (Missing-Detecting Rate, MDR) 差值小于预设阈值后，迭代循环终止并输出最终的恢复张量。缺失检测率描述了缺失数据占待填补张量的比例

$$\text{MDR} = \frac{|\Omega|}{n_1 \times n_2 \times n_3} \tag{5.25}$$

在每一次的迭代步骤中，由于二进制张量的更新，式 (5.19) 右边的第一项最小化估计误差项随着二进制张量的更新而调整，每次迭代不仅仅优化缺失数据的估计值，同时优化估计误差高于预设阈值的估计值。因此，迭代过程使得梯度下降方法更加高效、数据填补更加准确。当迭代完毕后，ITD 算法输出保存最终估计结果的恢复张量 $\hat{\mathcal{X}}$，缺失数据的检测结果则保存在二进制张量 $\mathfrak{B}$ 和空间 Ω 中。ITD 算法如表 5-2 所示。

表 5-2　迭代张量算法

算法：迭代张量算法 (ITD)
输入：待填充张量 $\mathcal{X}$，恢复张量 $\hat{\mathcal{X}}$
输出：恢复张量 $\hat{\mathcal{X}}$，二进制张量 $\mathcal{B}$
设定阈值 q，β 以及最大迭代次数 $n_{\max}$
基于输入的 $\mathcal{X}$ 和 $\hat{\mathcal{X}}$ 通过式 (5.22) 构建空间 $\Omega^{(0)}$，并计算 $\text{MDR}^{(0)}$
通过公式 (5.24) 更新二进制张量
for $n=1,2,\cdots,n_{\max}$ do:
以 $\mathcal{X}$ 和 $\mathcal{B}^{(n)}$ 为输入，执行算法 1
通过算法 1 的输出获得新的恢复张量 $\hat{\mathcal{X}}^{(n)}$
更新 $\Omega^{(n)}$ 和 $\mathcal{B}^{(n)}$，并计算 $\text{MDR}^{(n)}$
if $\text{MDR}^{(n)} - \text{MDR}^{(0)} < \beta$ then break
end for
$\hat{\mathcal{X}} = \hat{\mathcal{X}}^{(n)}$，$\mathcal{B} = \mathcal{B}^{(n)}$

5.5　数据采集与实验分析

本章提出的估计无众包轨迹周期排队长度方法的关键在于能否准确估计无众包轨迹周期的到达流率，因此需要对提出的 ITD 算法的数据填补能力进行测试。本节利用真实干道路网的卡口流量数据作为算法测试的数据集，测试算法在不同缺失率下的性能。同时，选取其他张量填补方法进行对比，验证 ITD 算法的有效性。

5.5.1　实验设计

采用真实干道路网的卡口数据集，该数据集为卡口流量数据，覆盖路网 237 个卡口数据采集时段为 2017 年 12 月 1 日~2017 年 12 月 31 日每天 6:00~22:00，并且流量数据每 30 分钟生成一次。为了测试 ITD 算法的数据填补性能，并未采用动态张量建模，而是将数据集构建为静态张量。在该场景下，每天每个卡口有 32 个流量值，将数据集构建为一个尺寸为 $\mathcal{X} \in \mathbb{R}^{237 \times 31 \times 32}$ 的张量，表示 237 个卡口 31 天每天 32 个交通流量数据。

为了评价算法估计的准确性，采用 MAPE、MAE 和均方根误差(Root Mean Squared Error, RMSE)进行对比分析。MAPE 和 MAE 指标的计算公式如式(4.34)和式(4.35)所示，如果 $\bar{x}_i$ 和 x_i 分别表示第 i 个估计值和实际值，则 RMSE 指标的计算如下

$$\text{RMSE} = \sqrt{\frac{1}{N} \sum_{i=1}^{N} (x_i - \bar{x}_i)^2} \tag{5.26}$$

STD 算法相关参数的设定值如表 5-3 所示。参数 k_{max} 和 n_{max} 通过权衡算法的计算效率和性能决定，算法迭代次数越多，则算法性能越好，但计算效率越低。为了检验算法性能对于算法迭代次数的敏感性，测试了在 10%、50% 和 80% 缺失率下算法性能随参数 k_{max} 和 n_{max} 取值不同的变化情况。图 5-8 展示了当其他参数保持不变时，算法的 MAPE 和 MAE 评价指标随着 k_{max} 增长的变化趋势。可见，当 k_{max} 小于 10^3 时，MAPE 和 MAE 随着 k_{max} 的增长迅速下降，当 k_{max} 大于 10^3 时，MAPE 和 MAE 下降速度变得缓慢，因此将 k_{max} 的取值设定为 10^3。如图 5-9 所示，随着 n_{max} 的增长，算法性能变化呈现同样趋势，因此将 n_{max} 的取值设定为 30。

表 5-3　STD 算法参数取值

参数	参数描述	参数取值
k_{max}	表 5-1 算法中的最大循环次数	10^3
n_{max}	表 5-2 算法中的最大循环次数	30

续表

参数	参数描述	参数取值
ε	公差	10^{-3}
α	梯度下降法的学习步长	$2e^{-11}$
λ	正则化参数	$1e^{-1}$
q	MAPE 阈值	50%
β	缺失检测率的阈值	$5e^{-3}$
p	T-SVD 算法的比例阈值	0.7

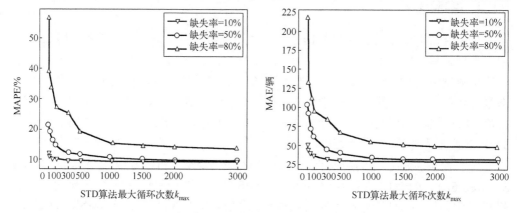

图 5-8　算法性能与 STD 算法最大循环次数 k_{max} 的关系

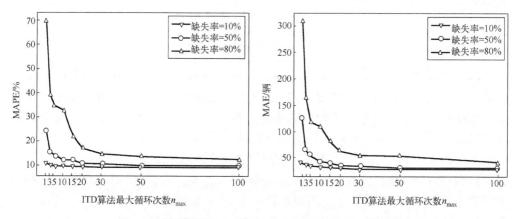

图 5-9　算法性能与 ITD 算法最大循环次数 n_{max} 的关系

　　q 和 β 是 ITD 算法中使用的参数，该参数对数据集的变化不敏感，基本不需要随数据集的变化而重新设定参数值。为了确定参数的取值，测试了在 10%、50% 和 80% 缺失率下算法性能随参数取值的变化。图 5-10 展示了当 q 变化时算法性能的变化趋势，可看出当 q 取值为 50% 时，算法在不同渗透率下均取得较好的结果。β 是缺失检测率的阈值，由图 5-11 可见算法性能对于 β 的变化相对不敏感，将 β 值设定为 $5\mathrm{e}^{-3}$ 时算法能够达到较好的性能。

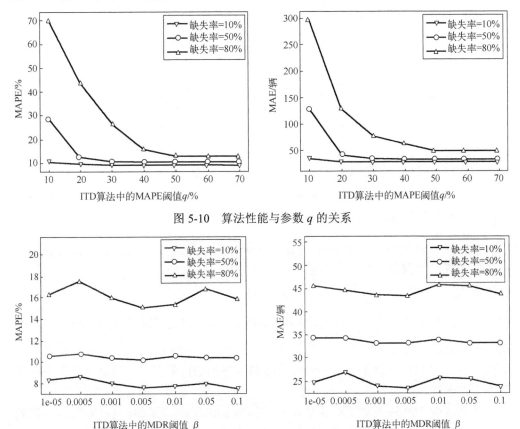

图 5-10　算法性能与参数 q 的关系

图 5-11　算法性能与参数 β 的关系

ε、α、λ 和 p 等参数是 STD 算法相关参数，具体的取值方法可参考 Chen 等[21] 的研究，由于使用的数据集与 Chen 等[21]研究中不同，所以参数的取值存在变化。

如表 5-4 所示，在过去利用张量方法解决交通数据缺失的研究中，通常假设交通数据的缺失服从随机缺失（Random Elements Missing）和极端缺失（Structured/Extreme Missing），并测试算法在不同缺失场景下的性能表现。考虑到在低渗透率众包环境下，周期内无众包轨迹交叉口可能呈现随机分布（即部分交叉口处于无众包轨迹状态）和极端缺失（即所有交叉口该周期内都不存在众包轨迹数据），因此有必要测试 ITD 算法在不同缺失场景下的性能表现。由于一个周期内是否存在众包轨迹是受众包轨迹渗透率影响的随机事件，渗透率高低直接影响无众包轨迹周期所占比例。根据第 4 章提出的基于众包轨迹的排队长度估计方法总结发现，当渗透率为 5%时，约有 40%的周期处于无众包轨迹状态，当渗透率为 10%时，约有 20%的周期处于无众包轨迹状态，因此需要测试 ITD 算法在不同缺失率下的性能表现，保证无众包轨迹周期的到达流率能够被准确估计。

表 5-4　不同张量分解方法交通数据缺失场景假设

文献	年份	交通数据类型	缺失场景假设
Tan 等	2013	流量	随机缺失、极端缺失和恶劣天气下缺失
Tan 等	2014	流量	随机缺失和结构性缺失
Ran 等	2016	流量	随机缺失和极端缺失
Goulart 等	2017	速度	系统性缺失
Chen 等	2018	速度	随机缺失和极端缺失
Chen 等	2019	速度	随机缺失和极端缺失

5.5.2　随机缺失条件下算法性能分析

通过随机移除数据集 $\mathcal{X}$ 中的流量数据模拟无众包轨迹周期流量数据随机缺失分布的场景，数据集中的每个值被移除的概率服从缺失率 ξ

$$x_{i,j,k} = \text{Bernouli}(\xi) \times x_{i,j,k} \tag{5.27}$$

其中，$x_{i,j,k}$ 代表数据集 $\mathcal{X}$ 中坐标 (i,j,k) 处的流量值，如果伯努利分布的输出为 0，那么该坐标处的流量值被移除。将缺失率设定在 10%～90%区间内，将进行随机移除后的张量作为 ITD 算法的输入，通过分析 ITD 输出的恢复张量，验证算法在不同缺失率下的表现。

首先选取 80%缺失率下的场景展示 ITD 算法的性能，图 5-12(a)为按 80%缺失率移除数据后某一卡口 31 天数据的热力图，其中，黑色代表被移除的数据，发现在 80%的缺失率下缺失数据随机分布，难以找到明显的交通分布和模式。如图 5-12(b)所示，经过 ITD 算法对缺失数据进行恢复后，发现被恢复的交通流量数据呈现明显的分布的状态，其中，工作日交通流的早高峰(7:00～8:00)和晚高峰(16:30～19:00)被准确检测并按照交通分布进行缺失数据填补，同时工作日和周末(12 月 2、3、9、10、16、17、23、24、30、31 日)之间不同的交通分布同样也被准确识别。因此，ITD 算法即使在数据缺失率极高的情况下，同样能够检测出不同的交通模式，并根据不同的交通分布对缺失数据进行填补。

图 5-13 选取了 80%缺失率下某一卡口持续一周的真实流量曲线和估计流量曲线进行展示，真实流量曲线由流量移除前的原始张量数据集生成，由绿色曲线表示，估计流量曲线由 ITD 算法输出的恢复张量生成，用红色曲线表示。紫色区域为误差区域，代表真实流量曲线和估计流量曲线之间的差值，误差区域越小表示估计越精确。由图可见，估计流量曲线与真实流量曲线较为吻合，误差区域部分较小，因此

ITD 算法能够在 80%缺失率下精确估计缺失数据。另外，12 月 11～15 日为工作日，
12 月 16、17 日为周末，工作日和周末之间交通流量分布存在明显区别，但是 ITD
算法同样能够准确识别不同的交通流量分布并对缺失数据进行准确估计。

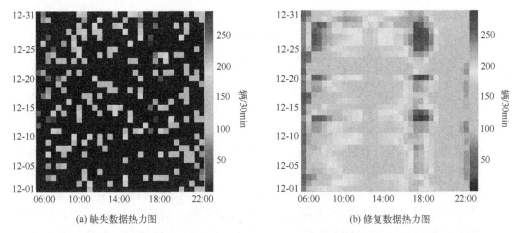

(a) 缺失数据热力图　　　　　　　　　　(b) 修复数据热力图

图 5-12　ITD 算法在随机缺失场景 80%缺失率下的性能表现（见彩图）

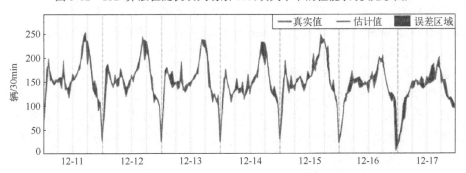

图 5-13　80%缺失率下的真实流量曲线和估计流量曲线（见彩图）

　　表 5-5 进一步描述了当缺失率从 10%增加至 90%时算法性能的变化。随着缺失
率的增加，MAPE、MAE 和 RMSE 三个指标也同时增加。当缺失率小于 50%时，
算法性能比较稳定，三个指标增加的量较小；当缺失率大于 50%，算法性能随着缺
失率的增加明显下降，尤其从 80%上升到 90%时，算法的性能急剧降低。因此，当
缺失率小于 80%时，ITD 算法能够准确估计缺失数据。

表 5-5　ITD 算法在不同缺失率下的性能

评价指标	10%	20%	30%	40%	50%	60%	70%	80%	90%
MAPE/%	7.30	7.35	7.54	7.76	7.97	8.87	9.56	11.04	19.98
MAE/辆	26.7	26.9	27.7	28.6	29.6	33.7	38.1	48.1	82.2
RMSE/辆	34.8	35.1	36.5	37.3	38.8	44.9	50.3	69.4	126.0

5.5.3　极端缺失条件下算法性能分析

为了模拟极端缺失场景，按照缺失率 ξ 随机移除数据集 $\mathcal{X}$ 中每个卡口某些天的数据

$$\mathcal{X}_{(i,j)} = \text{Bernouli}(\xi) * \mathcal{X}_{(i,j)} \tag{5.28}$$

其中，$\mathcal{X}_{(i,j)}$ 表示第 j 天第 i 个卡口的所有流量数据，$*$ 为 Hadamard 积。如果伯努利函数的输出为 0，那么第 j 天第 i 个卡口的所有流量数据被移除。将缺失天数设定在 1~21 天（对应缺失率约为 3.2%~67.7%），将随机移除后的张量作为 ITD 算法的输入，通过分析 ITD 输出的恢复张量，验证算法在不同缺失率下的表现。

首先绘制每个卡口流量数据 15 天完全缺失情况下，一个卡口的缺失数据和利用 ITD 算法修复后数据的热力图，如图 5-14 所示。由图 5-14(a) 可见卡口流量数据存在 12 月 7~11 日连续 5 天数据缺失的情况，12 月 7、8、11 日为工作日，12 月 9、10 日为周末，工作日和周末存在不同的交通流量分布。由图 5-14(b) 可见，即使在极端的情况下 ITD 算法仍然能够根据不同交通流量分布实现对交通缺失数据的准确估计。12 月 7、8、11 日与 12 月 9、10 日恢复后的交通流量分布明显不同。与图 5-14 类似，图 5-15 展示了 15 天缺失率下某一卡口持续一周的真实流量曲线和估计流量曲线，可见在该缺失率下算法性能良好，误差区域面积较小。

表 5-6 展示了缺失不同天数时 ITD 算法的性能表现，可以发现极端缺失场景下算法性能变化趋势与随机缺失场景下类似，随着缺失率的增加算法的性能不断变差。与以往研究结论类似，极端缺失场景的数据填补难度大于随机缺失场景的数据填补[23]，当极端缺失场景下缺失天数大于 15 天（对应约 50% 缺失率）时，ITD 算法的填补性能急剧下降。

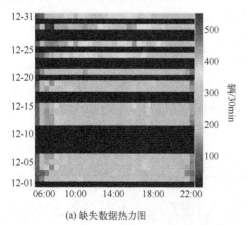
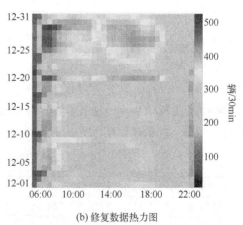

(a) 缺失数据热力图　　　　　　　　　　　　(b) 修复数据热力图

图 5-14　ITD 算法在极端缺失场景 15 天缺失率下的性能表现（见彩图）

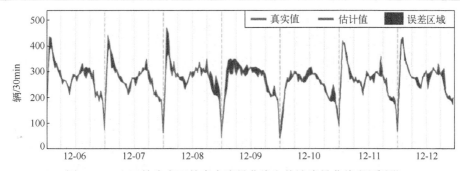

图 5-15　15 天缺失率下的真实流量曲线和估计流量曲线(见彩图)

表 5-6　ITD 算法在不同缺失天数下的性能

评价指标	1	3	6	9	12	15	18	21
MAPE/%	7.45	7.52	7.94	8.11	10.66	12.39	18.64	26.76
MAE/辆	27.6	27.8	30.4	32.1	51.9	66.0	100.2	132.3
RMSE/辆	35.9	36.2	40.9	44.7	80.9	105.5	150.0	188.2

5.5.4　非常发交通事件下算法性能分析

交通事件分为常发事件(Recurrent Events)和非常发事件(Non-recurrent Event)。Yang 等[7]指出，非常发事件发生原因通常包括交通事故、极端天气及社会活动等。在非常发事件期间，交通流量被事件显著影响，因此有必要对 ITD 算法在非常发事件下的性能表现进行分析。由于非常发事件信息往往由相关交管部门记录并具有敏感性，难以获得实际的非常发事件具体信息，所以根据 Yang 等[7]的研究模拟了两种非常发事件。

非常发事件类型一：假设交通受到极端天气影响，如暴雨、降雪等，该情况下大范围路网的交通状态同时受到影响。假设极端天气发生在 12 月 11 日和 13 日上午 7:00~9:00 及下午 6:00~8:00 两个时间段，在极端天气发生期间，所有路段的交通流量相较于正常状态下降 40%~60%。

非常发事件类型二：假设交通受到大型社会活动(如会议、晚会等)的影响，使得活动举办地附近小范围内交通流量突然增长。假设某一社会活动持续三天(12 月 6、7、8 日)，且在下午 2:00~5:00 于某个地点举办，该地点附近的交通流量受到活动举办的影响而增加。在活动举行期间，假设举办地点附近的卡口流量数据在活动举办期间相较于正常情况随机增长 40%~60%。

图 5-16 展示了在非常发事件类型一发生时，ITD 算法对数据缺失率为 50% 的卡口数据进行数据填补的结果。图中的蓝色阴影区域部分为事件发生时间段，可以发现相较于其他日期同一时间段的交通流量，事件发生期间交通流量明显减少。同时，红色的估计流量曲线与绿色的实际流量曲线吻合，说明填补结果精确，统计三项性

能评价指标可以得出 MAPE 为 7.79%，MAE 为 38.9 辆，RMSE 为 52.8 辆。尽管交通流量在该类型的非常发事件影响下急剧降低，但 ITD 算法仍然表现良好，其原因为大范围交通流量均受到影响，具有相同的变化趋势，因此空间的相互关联性有助于提高张量填补的性能。

图 5-17 展示了同样 50% 的缺失率下，ITD 算法对非常发事件类型二的数据填补结果。如图中蓝色阴影区域所示，交通流量在事件发生期间明显增长，从真实曲线和估计曲线可以看出，在事件发生期间估计流量普遍低于真实流量。出现该情况的原因为少数卡口流量在事件发生期间的突然增长，使得该时段内的交通流量与周围卡口流量数据及历史流量数据存在较弱的时空关联，因此张量填补效果受到影响。尽管如此，张量填补效果仍然在可以接受的范围内，三项评价指标 MAPE、MAE 和 RMSE 分别为 14.4%、75.2 辆和 102.9 辆。

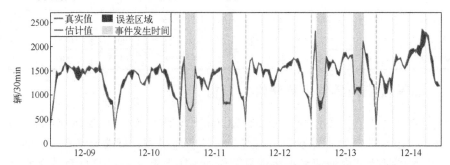

图 5-16　非常发事件类型一场景下 50% 缺失率的算法估计结果（见彩图）

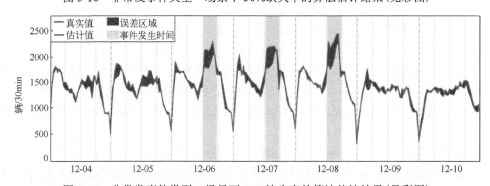

图 5-17　非常发事件类型二场景下 50% 缺失率的算法估计结果（见彩图）

5.5.5　算法对比结果

为了进一步证实算法的有效性，将 ITD 算法与当前主流的张量填补算法进行性能比较，选取 Chen 等提出的 STD 算法[21]、Yang 等[7]提出的耦合稳健主成分分析法（Coupled Bayesian Robust Principal Component Analysis, Coupled BRPCA）以及 Yokota 等[17]提出的平滑 PARAFAC 张量填补方法（Smooth PARAFAC Tensor

Completion, SPC）。同时为了进一步验证提出的张量方法迭代逻辑的有效性，将迭代逻辑引入 SPC 方法（称为迭代 SPC 方法），并进行效果对比。测试采用的数据集同样为张量 $\mathcal{X} \in \mathbb{R}^{237 \times 31 \times 32}$，在缺失率为 10%～90%的随机缺失场景下测试不同算法的性能并进行对比。

　　图 5-18 显示了算法对比结果，可发现当缺失率小于 80%时，ITD 算法性能最好，当缺失率大于 80%时，迭代 SPC 方法性能最好。当缺失率小于 60%时，SPC 方法性能明显优于 STD 方法，当缺失率大于 60%时，两方法性能接近。同时，SPC 方法和 ITD 方法在加入迭代算法后，性能均得到明显提升。原因为提出的迭代算法可根据二进制张量的更新而动态调整目标函数，提升算法的估计精度和鲁棒性。

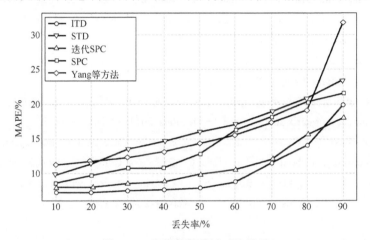

图 5-18　张量填补算法对比结果

参 考 文 献

[1]　Tucker L. Implications of factor analysis of three-way matrices for measurement of change. Problems in Measuring Change, 1963: 122-137.

[2]　Levin J. Three-mode factor analysis. Illinois:University of Illinois, 1963.

[3]　Tucker L. The extension of factor analysis to three-dimensional matrices. Contributions to Mathematical Psychology, 1964: 110-127.

[4]　Kolda T, Bader B. Tensor decompositions and applications. SIAM Review, 2009, 51(3):455-500.

[5]　Ishak S, Alecsandru C. Optimizing traffic prediction performance of neural networks under various topological, input, and traffic condition settings. Journal of Transportation Engineering, 2004, 130:452-465.

[6]　Guardiola I, Leon T, Mallor F. A functional approach to monitor and recognize patterns of daily traffic profiles. Transportation Research Part B: Methodological, 2014, 65:119-136.

[7] Yang S, Kalpakis K, Biem A. Detecting road traffic events by coupling multiple timeseries with a nonparametric Bayesian method. IEEE Transactions on Intelligent Transportation Systems, 2014, 15(5):1936-1946.

[8] 伍元凯. 基于动态张量填充的短时交通流预测研究. 北京: 北京理工大学, 2015.

[9] 周思楚. 基于张量理论的短时交通流预测算法. 北京: 北京交通大学, 2018.

[10] Kurucz M, Benczur A, Csalogany K. Methods for large scale SVD with missing values//Proceedings of KDD Cup and Workshop, San Jose, 2007.

[11] Amit Y, Fink M, Srebro N, et al. Uncovering shared structures in multiclass classification// Proceedings of the 24th ACM International Conference on Machine Learning, Corvallis, 2007.

[12] Argyriou A, Evgeniou T, Pontil M. Multi-Task Feature Learning. Advances in Neural Information Processing Systems. Cambridge:MIT Press, 2007.

[13] Troyanskaya O, Cantor M, Sherlock G, et al. Missing value estimation methods for DNA microarrays. Bioinformatics, 2007, 17(6):520-525.

[14] Gillis N, Glineur F. Low-rank matrix approximation with weights or missing data is NP-hard. SIAM Journal on Matrix Analysis and Applications, 2011, 32(4):1149-1165.

[15] Liu J, Musialski P, Wonka P, et al. Tensor completion for estimating missing values in visual data//Proceedings of the IEEE International Conference on Computer Vision, Xiamen, 2012.

[16] Yang Y, Feng Y, Suykens J. Robust low-rank tensor recovery with regularized redescending M-estimator. IEEE Transactions on Neural Networks and Learning Systems, 2016, 27(9):1933-1946.

[17] Yokota T, Zhao Q, Cichocki A. Smooth PARAFAC decomposition for tensor completion. IEEE Transactions on Signal Processing, 2016, 64(20):5423-5436.

[18] Ran B, Tan H, Wu Y, et al. Tensor based missing traffic data completion with spatial-temporal correlation. Physica A: Statistical Mechanics and its Applications, 2016, 446:54-63.

[19] Sun J, Tao D, Papadimitriou S, et al. Incremental tensor analysis: theory and applications. ACM Transportation Knowledge Discovery Data, 2008, 2(3):11.

[20] Chen B, Li Z, Zhang S. On optimal low rank tucker approximation for tensors: the case for an adjustable core size. Journal of Global Optimization, 2015, 62:811-832.

[21] Chen X, He Z, Wang, J. Spatial-temporal traffic speed patterns discovery and incomplete data recovery via SVD-combined tensor decomposition. Transportation Research Part C: Emerging Technology, 2018, 86:59-77.

[22] Acar E, Dunlavy D, Kolda T, et al. Scalable tensor factorizations for incomplete data. Chemometrics and Intelligent Laboratory Systems, 2011, 106:41-56.

[23] Qu L, Li L, Zhang Y, et al. PPCA-based missing data imputation for traffic flow volume: a systematical approach. IEEE Transactions on Intelligent Transportation Systems, 2009, 10(3):512-522.

第 6 章　基于溢流风险平衡的干道信号控制优化

随着城市交通需求的不断增长，高峰期间城市路网呈现饱和状态，尤其是城市干道的交通需求远大于交通供给。如何预防交通状态进一步演化为排队溢流、交叉口死锁的状态，成为城市干道信号控制优化的关键问题。第 4、5 章实现了周期排队长度估计，本章提出一种基于周期级排队长度面向排队溢流风险防控的实时干道信号控制优化方法。该方法首先根据周期级排队长度计算干道各交叉口的周期排队清空区域指标和溢流风险区域指标，对干道各交叉口的溢流状态进行辨识进而实现干道分割，并通过溢流风险平衡的信号控制优化方法达到防控排队溢流风险的目的。

6.1　基于周期排队长度的干道分割方法

处于饱和交通状态下的城市干道，其内部各交叉口具有不同的交通特性（包括各方向流向比、交叉口设计和交通方式构成等），并且交通状态每周期变化。因此为了取得更好的信号控制效果，需要根据干道各交叉口每周期不同的交通状态将交叉口进行分类，并采取针对性的信号控制方法。本章提出的信号控制优化方法目的是预防干道排队溢流现象，而干道交通流量的主要流向为直行方向，因此根据干道各交叉口直行相位每周期排队长度，提出两个指标：周期排队清空区域和溢流风险区域，识别干道各交叉口直行相位的溢流状态，并采用干道分割方法将整条干道分割为一系列溢流风险防控子区。通过对子区内部不同类别的交叉口进行不同策略的信号控制优化，实现干道各交叉口溢流风险的整体平衡，从而防止或延缓溢流现象的产生。

6.1.1　交叉口排队溢流现象分析

本节首先对交叉口排队溢流现象形成原因和影响进行分析。信号交叉口排队溢流是指由道路规划设计、交通信号控制不合理、交通供给需求不平衡、交通事故或交通管制等因素的影响，某一路段某一交叉口某一流向的排队车辆在一个信号周期内无法完全消散，路段内的排队车辆向上游方向蔓延，直到蔓延至相邻的上游交叉口，导致相邻的上游交叉口无法正常运行，致使上游信号控制失效，从而引发更大范围的排队溢流现象，交通拥堵迅速传播。

交叉口排队溢流可以根据排队溢流发生时上游交叉口直行流入相位的信号灯状态分为绿灯溢流和红灯溢流。绿灯溢流指的是当排队溢流发生时，上游交叉口直行流入相位处于绿灯状态，如图 6-1(a)所示。该种情况下由于下游路段饱和，上游交叉口排队车辆在绿灯时间内无法顺利进入下游路段，造成绿灯时间的浪费；红灯溢流则是指当排队溢流发生时，上游交叉口直行流入相位处于红灯状态，如图 6-1(b)所示。该种情况下下游排队车辆占用了上游交叉口的通行区域，导致上游交叉口其他相位的车辆无法顺利通过交叉口，使得上游的交通拥堵迅速蔓延至附近交叉口，进而导致大范围交通瘫痪。因此，不管是红灯溢流还是绿灯溢流，均对交叉口运行效率具有显著的影响，交叉口排队溢流现象会导致交叉口的延误提升 50%～100%[1-5]，因此溢流风险防控成为当前城市干道信号控制的关键问题。

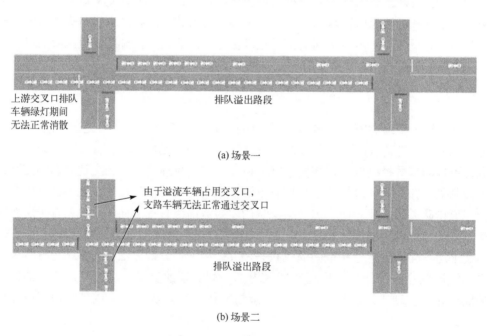

上游交叉口排队车辆绿灯期间无法正常消散　　　　　　排队溢出路段

(a) 场景一

由于溢流车辆占用交叉口，支路车辆无法正常通过交叉口　　　　　　排队溢出路段

(b) 场景二

图 6-1　溢流交叉口示意图

由于干道各交叉口路段容纳的车辆数较多，一个周期信号控制效果不佳不足以导致排队溢流现象的产生，通常是经过两个周期以上累积的结果。因此如何在交叉口由饱和状态向溢流状态演变过程中准确识别交叉口溢流风险，是预防溢流信号控制方案设计的关键，据此提出周期排队清空区域 q_{cr} 和溢流风险区域 s_{cr} 两个指标识别交叉口每周期的溢流风险，并根据各交叉口溢流风险对干道进行分割。

6.1.2　周期排队清空区域计算

周期排队清空区域是评价交叉口是否处于饱和状态的指标。如果周期内的排队长度未超过周期排队清空区域，则该周期内的排队长度能够被完全清空，交叉口下个周期的溢流风险较低。如果一个周期的排队长度超出周期排队清空区域，说明交叉口处于饱和状态，下个周期开始时会产生初始排队，可能会导致路段内排队车辆不断累积，如果不进行信号控制优化则会存在排队溢流的风险。周期排队清空区域范围的计算需要从交叉口的通行能力以及本交叉口同上游交叉口的协调情况两个方面考虑。

周期排队清空区域的长度首先与交叉口周期内的通行能力有关。若排队长度大于周期通行能力，那么周期内的排队车辆无法被清空，下个周期开始时会产生初始排队，交叉口处于饱和状态。排队清空能力计算如下

$$q_{\max} = q_s g_k \tag{6.1}$$

其中，q_s 为交叉口饱和流率(辆/s)，当绿灯开始后，周期内的排队车辆以饱和流率通过交叉口，g_k 为交叉口第 k 个周期的绿灯时长。

其次，周期排队清空区域的长度与本交叉口与上游交叉口之间的协调情况有关。上游交叉口绿灯开始后，上游交叉口的排队车辆以车队形式驶入本交叉口，此时如果本交叉口排队车辆已清空，那么上游车队在绿灯结束前会直接通过交叉口；如果本交叉口的排队车辆在上游车队到达时还未完全消散，那么上游车队会加入排队，由于干道车流量较大，排队长度迅速增加，产生溢流的风险。如图 6-2 所示，考虑上游交叉口协调控制下的排队长度阈值计算如下

$$T_{\mathrm{coor}} = \frac{L + v_2 T_G^k + v_f T_G^{k-1}}{v_2 + v_f} \tag{6.2}$$

$$q_{\mathrm{coor}} = k_j v_2 \left(T_{\mathrm{coor}} - T_G^k \right) \tag{6.3}$$

其中，v_2 为消散波速度(m/s)，v_f 为默认的自由流速度(m/s)，k_j 为拥堵密度(辆/m)，T_G^k 和 T_R^k 分别为第 k 个交叉口的绿灯和红灯开始时间，L 为上游交叉口停车线到该交叉口停车线间的距离，T_{coor} 和 q_{coor} 分别为排队长度阈值的产生时间和排队长度阈值。

结合本交叉口的排队清空能力和排队长度阈值，交叉口的周期排队清空区域为

$$q_{\mathrm{cr}} = \min\left(q_{\max}, q_{\mathrm{coor}} \right) \tag{6.4}$$

周期排队清空区域和本交叉口与上游交叉口的配时信息直接相关，因此每个交叉口每个相位的周期排队清空区域长度都不同，需要单独计算，并且由于信号配时可能发生变化，每周期每个交叉口的周期排队清空区域长度均需要更新。由于直行

方向是干道的主要流向也是干道信号控制优化方法的主要优化相位,所以只计算干道各交叉口直行相位的周期排队清空区域。

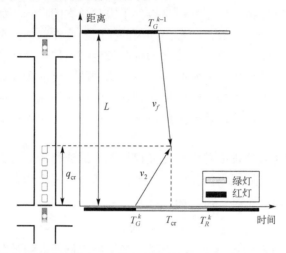

图 6-2　考虑上游交叉口协调下的排队长度阈值计算示意图

6.1.3　溢流风险区域的计算

溢流风险区域位于路段的末端,是判断交叉口是否处于高溢流风险状态的指标。当周期内的排队长度达到溢流风险区域时,说明该交叉口处于高溢流风险状态,若不对信号控制进行优化,则下周期很可能会产生排队溢流。溢流风险区域的范围与路段的长度呈正比,路段长度越长则溢流风险区域范围越大,反之则溢流风险区域范围越小。溢流风险区域可由下式计算

$$s_{cr} = \beta_{cr} L k_j \tag{6.5}$$

其中,β_{cr} 为溢流区域系数,k_j 为拥堵密度(辆/m),L 为本路段的长度(m)。溢流风险区域对于不同的路段需要单独计算,但是不会随着周期产生变化,因此不需要每周期进行更新。

6.1.4　基于溢流风险辨识的干道分割方法

对干道进行分割,首先需要识别每周期内干道上各交叉口直行相位的溢流风险状态,基于排队清空区域和溢流风险区域,可将交叉口的溢流风险状态划分为三类:低溢流风险、中溢流风险和高溢流风险,划分的原则如下

$$\tau = \begin{cases} \text{低溢流风险,} & q \leqslant q_{cr} \\ \text{中溢流风险,} & q_{cr} < q < q_{total} - s_{cr} \\ \text{高溢流风险,} & q \geqslant q_{total} - s_{cr} \end{cases} \tag{6.6}$$

其中，$q_{\text{total}} = k_j L$ 为路段能容纳的总车辆数，L 为本路段的长度。

对于周期内处于低溢流风险的信号交叉口，说明本周期内信号控制效果较好，交通供需平衡，下个周期不需要对信号控制进行优化，并且可适当将干道上邻近交叉口的交通需求引入处于低溢流风险的交叉口。对于周期内处于中溢流风险的信号交叉口，说明交叉口处于饱和状态，交通需求大于交通供给，需要适当优化交叉口信号控制以防止排队车辆的不断累积而产生排队溢流现象；对于周期内处于高溢流风险的信号交叉口，说明交叉口需求远大于交叉口供给，交叉口已经产生或即将产生排队溢流现象，需要及时进行信号控制优化，通过限制交通流入，增加交通供给，实现交叉口供需平衡，防止下个周期产生排队溢流现象。

在识别干道各交叉口的溢流风险状态后，将相邻的处于中、高溢流风险的交叉口纳入同一个溢流子区，这样干道即被分割为多个溢流子区。每个溢流子区包含三种类型的交叉口：输入交叉口、输出交叉口和连接交叉口。溢流子区中最上游溢流交叉口的上游交叉口称为输入交叉口，溢流子区上游交叉口的交通流量通过输入交叉口流入溢流子区内部；输出交叉口是溢流子区最下游的交叉口，溢流子区内部的交通流量通过输出交叉口输出到溢流子区的下游路段；连接交叉口是输入交叉口和输出交叉口之间所有的交叉口，溢流子区内部的交通流量通过连接交叉口向下游传播。

如图 6-3 所示，以济南市经十路连续六个交叉口自西向东方向为例进一步说明如何实施干道分割算法。在该周期内，环山路交叉口处于低溢流风险状态，千佛山路交叉口处于中溢流风险状态，历山路、山师东路以及山大路交叉口处于高溢流风险状态，将相邻的处于中、高溢流风险的交叉口纳入同一个溢流子区后，该周期干道被分割为两个溢流子区。其中，溢流子区 1 以第一个溢流交叉口千佛山路的上游交叉口舜耕路为输入交叉口，以最下游的山师东路为输出交叉口，输入、输出交叉口之间的两个交叉口(千佛山路和历山路)作为连接交叉口。溢流子区 2 分别以环山路和山大路作为输入和输出交叉口，由于输入、输出交叉口之间没有其他交叉口，所以溢流子区 2 没有连接交叉口。

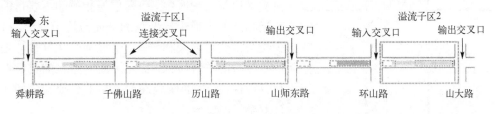

图 6-3　干道分割方法示例图

　　由于交通需求量每周期变化，同时信号控制优化方法在每周期结束时可能会改变信号配时，所以不同周期干道各交叉口的溢流状态均不相同，干道分割方法每周期实施，将干道分割为不同的溢流子区。

6.2　基于溢流风险平衡的信号控制优化算法

　　针对溢流子区所包含的不同类型的交叉口，在不改变交叉口信号配时周期长度的前提下，采用不同的信号控制优化策略优化交叉口信号配时，通过调节直行相位的绿信比实现干道各交叉口排队长度的平衡，达到防止或延缓干道排队溢流产生的目的。在确定干道直行相位的绿信比后，根据干道左转相位及支路相位的排队长度确定剩余相位的绿信比。

6.2.1　交通信号控制概述

1)交通信号控制参数

　　交通信号控制参数对于信号控制效果具有重要影响，合理的交通信号控制参数能够提高交叉口运行效率。交通信号控制参数一般包括周期时间、信号相位、相位差以及绿信比等。

　　(1)信号周期。

　　信号周期是指信号灯色按设定的相位顺序显示一个循环所需的时间[6]。信号周期用 C 表示，单位为秒。信号周期时间的长短对交叉口能否正常运行有着重要影响，过长的信号周期会造成绿灯空放，同时增加车辆的平均延误；过短的信号周期会增加绿灯启动损失时间和停车减速延误时间，也会增加交通延误[7]。

　　假设：干道各交叉口周期长度相等。城市干道通常存在绿波协调控制，为方便各交叉口之间的协调控制，通常会设置干道各交叉口具有相同的信号周期时长。

　　(2)信号相位。

　　信号相位是指在一个信号周期内，同时获得通行权的一个或多个交通流的信号显示状态[2]。在交叉口信号配时中，引入信号相位的主要目的是把相互冲突或干扰严重的交通流适当分离，减少交叉口交通冲突和干扰。交通信号相位设计是信号配时的关键步骤，决定了配时方案的科学性和合理性，直接影响道路交叉口的交通安全和运行效率[8]。

　　图 6-4 为常见的四进口道交叉口流向命名原则，通常将交通流量最大的直行方向命名为

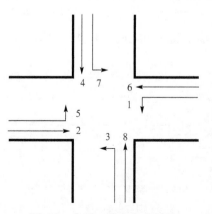

图 6-4　交叉口流向命名原则

流向 2，对向进口道的左转方向命名为流向 1，之后按照所有左转方向为单数、直行方向为双数的原则，顺时针命名各进口道的流向。

美国电气制造协会（National Electrical Manufacturers Association, NEMA）为信号配时设计了一种独特的"环-阻隔"式的相位结构，如图 6-5 所示，其中，流向 1～4和流向 5～8 分别组成两个环，因此该相位结构又称为双环结构。双环结构的组合设计符合常见的交叉口交通流放行需求，即先主路相位绿灯，再次路相位绿灯。由于主路和次路之间由阻隔分开，所以主路和次路之间不会同时出现相位绿灯，阻隔同一侧不同环之间的相位可以同时放行，而相同环的相位只能够依次放行[9-11]。

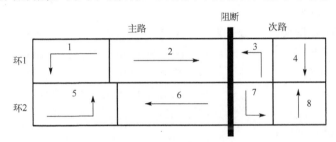

图 6-5　双环结构相位方案

假设：干道各交叉口采用双环结构的信号配时方案，同时主路方向允许信号搭接，次路方向由于各相位绿灯时长较短，不存在信号搭接。

（3）绿信比。

绿信比是指在一个信号周期内，各相位时间与周期时间之比[11]。对于相位 i，绿信比计算如下

$$\alpha_i = \frac{T_{G,i}}{C} \tag{6.7}$$

其中，$T_{G,i}$ 为相位 i 的绿灯时长，C 为周期长度。绿信比描述了某一相位绿灯时间在整个周期绿灯时间的比例，通常与相位周期交通流量大小直接相关，是信号控制中重要的控制参数。

假设：采用的信号控制优化算法不改变信号的相位顺序，通过调节信号各相位的绿信比实现信号控制优化的目的。

2）交通信号控制方法分类

当前交通信号控制方法种类繁多，在此介绍按照控制原理进行分类的信号控制方法。交叉口信号控制按照控制原理可以分为定时控制、感应控制和自适应控制。

（1）定时控制。

定时控制是指交叉口根据历史交通流量数据采用固定的信号配时进行信号控制，按照实际的交通量情况又分为单时段定时控制和多时段定时控制。定时控制在我国有着广泛的应用，由于设计原理简单，一般应用于交通流量变化稳定的交叉口。

但由于定时控制不能根据实时交通流量变化而改变信号配时，所以当交通流量变化较大时控制效果较差。

(2) 感应控制。

感应控制是指交叉口信号机根据车辆检测器检测的交通数据改变交通信号配时的信号控制方式。感应控制通过最小、最大及延长绿灯时间确定各相位的绿灯时长，相较于定时控制更能适应交通流变化，因此在饱和度较低、车流随机性较大的情况下，感应控制效率较高。但是由于需要布设额外的检测器，存在安装、维护成本高的缺点。

(3) 自适应控制。

自适应控制是指交叉口信号机根据交通流的状况，在线实时地自动调整信号控制以适应交通流变化的控制方式。自适应控制通过检测器获得流量、排队长度及延误时间等交通评价指标，并将这些信息传入控制单元，实时生成信号配时方案[12]。本章提出的信号控制优化方法是一种不依赖于传统的线圈检测器，通过众包轨迹数据获取周期排队长度信息，并将其作为输入，实时识别交叉口溢流状态，进行信号控制优化的一种自适应控制方法。

6.2.2 干道直行相位信号控制优化方法

城市干道中直行相位是干道交通流的主要流向，因此，干道防溢流信号控制的关键是预防干道直行相位产生排队溢流。干道分割方法依据干道直行相位的排队长度，在每个信号周期将干道分割成若干溢流子区，每个溢流子区内包含三种不同类型的交叉口，即输入、输出和连接交叉口，根据溢流子区内不同的交叉口类型采用不同的信号控制优化方法，对于本周期处于低溢流状态的交叉口不改变其下一个周期的信号配时。

1) 输入交叉口信号控制优化

输入交叉口是位于溢流子区内最上游的交叉口，外部的交通流量通过输入交叉口流入溢流子区内部。由于输入交叉口本身直行相位处于无溢流状态，而溢流子区内部交叉口都处于饱和状态，所以输入交叉口信号控制的目标为通过减少直行相位绿灯时长限制交通流量流入溢流子区，防止过多车辆流入溢流子区导致排队溢流的产生。输入交叉口直行相位绿灯时间的减少使得交通供给减少，溢流风险由溢流子区内部转向上游交叉口，达到平衡干道各交叉口溢流风险的目的。

输入交叉口绿灯时长的减少量由下游直行相位的排队长度决定，输入交叉口直行相位下个周期的绿灯时长计算如下

$$g_{k+1}^i = g_k^i - \{K_{i1}(q_k^{i+1} - q_{cr}^{k,i+1}) + K_{i2}[\min(s_{k-1}^{i+1}, s_{cr}) - \min(s_k^{i+1}, s_{cr})]\} \tag{6.8}$$

其中，g_k^l 为第 l 个交叉口第 k 个周期的绿灯时长，$l+1$ 为第 l 个交叉口的下游交叉口，$q_{cr}^{k,l}$ 为第 l 个交叉口第 k 个周期的排队清空区域长度，$\min(A,B)$ 函数返回 A 和 B 中较

小的值，s_k^l 为第 l 个交叉口第 k 个周期内直行相位路段内剩余的车辆容量，K_{i1} 和 K_{i2} 为输入交叉口的增量系数。

式(6.8)中大括号内为输入交叉口直行相位绿灯时长减少量，其中，第一项反映当前周期排队长度超出排队清空区域的长度，超出量与绿灯时长减少量呈正比；第二项是一个反馈项，通过本周期排队长度和上一周期排队长度在溢流区域内的变化决定下一周期绿灯时长的增减。K_{i1} 和 K_{i2} 分别为两项的增量系数，通常来说 K_{i2} 要大于 K_{i1}，这是因为当排队长度达到溢流风险区域范围时，信号控制方法需要快速响应，大幅减少绿灯时长以防止下一周期产生排队溢流。

2) 输出交叉口信号控制优化

输出交叉口是溢流子区内最下游的交叉口，溢流子区内部的交通流量通过输出交叉口流出溢流子区。输出交叉口的下游交叉口处于无溢流状态，因此输出交叉口信号控制的目标为通过增大直行相位的绿灯时长从而增加输出交叉口的交通供给，使得溢流风险转向下游交叉口，从而平衡干道各交叉口溢流风险。输出交叉口绿灯时长的增加量计算与式(6.8)类似，由排队长度超出排队清空区域的超出量以及排队长度在溢流风险区域的变化共同决定绿灯时长的增加值

$$g_{k+1}^o = g_k^o + \{K_{o1}(q_k^o - q_{cr}^{k,o}) + K_{o2}[\min(s_{k-1}^o, s_{cr}) - \min(s_k^o, s_{cr})]\} \tag{6.9}$$

其中，K_{o1} 和 K_{o2} 为输出交叉口信号控制的增量系数，剩余参数的定义见式(6.8)。

3) 连接交叉口信号控制优化

连接交叉口位于溢流子区输入交叉口和输出交叉口之间，溢流子区内部交通流量通过连接交叉口向下游传播。由于所有连接交叉口都处于中高溢流风险状态，所以连接交叉口信号控制的目标为通过调整各连接交叉口的直行相位绿灯时长，使得溢流风险在溢流子区内部向处于较低溢流风险状态的交叉口传播，平衡溢流子区内部各交叉口的溢流风险。

各连接交叉口下周期直行相位绿灯时长的变化由本交叉口及下游交叉口周期内的溢流风险决定，如果本交叉口的溢流风险程度高于下游交叉口，则下周期本交叉口直行相位绿灯时长增加；如果本交叉口的溢流风险程度低于下游交叉口，则下周期本交叉口直行相位绿灯时长减少。连接交叉口下周期直行相位绿灯时长计算如下

$$g_{k+1}^c = g_k^c + K_{c1}[(q_k^c - q_{cr}^{k,c}) - (q_k^{c+1} - q_{cr}^{k,c+1})] + K_{c2}\sum_{j=c}^{c+1}[\min(s_{k-1}^j, s_{cr}) - \min(s_k^j, s_{cr})] \tag{6.10}$$

其中，K_{c1} 和 K_{c2} 为连接交叉口信号控制的增量系数，剩余参数的定义见式(6.8)。

6.2.3 干道左转相位信号控制优化方法

在确定下个周期干道直行相位的绿灯时长后，需要确定下个周期干道左转相位

绿灯时长。首先在保证干道直行相位绿灯时长的前提下，通过周期内左转相位的排队长度确定下个周期的左转绿灯时长

$$\begin{cases} g_{A,L}^{i,k+1} = \dfrac{q_{A,L}^{i,k}}{q_s}, & q_{A,L}^{i,k} > q_{B,L}^{i,k} \\[3mm] g_{B,L}^{i,k+1} = \dfrac{q_{B,L}^{i,k}}{q_s}, & \text{其他} \end{cases}, \ \text{s.t.}\ g_{A,T}^{i,k+1} + g_{B,L}^{i,k+1} = g_{B,T}^{i,k+1} + g_{A,L}^{i,k+1} = G_{\text{art}}^{k+1} \leqslant G_{\max} \quad (6.11)$$

其中，A 和 B 分别为干道相对的交通流方向(如东向和西向)，T 和 L 分别代表直行相位和左转相位，g 和 q 代表绿灯时长和排队长度。因此 $g_{A,L}^{i,k}$ 表示第 i 个交叉口第 k 个周期 A 方向的左转绿灯时长，$q_{A,L}^{i,k}$ 表示第 i 个交叉口第 k 个周期 A 方向的左转相位的排队长度。G_{art}^{k+1} 为双环结构中隔断在主路一侧的长度(即主路同一环两相位通行的总绿灯时间)，G_{art} 为主路两相位通行所允许的最大绿灯时长。

式(6.11)通过排队长度所需要的消散时间确定下个周期较长排队长度对应的左转相位的绿灯时长，由于下个周期直行相位的绿灯时长($g_{A,T}^{k+1}$ 和 $g_{B,T}^{k+1}$)已经确定，所以可以通过约束条件确定较短排队长度对应的左转相位的绿灯时长。约束条件还限制了干道冲突相位绿灯总时长的最大值，保证了支路相位最小绿灯时长，使支路的交通流也能正常通过交叉口。

6.2.4　支路相位信号控制优化方法

本章的信号控制优化方法主要目的是预防干道溢流现象，虽然支路交通需求远低于干道交通需求，但也需要保障支路的基本通行能力，避免支路由于交通供给不足产生溢流现象。在干道绿灯总时长确定的情况下，支路信号控制方法根据支路相位的排队长度比分配下个周期剩余绿灯时长，支路相位绿灯时长计算如下

$$\frac{g_{cs1}^{i,k+1}}{g_{cs2}^{i,k+1}} = \frac{q_{cs1}^{i,k}}{q_{cs2}^{i,k}}, \ \text{s.t.}\ g_{cs1}^{i,k+1} + g_{cs2}^{i,k+1} + G_{\text{art}}^{k+1} = C \quad (6.12)$$

其中，C 为固定的周期长度。由于假设支路不存在信号搭接现象，所以 cs1 和 cs2 分别代表不同的支路相位，如图 6-6 所示。

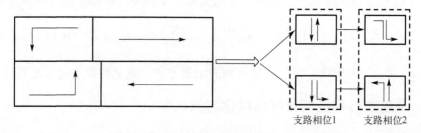

图 6-6　支路相位示意图

综上，基于干道分割的溢流风险平衡信号控制优化算法如表 6-1 所示。

表 6-1　基于干道分割的溢流风险平衡信号控制优化算法

算法：基于干道分割的溢流风险平衡信号控制优化算法

输入：周期 k 内干道各交叉口各相位排队长度

loop $\varphi=A, B$ $(A, B$ 为干道相向的交通流方向)

 loop $i=1, 2, \cdots, i_{\max}$ (1 代表干道最上游的交叉口，$i_{\max}$ 为最下游交叉口)

  根据式(6-4)和式(6-5)计算交叉口 i 直行相位的排队清空区域 $q_{cr}^{i,k}$ 和溢流风险区域 $s_{cr}^{i,k}$

  根据式(6-6)计算交叉口 i 直行相位的溢流风险状态 τ_k^i

  if τ_k^i = 中或高溢流风险状态

   将 i 添加到溢流集合 Ω_φ 中

  end if

 将相邻的溢流交叉口纳入一个溢流子区 $\Omega_\varphi=\{\Omega_1, \Omega_2, \cdots, \Omega_n\}$

 loop $\Omega_j=\Omega_1, \Omega_2, \cdots, \Omega_n$

  loop $l=1, 2, \cdots, m$ (m 为溢流子区 j 内交叉口数)

   if l=输入交叉口

    利用式(6-8)计算交叉口 j 下一周期的直行绿灯时长 $g_{\varphi,T}^{l,k+1}$

   else if l=输出交叉口

    利用式(6-9)计算交叉口 j 下一周期的直行绿灯时长 $g_{\varphi,T}^{l,k+1}$

   else if l=连接交叉口

    利用式(6-10)计算交叉口 j 下一周期的直行绿灯时长 $g_{\varphi,T}^{l,k+1}$

   end if

loop $i=1, 2, \cdots, i_{\max}$ (1 代表干道最上游的交叉口，$i_{\max}$ 为最下游交叉口)

 if i in Ω_A or i in Ω_B

  利用式(6-11)计算交叉口 i 下一周期干道左转相位绿灯时长 $g_{A,L}^{i,k+1}$，$g_{B,L}^{i,k+1}$

  利用式(6-12)计算交叉口 i 支路相位下一周期绿灯时长 $g_{cs1}^{i,k+1}$，$g_{cs2}^{i,k+1}$

 else

  交叉口 i 下个周期信号配时信息维持不变

 end if

输出：下个周期干道各交叉口配时信息

6.3　实　验　分　析

为了模拟早晚高峰期间干道的过饱和状态，干道流量输入设定为 1300 辆/小时/车道，各支路的流量输入远低于干道流量，为 200~600 辆/小时。仿真时间设定为 38 个周期(即 7980s)，其中，包括三个周期的预热时间。假设干道各交叉口各相位的周期排队长度可以准确获取，作为信号控制优化算法的输入，研究无排队长度估计误差干扰环境下算法的性能。基于干道分割的溢流风险平衡信号控制优化算法的相关参数设置如表 6-2 所示。为了验证算法的有效性，采用信号控制优化算法和未采用信号控制优化算法的两次仿真实验采用同一随机种子,确保交通流量输入相同。

表 6-2　信号控制优化算法参数设置

参数	参数描述	参数取值
β_{cr}	溢流风险区域系数	0.2
G_{max}	干道最大绿灯时长	180s
K_{i1}, K_{i2}	输入交叉口信号优化增量系数	0.15, 0.8
K_{o1}, K_{o2}	输出交叉口信号优化增量系数	0.25, 0.8
K_{c1}, K_{c2}	连接交叉口信号优化增量系数	0.1, 0.5

6.3.1　交通信号控制评价指标

为了详细评价信号控制优化算法的性能，采用延误时间、路段排队占比等指标评价算法控制效果。

1）交叉口车辆延误时间

交叉口延误（Intersection Delay）是指车辆在受到交通信号控制限制或者交通拥堵的影响下，通过交叉口所需要的时间与自由行驶通过交叉口所需时间的差值。当车辆通过交叉口时，会受到交通信号灯或者前方停车车辆影响，从而被迫减速停车，当绿灯启亮时车辆再次启动驶离交叉口。一般情况下，车辆从减速停车到启动加速这段时间即为车辆在交叉口处的延误时间。车辆平均延误是指一个信号周期内所有车辆总延误与通过车辆总数的比值

$$D_{avg} = \frac{\sum\limits_{i=1}^{n} d_i}{n} \tag{6.13}$$

其中，d_i 为每辆车的延误，n 为周期内的车辆数。

2）路段排队占比

路段排队占比（Link Queue Occupancy）是指交叉口排队长度与路段总长度的比值。由于各交叉口路段长度各不相同，所以路段排队占比相较于排队长度更能反映交叉口的饱和程度，路段排队占比计算公式如下

$$\rho = \frac{q}{L} \sim (0,1) \tag{6.14}$$

其中，q 为排队长度，L 为交叉口路段的总长度。

6.3.2　信号控制优化算法仿真结果分析

精确获得干道各交叉口每周期各相位的排队长度，并将其作为信号控制优化算法的输入，通过车辆时空轨迹分析信号控制优化效果。图 6-7 展示了 20 个周期的信

号优化前后干道东向方向各交叉口直行相位一条车道所有车辆的时空轨迹图。由图 6-7(a)可见，在进行信号优化之前干道处于饱和状态，由于交叉口交通供需不平衡，千佛山路、历山路以及山师东路三个交叉口溢流现象严重，每周期都会产生排队溢流现象，严重影响交叉口的运行效率。如图 6-7(b)所示，在采用提出的信号控制优化算法后，交叉口的排队溢流现象明显减少，其中千佛山路交叉口前 7 个周期溢流发生率仍然较高，在经过一定周期的信号控制优化调整后(如 12 个周期)，交叉口排队长度被控制在溢流风险区域内，溢流发生率明显降低；历山路交叉口由于路段长度较短，排队清空区域范围较小，所以当东向直行相位绿灯开始后，在上游车队到达前,若排队车辆不能清空那么排队长度会迅速增加甚至产生排队溢流现象(如周期 3、5、6、8 和 12 等)，如果在上游车队到达前交叉口被清空，则上游车队能够直接通过交叉口(如周期 11、18 和 19 等)，在经过信号优化算法调整后使得直行相位绿灯开始后排队车辆能够在上游车队到达前被清空，降低交叉口溢流风险。通过车辆轨迹时空图可以看出基于干道分割的溢流风险平衡信号优化算法能够有效降低干道溢流风险。

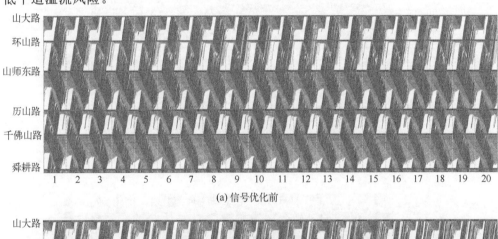

(a) 信号优化前

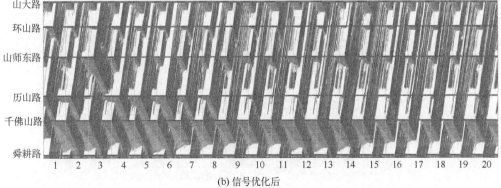

(b) 信号优化后

图 6-7　干道东向直行相位车辆轨迹图(见彩图)

　　图 6-8 展示了信号优化前后干道各交叉口东向直行和左转相位路段排队占比的热力图，热力图中偏深蓝色说明路段排队占比较低，路段处于无溢流风险状态，偏深红色说明路段排队占比较高，路段发生排队溢流现象，其中环山路由于没有东向左转相位，所以对应的路段排队占比值为 0。如图 6-8(a) 所示，干道中山师东路、历山路和千佛山路这三个交叉口东直相位在信号优化前处于过饱和状态，几乎每周期均会发生排队溢流现象。如图 6-8(b) 所示，在采用提出的信号控制优化算法后，山师东路、历山路和千佛山路三个交叉口直行相位每周期路段排队占比明显降低，尤其是在经过一定周期的信号参数调整后(如 15 个周期以上)，干道各交叉口几乎不会发生排队溢流现象。从热力图可以看出信号优化前后干道左转相位的路段排队占比均较低，说明信号控制优化算法能够降低干道直行相位溢流风险，并且能够保证干道左转相位车辆排队的正常消散。

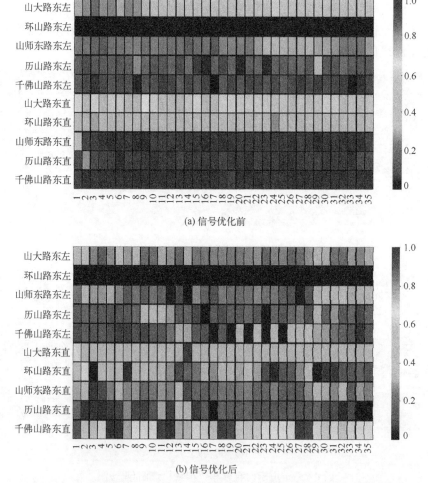

(a) 信号优化前

(b) 信号优化后

图 6-8　信号优化前后干道东直、东左相位路段排队占比热力图(见彩图)

在对干道进行信号控制优化时，在周期长度不变的情况下干道绿灯时间的延长会使支路相位绿灯时长减少，对支路正常的运行造成影响。为了分析信号控制优化算法对支路交通运行的影响，绘制了路网中所有交叉口支路南北向相位的路段排队占比热力图，如图 6-9 所示。图中每一行表示不同周期中某交叉口南向或北向的直行或左转相位中的最大排队长度对应的路段排队占比，例如，山大路南表示的是山大路-经十路交叉口南向直行和左转相位中的最大排队长度对应的路段排队占比。由图 6-9(a)可见，由于支路的交通需求较低，优化前绝大多数交叉口均处于未饱和状态，溢流风险较低。由图 6-9(b)可见经过信号优化后，部分交叉口支路相位的路段排队占比小幅增加但仍然保持在低溢流风险状态，如山大路南向相位、山师东路南向相位，剩余绝大多数交叉口支路相位路段排队占比几乎未发生变化，维持较低的溢流风险状态。

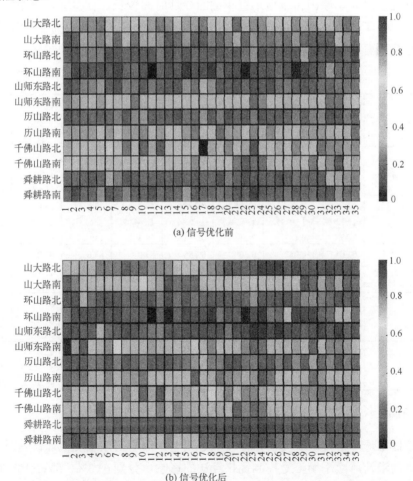

(a) 信号优化前

(b) 信号优化后

图 6-9　信号优化前后支路南北向相位路段排队占比热力图(见彩图)

　　为了详细分析信号优化算法的性能，对干道各交叉口各相位的交通信号控制评价指标进行计算。表 6-3 显示了干道各交叉口在 35 个周期内各相位的平均路段排队占比和平均车辆延误时间在信号优化前后的变化。可以看出，干道直行方向所有交叉口的路段排队占比及平均车辆延误在进行信号控制优化后显著降低，以拥堵最严重的三个交叉口(千佛山路、历山路以及环山路)最为明显。干道东左相位及支路南北相位则根据实际情况进行调整，对于交叉口内处于未饱和状态的相位，通过减少对应相位的绿灯时长将绿灯时长分配至交叉口处于饱和状态的相位，如千佛山路东左相位处于未饱和状态，而东直相位路段排队占比较高，处于过饱和状态，通过信号控制优化算法增加东直相位的绿灯时间、减少东左相位的绿灯时间，实现平衡交叉口溢流风险的目的。干道直行相位的延误时间几乎均低于干道东左相位和支路相位的平均延误时间，原因为干道东直相位的绿灯时间较长，使得即使该相位处于饱和状态车辆停车次数也不会超过两次，而干道左转相位和支路相位的绿灯时长较短，导致停车车辆有可能在驶离交叉口前经历多次停车，平均延误时间较长。

表 6-3　信号控制优化前后评价指标变化

交叉口	路段排队占比				交叉口延误时间/s			
	干道东直	干道东左	支路北向	支路南向	干道东直	干道东左	支路北向	支路南向
千佛山路	0.992 ↓−26.0% 0.734	0.091 ↓+96.7% 0.179	0.319 ↓+5.1% 0.335	0.357 ↓+4.7% 0.373	123.8 ↓−24.6% 93.3	58.6 ↓+370% 275.4	94.0 ↓+92% 168.8	106.1 ↓+10.5% 117.2
历山路	0.956 ↓−58.9% 0.393	0.156 ↓+19.9% 0.187	0.205 ↓+4.9% 0.215	0.308 ↓+3.3% 0.318	39.7 ↓−64.0% 14.3	82.0 ↓+68.4% 138.1	83.6 ↓+9.2% 91.3	99.4 ↓+2.8% 102.2
山师东路	0.961 ↓−66.9% 0.318	0.252 ↓−9.1% 0.229	0.208 ↓−25.7% 0.154	0.355 ↓+11.2% 0.394	83.0 ↓−74.1% 21.5	83.6 ↓+6.3% 88.9	87.2 ↓−27.6% 63.1	100.6 ↓+35.1% 135.9
环山路	0.414 ↓−40.1% 0.248	—	0.185 ↓+3.4% 0.191	0.143 ↓+12.5% 0.161	9.6 ↓−17.7% 7.9	—	83.7 ↓+15.2% 96.4	100.0 ↓+37.0% 137.0
山大路	0.592 ↓−21.1% 0.467	0.446 ↓−42.6% 0.256	0.319 ↓−35.8% 0.205	0.243 ↓+66.7% 0.405	63.2 ↓−61.6% 24.3	129.4 ↓−46.3% 69.5	92.0 ↓−25.7% 68.4	90.0 ↓+87.4% 168.7

6.3.3　排队长度估计误差对信号控制优化算法性能影响分析

　　在较低渗透率下排队长度估计存在一定误差，分析排队长度估计误差对于基于干道分割的溢流风险平衡信号控制优化算法的影响。分别在 3%、5%、10% 和 20% 渗透率下对算法进行测试，根据统计可得不同渗透率下排队长度估计的平均 MAPE

分别约为 30%、22%、15%和 10%，以存在估计误差的排队长度估计结果作为信号控制优化算法的输入，信号控制优化结果如下。

图 6-10 展示了信号优化前以及不同排队估计误差下信号优化后干道东向的路段排队占比热力图。由图 6-10(a)可见，信号优化前千佛山路、历山东路和山师东路直行相位路段排队占比值极高，说明这三个交叉口路段溢流现象严重。由图 6-10(b)～(d)可见在不同估计误差场景下采用提出的信号控制优化算法后，干道溢流现象得到有效控制，千佛山路、历山东路和山师东路直行相位路段排队占比明显降低。

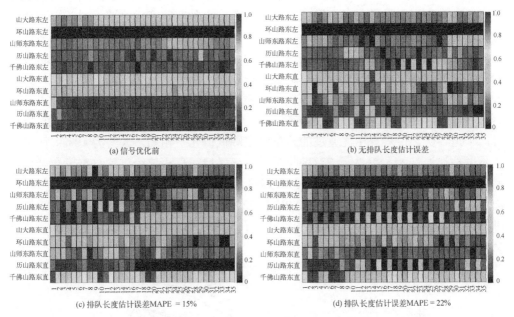

图 6-10　不同排队长度估计误差下干道路段排队占比热力图(见彩图)

表 6-4 进一步展示了信号优化前以及不同排队估计误差下信号优化后信号控制评价指标的变化情况，以干道各交叉口的东向直行相位为例。与优化前的信号控制评价指标相比，在不同排队估计误差下进行信号控制优化后干道各交叉口东向直行相位的路段排队占比和交叉口延误时间均有所降低。

表 6-4　信号优化前以及不同排队估计误差下信号控制评价指标变化

交叉口	路段排队占比					交叉口延误时间/s				
	千佛山	历山	山师东	环山	山大	千佛山	历山	山师东	环山	山大
优化前	0.992	0.956	0.961	0.414	0.592	131.4	42.8	83.8	19.9	44.0
MAPE=0	0.734	0.392	0.393	0.248	0.467	94.5	14.6	22.6	10.4	27.4
MAPE=10%	0.698	0.308	0.257	0.278	0.458	90.8	14.2	18.3	12.3	28.9

续表

交叉口	路段排队占比					交叉口延误时间/s				
	千佛山	历山	山师东	环山	山大	千佛山	历山	山师东	环山	山大
MAPE=15%	0.655	0.323	0.243	0.264	0.425	90.2	19.5	16.3	11.7	26.9
MAPE=22%	0.646	0.371	0.191	0.257	0.465	89.3	20.2	11.9	11.1	28.3
MAPE=30%	0.630	0.369	0.214	0.216	0.424	85.1	21.0	14.4	9.8	20.9

图 6-11 展示了在多次仿真实验中干道各交叉口东直相位通过总车辆数的平均值。当信号控制优化算法的排队长度输入不存在误差时,在对干道进行信号优化后,各交叉口东直方向经过总车辆数几乎没有减少,山师东路和山大路经过的总车辆数有所增加,说明当排队长度输入不存在误差时,提出的信号控制优化算法有效降低干道的溢流风险的同时提高了干道通行能力。当排队长度输入存在误差时,仿真实验中各交叉口东直相位通过的总车辆数降低,说明由于排队长度输入存在误差,信号控制优化算法受到影响,为了降低干道溢流风险限制了东向干道交通流输入交叉口(即舜耕路-经十路)流入干道的车辆数。当排队长度估计误差 MAPE 在 22%以内时,干道各交叉口东直相位通过的总车辆数降低值几乎相同,大约为 10%;而当排队长度估计误差 MAPE 大于 22%时,干道各交叉口东直相位经过的总车辆数降低明显,排队长度估计误差 MAPE 为 30%时降低值约为 20%。因此对于提出的信号控制优化算法,当排队长度估计误差 MAPE 为 22%(对应排队长度估计算法在 5%渗透率时的估计误差)以内时,算法能够在不限制干道通行能力的情况下,大幅降低干道各交叉口的溢流风险。

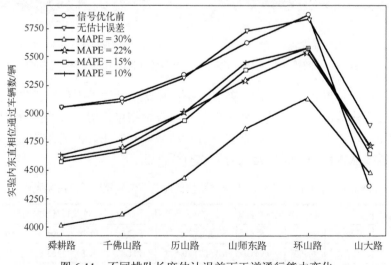

图 6-11　不同排队长度估计误差下干道通行能力变化

参 考 文 献

[1] Skabardonis A, Geroliminis N. Real-time monitoring and control on signalized arterials. Journal of Intelligent Transportation Systems, 2008, 12(2):64-74.

[2] Ban X, Hao P, Sun Z. Real time queue length estimation for signalized intersections using travel times from mobile sensors. Transportation Research Part C: Emerging Technologies, 2011, 19(6):1133-1156.

[3] Herring R, Hofleitner A, Abbeel P, et al. Estimating arterial traffic conditions using sparse probe data//Proceedings of the 13th IEEE International Conference on Intelligent Transportation Systems, Madeira Island, 2010.

[4] Heidemann D. Queue length and delay distributions at traffic signals. Transportation Research Part B: Methodological, 1994, 28(5):377-389.

[5] Sharma A, Bullock D, Bonneson J. Input-output and hybrid techniques for real-time prediction of delay and maximum queue length at signalized intersections. Transportation Research Record: Journal of the Transportation Research Board, 2007, 2035:69-80.

[6] 公安部交通管理科学研究所. 道路交通信号控制系统术语: GB/T 31418—2015. 北京: 中国标准出版社, 2015.

[7] 钱喆, 徐建闽. 基于线圈检测的过饱和交通状态判别. 华南理工大学学报(自然科学版), 2013, 8:93-98.

[8] 张雷元, 树爱兵. 道路交叉口相位设计实用方法//第七届中国智能交通年会, 北京, 2012.

[9] Xu B, Ban X, Bian Y, et al. Cooperative method of traffic signal optimization and speed control of connected vehicles at isolated intersections. IEEE Transactions on Intelligent Transportation Systems, 2018, 20(4):1390-1403.

[10] Ma W, Zou L, An K, et al. A partition-enabled multi-mode band approach to arterial traffic signal optimization. IEEE Transactions on Intelligent Transportation Systems, 2018, 20(1):313-322.

[11] Mohajerpoor R, Saberi M, Ramezani M. Analytical derivation of the optimal traffic signal timing: minimizing delay variability and spillback probability for undersaturated intersections. Transportation Research Part B: Methodological, 2019, 119:45-68.

[10] 《交通大辞典》编辑委员会. 交通大辞典. 上海: 上海科学技术文献出版社, 2008.

[12] 杨斐. 关于美国交通信号控制的若干术语解析. 智慧城市, 2018, 20:84-85.

第7章 基于拥堵有向关联挖掘的路网交通瓶颈辨识

当前交通管控实践中的瓶颈辨识大多停留在"粗粒度"的路段层面，缺乏对路段不同流向(左转、直行、右转等)拥堵传播的精细感知，甚至只根据路段或交叉口自身拥堵情况进行分析，忽略了拥堵蔓延对路网运行造成的扰动[1-5]。本章将基于轨迹重构对大规模路网流向级交通瓶颈进行辨识，判别对路网整体运行扰动最严重的关键路段和具体流向。首先，根据轨迹重构方法对众包轨迹进行重构，并根据重构轨迹识别车辆行驶方向；然后，在感知路段流向级交通运行特征的基础上，判定拥堵路段之间流向级时空关联性；进而，提出基于拥堵时空有向关联性递归的拥堵传播图及生成树构建方法，估计以各拥堵路段各流向为根源的拥堵时空传播最大范围和最长路径，运用贝叶斯推断动态估计流向级拥堵传播概率密度分布，并运用非参数估计量化拥堵传播费用，获取路网交通瓶颈辨识结果。

7.1 基于重构轨迹的众包车辆行驶方向识别

基于高噪声众包数据，首先利用第 2 章构建的粒子滤波轨迹重构模型对轨迹稀疏缺失部分进行修补，得到完整重构轨迹，某辆车的重构轨迹可表示为

$$VT = \{Lng_i, Lat_i, R_i, S_i, t_i\} \tag{7.1}$$

其中，Lng_i 和 Lat_i 分别表示第 i 次采样更新车辆位置所对应的经度和纬度；R_i 表示第 i 次采样更新车辆所在的路段名；s_i 表示第 i 次采样更新对应的车辆速度；t_i 表示第 i 次采样更新对应的时间戳。

由于路段包含两个方向(南向、北向或东向、西向)和多个转向(直行、左转、右转)，为了分析流向级交通运行特征，需要对轨迹对应车辆的行驶方向和具体转向进行辨识。

7.1.1 行驶方向识别与横向定位误差过滤

首先，对众包车辆在路段上的行驶方向进行识别，最常见的方法是地图匹配[6-10]，将轨迹匹配至相应路网上，根据车辆所在路段车流方向判断车辆移动方向。如图 7-1 所示，将车辆连续采样更新时空位置点匹配至路网上，可判别该车辆在路段上的行驶方向为自西向东，采样更新点 2、5、8 包含定位误差。由于这类方法需要结合实际路网电子地图进行标注，若路网规模较大或数据量庞大，数据处理过程将较为复杂。

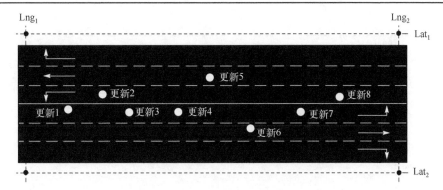

图 7-1　众包数据地图匹配示意图

因此，提出一种不依赖路网电子地图标注的简便方法，仅采用重构轨迹作为输入，识别车辆在路段上的具体移动方向，并实现众包轨迹横向定位误差自动过滤，算法具体步骤如表 7-1 所示，其中，用 $P_a(\text{Lng}_1,\text{Lat}_1)$、$P_b(\text{Lng}_2,\text{Lat}_1)$、$P_c(\text{Lng}_1,\text{Lat}_2)$、$P_d(\text{Lng}_2,\text{Lat}_2)$ 表示研究路网区域的四个边界点。

表 7-1　众包车辆移动方向识别与横向定位误差过滤算法

算法：众包车辆移动方向识别与横向定位误差过滤

for 每辆车对应轨迹 $\text{VT}_j = \left\{ \text{user id},(\text{Lng}_1,\text{Lat}_1,R_1),\cdots,(\text{Lng}_n,\text{Lat}_n,R_n) \right\}$：

    for $j=1$ to VT_j 包含的轨迹段数量：

        $\Delta\text{Lng}_j = \text{Lng}_{j+1} - \text{Lng}_j$；

        $\Delta\text{Lat}_j = \text{Lat}_{j+1} - \text{Lat}_j$；

        if 路段名 R_j 包含 "街" 字段 then

            令 m=k=0, m=m+1 $\leftarrow \Delta\text{Lat} > 0$；

            k=k+1 $\leftarrow \Delta\text{Lat} < 0$；

            if $|m/(m+k) - k/(m+k)| < p$ then

                删除 VT_j；

            end if

            if $m - k > 0$ then

                VT_j 对应车辆在路段 R_j 上的行驶方向为自南向北；

                VT_j 中 $\Delta\text{Lat} < 0$ 对应采样更新记录为横向定位误差，进行删除；

            else

                VT_j 对应车辆在路段 R_j 上的行驶方向为自北向南；

                VT_j 中 $\Delta\text{Lat} > 0$ 对应采样更新记录为横向定位误差，进行删除；

            end if

        else 路段名 R_j 包含 "路" 字段

            m=m+1 $\leftarrow \Delta\text{Lng} > 0$；

            k=k+1 $\leftarrow \Delta\text{Lng} < 0$；

            if $|m/(m+k) - k/(m+k)| < p$ then

                删除 VT_j；

续表

```
        end if
        if  m − k > 0   then
            VT_j 对应车辆在路段 R_j 上的行驶方向为自西向东；
            VT_j 中 ΔLng > 0 对应采样更新记录为横向定位误差，进行删除；
        else
            VT_j 对应车辆在路段 R_j 上的行驶方向为自东向西；
            VT_j 中 ΔLng < 0 对应采样更新记录为横向定位误差，进行删除；
        end if
    end if
  end for
end for
```

如表 7-1 所示，可根据轨迹段对应路段名对车辆行驶方向进行大致预判。例如，对于某一车辆轨迹 VT_i，如果轨迹段 j 对应路段名 R_j 中包含"路"这一字段，则车辆在该路段上的行驶方向应为自东向西或自西向东，无论纬度如何变化，经度在一段时间内应是连续增大或连续减小。如果车辆自西向东行驶，则经度不断增大；如果自东向西，则经度不断减小。将轨迹段 j 中车辆经度连续增大和连续减小的次数分别记为 m 和 k，假设正确位置采样更新数量大于错误位置采样更新数量。因此，若 $m > k$，则车辆行驶方向为自西向东，$ΔLng < 0$ 对应的位置记录为车辆横向定位误差，进行删除处理；若 $m < k$，则车辆行驶方向为自东向西，$ΔLng > 0$ 对应的位置记录为车辆横向定位误差，进行删除处理。据此可将车辆定位误差过滤，识别车辆在路段上的具体行驶方向。需要注意的是，若 m 非常接近于 k，说明该车辆采样数据误差较大，这种情况下不利于判断车辆的正确行驶方向，应首先过滤掉这些数据。

7.1.2　交叉口空间转向识别

利用表 7-1 所示算法识别车辆在路段上的行驶方向后，可根据车辆在连续路段行驶方向变化规律，进一步识别车辆在对应交叉口的具体转向，包括：左转、直行、右转。如图 7-2 所示，若某众包车辆在两条相邻路段 A 和 B 上的行驶方向同为南向北，则该车在 A 路段下游交叉口直行，如情况 2 所示；若车辆在 A 路段行驶方向为南向北，在 B 路段行驶方向为东向西，则该车在 A 路段下游交叉口左转，如情况 1 所示；若车辆在 A 路段行驶方向为南向北，在 B 路段行驶方向为西向东，则该车在 A 路段下游交叉口右转，如情况 3 所示。据此可得流向级轨迹为

$$VT = \left\{ Lng_i, Lat_i, R_i, S_i, t_i, D_i, U_j \right\} \tag{7.2}$$

其中，D_i 表示第 i 次采样更新车辆在相应路段上的行驶方向；U_j 表示车辆在轨迹段 j 下游交叉口对应转向。

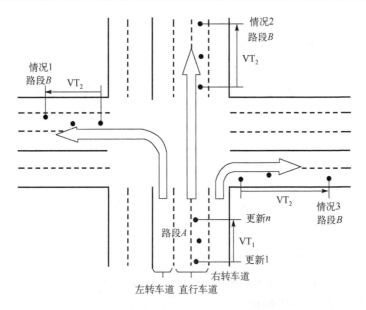

图 7-2　交叉口车辆转向示意图

7.2　基于拥堵关联性挖掘的路网拥堵传播图构建

现有瓶颈辨识方法大多仅考虑路段自身的拥堵情况[11-16]，忽略拥堵传播产生的不良影响，导致瓶颈辨识结果与实际情况存在偏差。瓶颈路段不仅自身拥堵，还会造成其他路段拥堵，对路网瓶颈进行辨识，必须要考虑拥堵传播。生成树是图论中的概念[17-20]，对于某一连通图，如果可用其中的部分连边连接连通图中的全部顶点，构建原连通图的一个无环子图，则该子图是原连通图的一棵生成树。若将路网拥堵路段视作节点，拥堵路段之间的有向关联性视作边，便可得到路网拥堵传播图。据此构建拥堵传播生成树，刻画某一拥堵路段拥堵传播的最大范围，并通过量化不同路段的拥堵后果，获取准确的瓶颈辨识结果。

为了构建路网拥堵传播生成树，首先需要准确检测、筛选路网全部拥堵路段，然后剖析拥堵路段之间的时空有向关联性，构建路网拥堵传播图，最后根据拥堵传播图中的点边关系完成拥堵传播生成树构建。

7.2.1　拥堵路段检测

部分研究通过定义拥堵速度阈值，认为当路段平均速度低于该阈值时，路段发生拥堵，据此识别大规模路网中的拥堵路段[12-16]。然而，城市路网中不同道路的固有属性和交通管理方式不同，路段之间的速度差异明显，某些路段平均速度虽低，但可能并非由交通拥堵所致。因此，需要考虑路段自身固有属性和车流运行特征，识别拥堵路段。本章通过拥堵指数(Traffic Performance Index, TPI)衡量道路交通状况和拥堵程度，据此检测路网拥堵路段。拥堵指数目前已经被广泛实际应用，比如百度、高德等互联网地图服务提供商，均以此指标进行路段交通状态判别。拥堵指数 TPI 定义如下

$$r = \frac{v_f}{v_a} \tag{7.3}$$

其中，v_a 表示路段实际速度；v_f 表示路段自由流速度。

如式(7.3)所示，根据路段实际速度 v_a 和自由流速 v_f 计算 r，其中，v_a 可直接根据重构轨迹获得，而 v_f 需要细化估计。首先，基于历史轨迹数据获得研究时段内道路每分钟平均速度变化结果。然后，绘制累积速度分布曲线，将85%分位对应速度值定义为该路段的自由流速。

表 7-2　路段交通状况分类

TPI	1~1.2	1.2~1.5	1.5~1.8	1.8~2.1	>2.1
拥堵程度	畅通	基本畅通	轻度拥堵	中度拥堵	严重拥堵

如表 7-2 所示，不同交通状况分类阈值将 TPI 分为 5 个区间，其中，各阈值根据大量实际观测数据标定得到。当 TPI 在 1~1.2 时，路段畅通；1.2~1.5 基本畅通；大于 1.5 时，路段拥堵。考虑到路段交通状况具有波动性，当 TPI 大于 1.5 并且持续超过一段时间(如 5 分钟)时，则认为该路段发生交通拥堵。因此，根据每条路段实际速度和自由流速计算 TPI，识别路网拥堵路段。另外，根据路段 TPI 阈值可得到路段相应的拥堵速度阈值，如式(7.4)所示，当每分钟平均速度满足式(7.4)并持续一段时间时，可以识别拥堵轨迹段(Congested Vehicle Trajectory Segments，CVTS)

$$\text{CVTS} = \begin{cases} \text{轻度拥堵，} v_a \in (0.56v_f, 0.67v_f) \\ \text{中度拥堵，} v_a \in (0.47v_f, 0.56v_f) \\ \text{重度拥堵，} v_a \in (0, 0.47v_f) \end{cases} \tag{7.4}$$

7.2.2　拥堵关联性判定

相关研究大多认为某一路段拥堵只会影响其上游路段,造成拥堵向上游扩散[17-20]。然而，实际情况是当某路段拥堵时，与其相邻的所有路段均可能受到影响。路段拥

堵不仅影响上游车辆运行，还可能随着车流的不断放行，向下游逐渐蔓延。因此，在不考虑拥堵传播方向的条件下，对于任意拥堵路段 A 和 B，如果同时满足以下两个条件，则认为路段 B 拥堵与路段 A 拥堵存在关联。

①时间约束：A 路段和 B 路段的拥堵开始时间在交通流同一高峰时段 $h_s \sim h_e$ 内，其中，h_s 和 h_e 分别表示高峰时段开始时刻和结束时刻；

②需求重叠率约束：定义两条路段间的需求重叠率如式(7.5)所示，如果 B 拥堵与 A 拥堵存在关联，需求重叠率 (Demand Overlap Ratio，DOR) 应大于设定的阈值 α

$$\text{DOR} = \frac{N_{AB}}{N_A} \tag{7.5}$$

其中，N_A 表示 $h_s \sim h_e$ 时间内经过路段 A 的轨迹数量；N_{AB} 表示 $h_s \sim h_e$ 时间内同时经过路段 A 和 B 的轨迹数量。

当且仅当上述时间约束和需求重叠率约束同时满足时，判定两条拥堵路段存在有向时空关联性。关联方向可分为前向关联和后向关联，车流方向与关联方向一致为前向关联，相反则为后向关联，其中，前向关联又包括左转关联、直行关联和右转关联。前向关联具体方向可以根据关联路段之间的主车流轨迹确定。与 Lee[5] 和 Li[21] 等提出的方法相比，提出的拥堵路段关联性判定方法考虑了拥堵在路网上传播的所有潜在方向，无须对拥堵传播速度和空间阈值进行假设，便可得到不同拥堵路段之间的有向时空关联性。

图 7-3 展示了某示例路网中各拥堵路段的开始拥堵时间及车流路径、流量等相关信息，其中，CRS (Congested Road Segment) 表示拥堵路段，该路网共包含 5 条拥堵路段。CRS 1 最早发生拥堵，拥堵开始时间为 07:00，以该路段为例，运用提出的方法判断与 CRS 1 相关的其他拥堵路段。

设定时间约束为早高峰 07:00～11:00，DOR 阈值 α 为 10%，由于 CRS 5 拥堵开始时间为 17:30，与 CRS 1 拥堵开始时间不在同一高峰时段内，不符合上述时间约束条件，因此，CRS 5 首先被判定为不相关拥堵路段。进一步分析 CRS 2、3、4 的拥堵开始时间，分别为 07:15、07:20、07:30，与 CRS 1 的拥堵开始时间属于同一高峰时段，因此，CRS 2、3、4 的拥堵可能与 CRS 1 关联。然后，基于需求重叠率约束进行判定。CRS 2 与 CRS 1 的需求重叠率 DOR 为 80%，大于设定阈值 10%，因此，CRS 2 与 CRS 1 存在拥堵有向时空关联性。由于拥堵传播方向为 CRS 1 至 CRS 2，车流方向为 CRS 2 至 CRS 1，所以，CRS 2 与 CRS 1 属于后向拥堵时空关联。同理，由于 CRS 4 与 CRS 1 需求重叠率 DOR 达到 70%，CRS 4 与 CRS 1 同样存在有向拥堵时空关联性。由于车流方向与拥堵传播方向一致，所以，CRS 4 与 CRS 1

属于前向拥堵时空关联。由图 7-3 可见，CRS 1 与 CRS 4 之间的主车流路径为下游左转，所以该拥堵关联方向属于前向左转关联。但对于 CRS 3，该路段与 CRS 1 的需求重叠率 DOR 为 0，因此 CRS 3 与 CRS 1 判定为无时空关联性。综上可见，该路网高峰时段内四条拥堵路段中，只有 CRS 2、CRS 4 与 CRS 1 存在拥堵有向时空关联性。

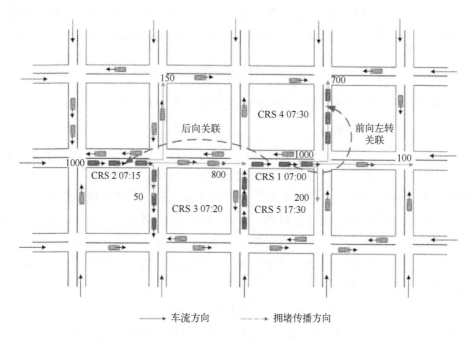

图 7-3　拥堵路段有向时空关联性示意图

7.2.3　路网拥堵关联图构建

根据上述方法识别路网拥堵路段并获得拥堵有向时空关联性分析结果后，进一步对拥堵有向时空关联性矩阵进行递归，构建路网拥堵关联图。首先，将初始路网拥堵关联图，即由拥堵有向时空关联性构成的拥堵一次传播图表示为 $\{PG_1, PG_2, \cdots, PG_q\}$，其中，$q$ 表示初始路网拥堵传播图数量，拥堵传播图中的关联方向由先拥堵路段指向后拥堵路段，若拥堵时间开始时间相似，小于设定间隔阈值，则认为路段之间存在拥堵传播环结构。R 表示拥堵有向时空关联性矩阵，CRS 表示某一拥堵路段，基于拥堵有向时空关联性递归构建最终的拥堵关联图，算法具体步骤如表 7-3 所示。

表 7-3　基于拥堵有向时空关联性递归的拥堵关联图构建算法

算法：基于拥堵时空有向关联性递归的拥堵关联图构建
def find correlation (CRS, R)
for 初始拥堵关联图 $\mathrm{PG}_i\left(i=1,2,\cdots,q\right)$ 中的叶节点 LN_j ：
for 关联于叶节点 LN_j 的拥堵路段 CRS_k ：
if $\mathrm{CRS}_k = \mathrm{LN}_{\mathrm{final}}$ then
return PG_i
else
if $\mathrm{LN}_j \notin \mathrm{PG}_i$ then
correlation = find correlation $\left(\mathrm{CRS}_k, R\right)$
$\mathrm{PG}_i \leftarrow \mathrm{PG}_i \bigcup \mathrm{correlation}$
else
$k = k+1$
end if
return PG_i
end if
end for
end for
return PG_i

以下结合具体示例说明表 7-3 所示路网拥堵关联图构建算法。假设路网共包括 13 条拥堵路段 $\{\mathrm{CRS}_1, \mathrm{CRS}_2, \cdots, \mathrm{CRS}_{13}\}$，拥堵有向时空关联性如图 7-4 所示，由此可得路网初始拥堵关联图包括 $\{\mathrm{PG}_1, \mathrm{PG}_2, \mathrm{PG}_3, \mathrm{PG}_4\}$，如图 7-5(a)～(d) 所示。以构建源自拥堵路段 CRS 1 的拥堵关联图为例，由图 7-4 可见与 CRS 1 存在拥堵有向时空关联性的路段包括 CRS 2、3、4，与 CRS 2 存在拥堵有向时空关联性的路段包括 CRS 5、6、7，同理，CRS 5、6、7 可能与其他拥堵路段存在关联性。因此，根据表 7-3 所示算法，对路网拥堵时空有向关联性矩阵进行遍历搜索，直到与 CRS 1 存在直接或间接拥堵有向时空关联性的全部路段被包含于拥堵关联图中，由此得到源自 CRS 1 的最终拥堵关联图，如图 7-6 所示。

● 拥堵路段　　　——→ 拥堵关联性

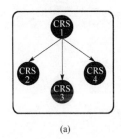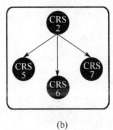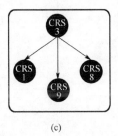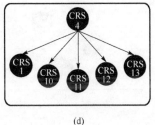

(a)　　　　　　　(b)　　　　　　　(c)　　　　　　　(d)

图 7-4　拥堵有向时空关联性示意图

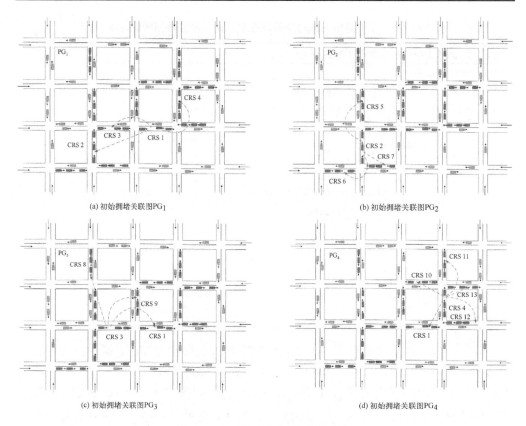

(a) 初始拥堵关联图PG$_1$　　　　　　　　(b) 初始拥堵关联图PG$_2$

(c) 初始拥堵关联图PG$_3$　　　　　　　　(d) 初始拥堵关联图PG$_4$

图 7-5　路网初始拥堵关联图构建

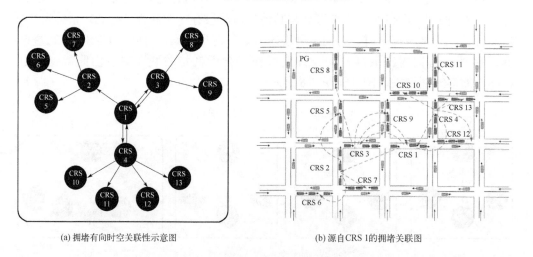

(a) 拥堵有向时空关联性示意图　　　　　　(b) 源自CRS 1的拥堵关联图

图 7-6　源自 CRS 1 的拥堵关联图构建

7.2.4　拥堵传播图构建

分别以每条拥堵路段为源头，构建路网全部拥堵关联图。如图 7-6 所示，拥堵关联图可能存在环结构，CRS 1～CRS 4 便构成一个环结构。为了消除环结构，获得拥堵传播最长路径，需要进一步构建拥堵传播图及相应生成树，用 ST(Spanning Tree)表示拥堵传播生成树，每棵 ST 应包含拥堵传播图中的全部节点，从而尽可能全面地刻画路网中的拥堵有向时空关联性。定义拥堵源头路段为根节点，拥堵传播终点对应路段为叶节点，根节点通过包含一系列有向边(拥堵有向时空关联性)的唯一拥堵传播路径连接全部叶节点构成一颗 ST，其中，边方向表示拥堵传播方向。

例如，对于源自 CRS 1 的拥堵关联图 PG$\{N,E\}$，如图 7-6(b)所示，其中，N 表示节点集合即拥堵路段集合，E 表示连边集合即拥堵有向时空关联性集合。以 E' 表示 E 的子集，以 CRS 1 为根节点，用 E' 中的连边连接拥堵传播图中最多数量节点获得相应 ST。其中，边方向根据 ST 空间结构唯一确定，从根节点指向叶节点，由此消除拥堵关联图中的环结构，得到以 CRS 1 为源头的拥堵传播最长路径和最大范围，如图 7-7 所示。

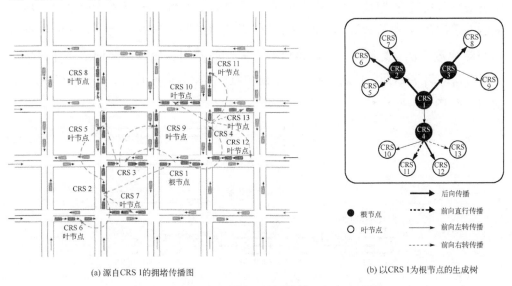

(a) 源自 CRS 1 的拥堵传播图　　　　　　　　　(b) 以 CRS 1 为根节点的生成树

图 7-7　源自 CRS 1 的拥堵传播图及相应生成树

类似拥堵有向时空关联性，拥堵传播方向同样可分为前向传播和后向传播，拥堵传播方向与车流方向相同则为前向传播，拥堵传播方向与车流方向相反则为后向传播。其中，前向传播又包括直行传播、左转传播和右转传播，前向传播具体方向可根据路段间的主车流众包轨迹确定。例如，如图 7-7 所示，CRS 1～CRS 4 的拥堵传播方向为前向传播，若 CRS 1 与 CRS 4 之间的主车流众包轨迹方向为下游左转，则认为拥堵方向为左转传播。

通过上述分析得到的是基于历史数据的经验结果，由于交通状况动态变化，路段之间的拥堵传播现象存在不确定性和随机性，以下将结合贝叶斯推断对流向级拥堵传播概率密度分布进行深入分析，进一步挖掘拥堵传播规律。

7.2.5　拥堵传播概率估计

拥堵路段之间的有向时空关联性存在不确定性，假设每对拥堵路段之间的有向时空关联性是一个随机变量，利用基于多天众包轨迹数据的观测结果，提出一种基于贝叶斯推断的方法估计拥堵传播概率密度分布。其中，基于单次观测结果判定拥堵路段 CRS A 和 CRS B 之间是否存在有向时空关联性。

假设对 CRS A 和 CRS B 之间是否存在有向时空关联性进行了 N 次观测实验，若一次观测实验结果为存在关联则记为实验成功，否则记为实验失败。由于每次实验的结果只有两种可能：成功（概率为 P）和失败（概率为 $1-P$），所以，每次实验均可视为一次伯努利试验。N 次观测相当于以参数 P 进行了 N 次独立重复伯努利实验，实验成功总次数 X 服从二项分布。因此，假设多次观测 CRS A 在方向 z 与 CRS B 关联的总次数 X 服从参数为 N 和 $\theta_{A,B}^z$ 的二项分布，即 $X \sim B\left(N, \theta_{A,B}^z\right)$，其中，$N$ 表示观测次数；$\theta_{A,B}^z$ 表示两条拥堵路段在方向 z 时空相关概率，即拥堵传播概率；$z \in \{T, L, R, B\}$ 表示拥堵传播方向，包括前向直行 T、前向左转 L、前向右转 R 和后向 B，如图 7-8 所示。

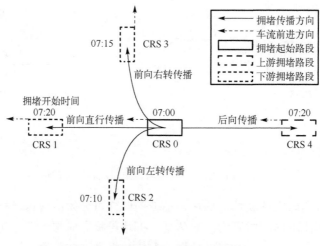

图 7-8　流向级拥堵传播方向示意图

关于参数 N 和 $\theta_{A,B}^z$ 的二项分布可表示为

$$P\left(X=x|\theta_{A,B}^{z}\right)=C_{N}^{x}\theta_{A,B}^{z}{}^{x}(1-\theta_{A,B}^{z})^{N-x} \tag{7.6}$$

满足

$$P\left(X=x|\theta_{A,B}^{z}\right)\propto\theta_{A,B}^{z}{}^{x}(1-\theta_{A,B}^{z})^{N-x} \tag{7.7}$$

Beta 分布[22,23]被广泛应用于描述伯努利实验的成功概率分布，在估计拥堵传播概率 $\theta_{A,B}^{z}$ 之前，若没有任何观测信息，对 CRS A 在方向 z 上是否关联于 CRS B 这一事件进行估计，只存在两种估计结果：关联或不关联，估计正确的概率为 50%。因此，选择均值为 0.5 的 Beta 分布作为拥堵传播概率 $\theta_{A,B}^{z}$ 的先验分布

$$\begin{aligned}\text{Beta}\left(a,b\right)&=\frac{\left(\theta_{A,B}^{z}\right)^{a-1}\left[1-\left(\theta_{A,B}^{z}\right)\right]^{b-1}}{B\left(a,b\right)}\\&=\frac{\left(\theta_{A,B}^{z}\right)^{a-1}\left[1-\left(\theta_{A,B}^{z}\right)\right]^{b-1}}{\int_{0}^{1}\left(\theta_{A,B}^{z}\right)^{a-1}\left[1-\left(\theta_{A,B}^{z}\right)\right]^{b-1}\mathrm{d}u}\propto\left(\theta_{A,B}^{z}\right)^{a-1}\left[1-\left(\theta_{A,B}^{z}\right)\right]^{b-1}\end{aligned} \tag{7.8}$$

其中，$B\left(a,b\right)$ 表示标准化函数，令式 (7.8) 所示概率密度函数积分为 1；a 和 b 表示 Beta 分布参数，$a=5$，$b=5$；后验概率可表示为

$$P\left(\theta_{A,B}^{z}|x\right)=\frac{P\left(x|\theta_{A,B}^{z}\right)P\left(\theta_{A,B}^{z}\right)}{P\left(x\right)}\propto P\left(x|\theta_{A,B}^{z}\right)P\left(\theta_{A,B}^{z}\right) \tag{7.9}$$

给定观测结果 $\{X_{1},X_{2},\cdots,X_{N}\}$，流向级拥堵传播概率 $\theta_{A,B}^{z}$ 的概率密度分布可表示为

$$P\left(\theta_{A,B}^{z}|X_{1},X_{2},\cdots,X_{N}\right)=\frac{P\left(X_{1},X_{2},\cdots,X_{N}|\theta_{A,B}^{z}\right)P\left(\theta_{A,B}^{z}\right)}{P\left(X_{1},X_{2},\cdots,X_{N}\right)} \tag{7.10}$$

估计拥堵传播概率的问题可转换为在给定 $\{X_{1},X_{2},\cdots,X_{N}\}$ 条件下，求式 (7.10) 所示方程最大值的问题

$$\begin{aligned}\theta_{A,B}^{z}&=\arg_{\theta_{A,B}^{z}}\max P(X_{1},X_{2},\cdots,X_{N}|\theta_{A,B}^{z})P(\theta_{A,B}^{z})\\&=\arg_{\theta_{A,B}^{z}}\max\prod_{i}^{N}P(X_{i}|\theta_{A,B}^{z})P(\theta_{A,B}^{z})\\&=\arg_{\theta_{A,B}^{z}}\max\theta_{A,B}^{z}{}^{\sum_{i=1}^{N}X_{i}}(1-\theta_{A,B}^{z})^{N-\sum_{i=1}^{N}X_{i}}(\theta_{A,B}^{z})^{a-1}(1-\theta_{A,B}^{z})^{b-1}\\&=\arg_{\theta_{A,B}^{z}}\max\theta_{A,B}^{z}{}^{\sum_{i=1}^{N}X_{i}+a-1}(1-\theta_{A,B}^{z})^{N-\sum_{i=1}^{N}X_{i}+b-1}\end{aligned} \tag{7.11}$$

给定观测结果 $\{X_1, X_2, \cdots, X_N\}$，为了求解式 (7.10) 中 $P\left(X_1, X_2, \cdots, X_N | \theta_{A,B}^z\right)$

$P\left(\theta_{A,B}^z\right)$ 的最大值，令式 (7.11) 中的 $\left[\left(\theta_{A,B}^z\right)^{\sum_{i=1}^N X_i + a - 1}\left(1 - \theta_{A,B}^z\right)^{N - \sum_{i=1}^N X_i + b - 1}\right]' = 0$，由此获得

流向级拥堵传播概率估计结果

$$\hat{\theta}_{A,B}^z = \frac{\sum_{i=1}^N X_i + (a-1)}{N + (a-1) + (b-1)} \tag{7.12}$$

7.3　流向级路网瓶颈辨识

将对路网运行扰动最严重的关键路段和具体流向定义为流向级瓶颈，基于上述路网拥堵传播生成树和流向级拥堵传播概率估计方法，对其进行辨识。以不同的拥堵路段作为拥堵扩散起点，可得到不同的拥堵传播图及相应生成树。若路网高峰时段共有 n 条拥堵路段，将每条拥堵路段依次作为根节点，则可得到 n 棵拥堵时空传播生成树，每棵生成树包含与起点路段相关联的全部拥堵路段，即起点路段的拥堵最大时空传播路径和传播范围。由于不同路段不同流向拥堵之后对路网整体运行产生的扰动存在差异，所以采用流向级拥堵传播费用量化某路段某流向拥堵对路网整体运行造成的扰动，将流向级拥堵传播费用最高的路段流向识别为流向级瓶颈，该路段流向拥堵蔓延对路网整体运行造成的扰动最为严重。因此，将根据构建的生成树，明确拥堵时空传播路径，结合估计的流向级拥堵传播概率，计算每棵生成树对应拥堵起点路段的流向级拥堵传播费用，包括流向级的拥堵持续时长、延误及排队长度。

7.3.1　拥堵持续时长估计

路段流向级拥堵持续时长是指路段某流向拥堵开始到拥堵结束的持续时长。由于路段流向包含直行、左转、右转，而目前众包数据定位精度无法达到车道级，所以，首先识别研究时段内重构轨迹对应车辆在路段上的行驶方向和转向，将在交叉口处具有相同转向的轨迹进行聚类，得到路段某转向对应的全部轨迹，并按如下方式计算拥堵持续时长 CT

$$\text{CT} = \frac{\sum_{i=1}^n \sum_{j=1}^s \left(t_{ij}^e - t_{ij}^b\right)}{n} \tag{7.13}$$

$$\text{s.t.} \begin{cases} t_b \leqslant t_{ij}^b \leqslant t_e \\ t_b \leqslant t_{ij}^e \leqslant t_e \end{cases}$$

其中，n 表示路段拥堵流向的轨迹数量；考虑到一条轨迹可能包含多个拥堵段，s 表示第 i 条轨迹中的拥堵段数量；t_{ij}^{b} 表示第 i 条轨迹中第 j 个拥堵段的开始时间；t_{ij}^{e} 表示第 i 条轨迹中第 j 个拥堵段的结束时间；$[t_b,t_e]$ 表示研究时段。

7.3.2　延误估计

交通延误可表示为实际旅行时间 AT 和期望旅行时间 ET 之差，用 TD 表示路段流向级延误

$$TD = AT - ET \tag{7.14}$$

其中，路段某流向的期望旅行时间 ET 根据该路段的长度和对应流向自由流速度计算

$$ET = \frac{D}{v_f} = \frac{|AB|}{v_f} == \frac{Arccos\left(\sin\left(Lat_A\right)\sin\left(Lat_B\right)\cos\left(Lng_B - Lng_A\right) + \cos\left(Lat_B\right)\cos\left(Lat_A\right)\right)r}{v_f}$$

$$\tag{7.15}$$

其中，$A(Lat_A, Lng_A)$ 和 $B(Lat_B, Lng_B)$ 分别表示路段起点 A 和终点 B 对应边界点位置经纬度坐标；r 表示地球半径；v_f 表示自由流速度。

对于路段实际旅行时间 AT 估计，现有方法[24-26]大多直接根据原始轨迹数据中的时间戳，计算车辆在该路段第一次采样更新和最后一次更新对应的时间戳间隔，得到车辆在该路段的实际旅行时间。然而，由于众包数据理想采样时间间隔为 3～6s，车辆采样更新对应位置可能无法与道路边界准确切合，如图 7-9 所示，导致实际旅行时间估计结果出现偏差。

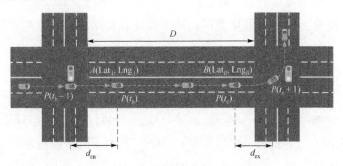

图 7-9　众包车辆路段通行示意图

因此，对基于时间戳估计的实际旅行时间结果进行修正，用 t_b^i 和 t_e^i 分别表示车辆在相应路段第一次采样更新和最后一次采样更新对应的时间戳，计算实际旅行时间 AT

$$AT = \frac{\sum_{i=1}^{n}[(t_e^i - t_b^i) + t_{en}^i + t_{ex}^i]}{n} \tag{7.16}$$

$$\text{s.t.} \begin{cases} t_b \leqslant t_e^i \leqslant t_e \\ t_b \leqslant t_b^i \leqslant t_e \\ P\left(t_e^i\right) \in \text{RS} \\ P\left(t_b^i\right) \in \text{RS} \end{cases}$$

其中，t_{en}^i 和 t_{ex}^i 分别表示车辆 i 进入和离开研究路段 RS 的时间偏差；$P\left(t_b^i\right)$ 和 $P\left(t_e^i\right)$ 分别表示 t_b^i 和 t_e^i 时刻对应的采样更新位置。

若车辆采样更新时间间隔为 t_{interval}，t_{en}^i 和 t_{ex}^i 估计如下

$$t_{\text{en}} = t_{\text{interval}} \frac{\left|AP\left(t_b^i\right)\right|}{d_{\text{en}}} = t_{\text{interval}} \frac{\left|AP\left(t_b^i\right)\right|}{\left|P\left(t_b^i - 1\right)P\left(t_b^i\right)\right|} \tag{7.17}$$

$$t_{\text{ex}} = t_{\text{interval}} \frac{\left|P\left(t_e^i\right)B\right|}{d_{\text{ex}}} = t_{\text{interval}} \frac{\left|P\left(t_e^i\right)B\right|}{\left|P\left(t_e^i\right)P\left(t_e^i + 1\right)\right|} \tag{7.18}$$

其中，d_{en} 表示 t_b^i 时刻更新位置 $P\left(t_b^i\right)$ 与前一时刻更新位置 $P\left(t_b^i - 1\right)$ 之间的距离；d_{ex} 表示时刻更新位置 $P\left(t_e^i\right)$ 与后一时刻 $P\left(t_e^i\right) + 1$ 更新位置之间的距离。

7.3.3　路段拥堵传播费用估计

基于流向级拥堵持续时长、延误及排队长度估计结果，提出一个综合指标 F_i^z 评估研究路段 i 流向 z 的自身拥堵费用，用以量化各拥堵路段各流向对路网整体运行造成的扰动

$$F_i^z = \alpha \frac{\text{ACT}_{z,i}}{\text{ACT}_{\max}} + \beta \frac{\text{ATD}_{z,i}}{\text{ATD}_{\max}} + \gamma \frac{AQ_{z,i}}{AQ_{\max}} \tag{7.19}$$

其中，$\text{ACT}_{\max} = \max\left\{\text{ACT}_{z,1}, \cdots, \text{ACT}_{z,n}\right\}$，$\text{ATD}_{\max} = \max\left\{\text{ATD}_{z,1}, \cdots, \text{ATD}_{z,n}\right\}$，$AQ_{\max} = \max\left\{AQ_{z,1}, \cdots, AQ_{z,n}\right\}$，$n$ 表示路段数量；$\text{ACT}_{z,i}$ 表示研究时段内路段 i 流向 z 的拥堵持续时长；$\text{ATD}_{z,i}$ 表示路段 i 流向 z 的延误；$AQ_{z,i}$ 表示路段 i 流向 z 的平均排队长度；α、β、γ 表示权重系数，满足 $\alpha + \beta + \gamma = 1$，取 $\alpha = 0.4$、$\beta = 0.3$、$\gamma = 0.3$，权重系数可根据检测数据质量和交通控制目标进行调整。

基于流向级路段自身拥堵费用，结合拥堵传播概率和拥堵传播生成树，计算每棵拥堵传播生成树对应根节点的流向级拥堵传播费用。用 cost_i^Y 和 cost_i^B 分别表示拥堵传播生成树根节点 i 的前向拥堵传播费用和后向拥堵传播费用，其中，$Y = \{T, L, R\}$，T 表示直行，L 表示左转，R 表示右转

$$\text{cost}_i^Y = \sum_{j=1}^{n_Y} \hat{\theta}_{i,j}^Y \text{cost}_j + F_i^Y \tag{7.20}$$

$$\text{cost}_i^B = \sum_{j=1}^{n_B} \hat{\theta}_{i,j}^B \text{cost}_j \tag{7.21}$$

其中，$\text{cost}_j = \text{cost}_j^T + \text{cost}_j^L + \text{cost}_j^R + \text{cost}_j^B$，$F_i^Y$ 表示路段 i 前向拥堵传播方向 Y 对应的自身拥堵费用；n_Y 表示与路段 i 前向拥堵传播方向 Y 关联的拥堵路段数量；n_B 表示与路段 i 后向拥堵传播关联的拥堵路段数量；$\hat{\theta}_{i,j}^Y$ 和 $\hat{\theta}_{i,j}^B$ 表示流向级拥堵传播概率。

至此，根据式(7.20)和式(7.21)计算路网任意拥堵路段流向级拥堵传播费用，包括前向直行传播、前向左转传播、前向右转传播以及后向传播。在计算得到全部拥堵路段流向级拥堵传播费用后，按由高到低的顺序对全部拥堵路段流向进行排序，量化不同拥堵路段流向对路网整体运行造成的不良影响。将流向级拥堵费用最高值对应的路段流向判定为路网瓶颈，或者将上述排序中前预设个数的路段流向判定为路网瓶颈，也可将流向级拥堵传播费用高于设定阈值的路段判定为路网瓶颈。

7.4　实　验　分　析

7.4.1　实验路网

为了验证提出的流向级路网瓶颈辨识方法，采用开源交通仿真软件 SUMO 搭建路网仿真模型。如图 7-10 所示，该路网共包括 25 个交叉口，120 条路段，每条路段长 200m，东西方向为双向四车道的主干道，限速为 20m/s，南北方向为双向两车道的次干道，限速为 11m/s，每个交叉口均采用固定信号配时方案，相位空间包括：东西直行、东西左转、南北通行共三个相位，信号周期设置为 90s，配时方案如图 7-11 所示，黄灯时间设置为 3s。

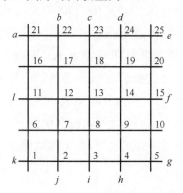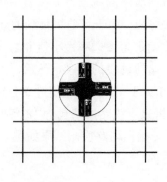

图 7-10　SUMO 路网仿真模型

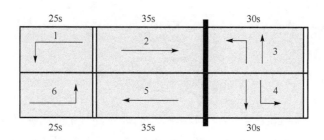

图 7-11　SUMO 路网仿真模型交叉口信号配时方案

根据交通需求设置路网 OD 对包括 *k-e*、*l-f*、*a-g*、*b-h*、*c-i*、*j-d*，如图 7-10 所示。仿真步长为 3000s，任意 OD 对之间的车辆在仿真过程中随机选择行驶路径。由于交通流在高峰和平峰时段差异较大，为了再现路网通勤高峰，对路网模型加载动态交通流，随着仿真步长的增加，令路网流量先逐渐增大，达到高峰后再逐渐减小。因此，路网平均饱和度先增大后减小，具体方案如表 7-4 所示。

表 7-4　SUMO 路网仿真模型 OD 车流输入 (veh/h)

仿真时间/s	*k-e*	*l-f*	*a-g*	*e-k*	*f-l*	*g-a*	*b-h*	*c-i*	*d-j*	*h-b*	*i-c*	*j-d*
0～200	400	400	400	0	0	0	200	200	200	0	0	0
200～500	800	800	800	0	0	0	600	600	600	0	0	0
500～1000	1000	1000	1000	300	300	300	800	800	800	200	200	200
1000～1500	800	800	800	500	500	500	900	900	900	300	300	300
1500～2000	500	500	500	300	300	300	1000	1000	1000	400	400	400
2000～2500	0	0	0	200	200	200	600	600	600	200	200	200
2500～3000	0	0	0	0	0	0	200	200	200	0	0	0

7.4.2　拥堵路段关联性分析

辨识流向级路网瓶颈首先需要识别路网全部拥堵路段。将 SUMO 仿真过程中车辆运行轨迹导出，由于目前采集到的众包数据渗透率介于 6%～10%，所以，将轨迹数据抽样比确定为渗透率最小值 6%，轨迹点更新时间间隔为 3s。识别拥堵轨迹段，筛选包含拥堵轨迹段的路段。然后，基于轨迹数据计算筛选道路每分钟的拥堵指数 TPI，将 TPI 大于 1.5 并持续超过 5 分钟的路段识别为拥堵路段，相应可得拥堵开始时间。经分析显示该路网共包含 18 条拥堵路段，按拥堵开始时间由先到后进行排序，1 表示最先开始拥堵路段，结果如图 7-12 所示，其中，点表示拥堵路段，箭头表示拥堵路段方向。

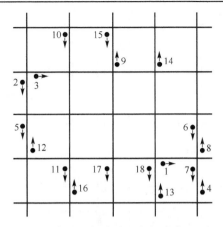

图 7-12　拥堵路段空间分布

然后，利用 SUMO 导出的轨迹数据，根据有向拥堵关联性准则，包括时间约束和需求重叠率约束，判别图 7-12 所示 18 条拥堵路段之间的有向关联性，结果如表 7-5 和图 7-13 所示，其中需求重叠率阈值 α 设为 10%。

表 7-5　拥堵路段时空有向关联性分析结果

拥堵路段	关联拥堵路段	数量	拥堵路段	关联拥堵路段	数量
1	[2 B, 5 B, 7 R, 8 L, 13 B, 14 B]	7	10	[11 T, 17 T]	2
2	[5 T,7 T]	2	11	[15 B]	1
3	[6 T, 7 T, 12 B, 17 T]	4	12	[]	0
4	[8 T, 14 T, 18 B]	3	13	[14 T]	1
5	[10 B]	1	14	[16 B]	1
6	[7 T, 10 B]	2	15	[17 T,18 T]	2
7	[10 B]	1	16	[]	0
8	[13 B, 14 T]	2	17	[]	0
9	[13 B, 16 B]	2	18	[]	0

注：T 表示前向直行关联，L 表示前向左转关联，R 表示前向右转关联，B 表示后向关联。

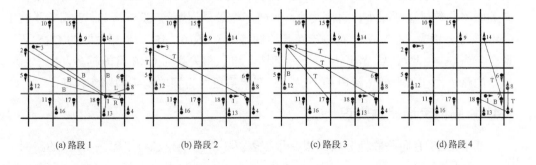

(a) 路段 1　　　　　　(b) 路段 2　　　　　　(c) 路段 3　　　　　　(d) 路段 4

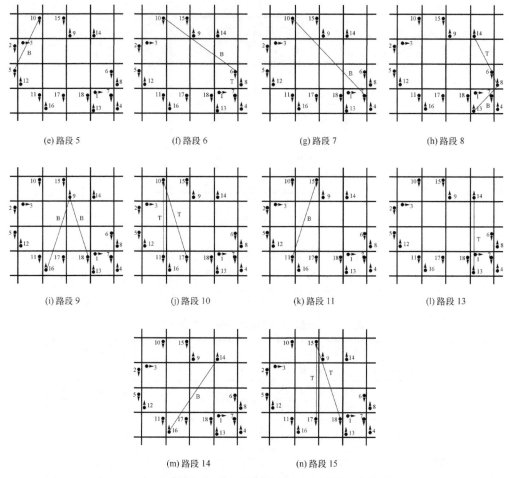

(e) 路段 5　　　　　(f) 路段 6　　　　　(g) 路段 7　　　　　(h) 路段 8

(i) 路段 9　　　　　(j) 路段 10　　　　　(k) 路段 11　　　　　(l) 路段 13

(m) 路段 14　　　　　(n) 路段 15

图 7-13　拥堵路段时空有向关联性

　　为了便于表述分析结果，将拥堵路段简称为 CRS，表 7-5 将所有 CRS 分别作为拥堵根源，列出与其相关的全部 CRS，包含关联方向 T(前向直行关联)、L(前向左转关联)、R(前向右转关联)、B(后向关联)。随着拥堵开始时间延长，拥堵路段有向关联路段数量逐渐减小，直至为 0。例如，与最早拥堵的 CRS 1、2、3 相关联的 CRS 数量分别为 7、2、4，而与较晚开始拥堵的 CRS16、17、18 相关联的 CRS 数量全部为 0。由此可见，路段越早开始拥堵，与之相关联的 CRS 可能越多，由于后拥堵的路段往往与先拥堵路段相关联，后拥堵路段成为拥堵源头的概率较低。

7.4.3　路网交通瓶颈辨识

　　基于 CRS 有向关联性分析结果，根据表 7-3 算法构建源自于每条 CRS 的路网拥堵传播图，由于拥堵传播图可能存在环结构，构建每个根节点对应生成树，由此得到每条 CRS 的拥堵最大传播范围和传播路径，如图 7-14 所示。

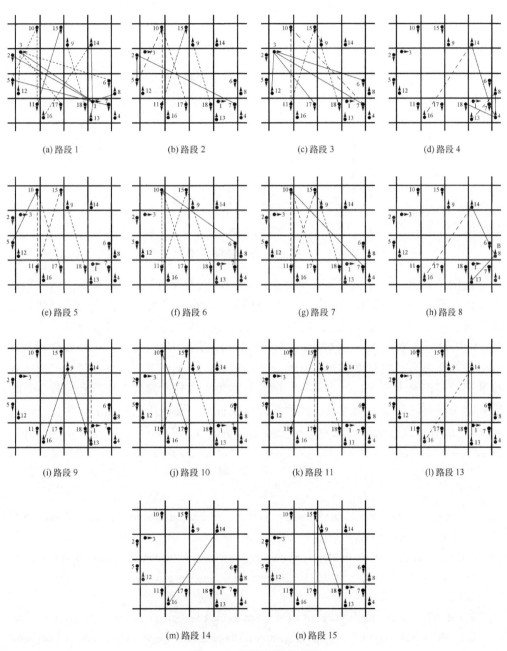

图 7-14　拥堵传播生成树

为了便于表述，将拥堵传播生成树简称为 ST。由图 7-14 可见，以不同 CRS 为拥堵起源得到的 ST 影响范围差异较大，大多数 ST 的拥堵传播过程包含多个阶段。以 CRS 1 为根节点的 ST 几乎覆盖了整个研究路网区域，以 CRS 2、3、5、6 为根节点的 ST 同样包含较多的拥堵关联路段。因此，这些路段成为路网瓶颈的概率较大。结合流向级拥堵传播概率，对每棵 ST 对应的流向级拥堵传播费用(包括流向级拥堵持续时间、延误以及排队长度)进行计算，结果如图 7-15 所示。

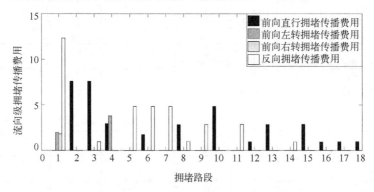

图 7-15　各拥堵路段流向级拥堵传播费用

由图 7-15 可见，不同路段流向级拥堵传播费用差异明显。如果按照流向级拥堵费用由大到小对路段流向进行排序，取费用最高的前三条路段流向作为路网瓶颈辨识结果，路段 1 后向、路段 2 直行和路段 3 直行的拥堵传播费用最高，分别为 12.65、7.9 和 7.92，将被识别为路网瓶颈。对于路段 1 的拥堵后向传播，进一步分析其不同流向特征参数，包括平均排队长度、平均延误、平均速度，发现左转方向排队长度和平均延误最大，平均速度最低。因此，路段 1 左转、路段 2 直行和路段 3 直行被判定为是路网瓶颈。一旦这些路段流向发生拥堵，路段 1 的拥堵后向蔓延以及路段 2、3 的拥堵直行蔓延将会对路网整体运行造成较大的扰动。

参 考 文 献

[1]　Nguyen H, Liu W, Chen F. Discovering congestion propagation patterns in spatio-temporal traffic data. IEEE Transactions on Big Data, 2016, 3(2):169-180.

[2]　Wang Y, Cao J, Li W, et al. Mining traffic congestion correlation between road segments on GPS trajectories//Proceedings of the IEEE International Conference on Smart Computing, St Louis, 2016.

[3]　Tao R, Xi Y, Li D. Simulation analysis on urban traffic congestion propagation based on complex network// Proceedings of the IEEE International Conference on Service Operations and Logistics, and Informatics, Beijing, 2016.

[4]　Li Y, Liu Y, Zou K. Research on the critical value of traffic congestion propagation based on coordination game. Procedia Engineering, 2016, 137:754-761.

[5]　Lee W, Tseng S, Shieh J, et al. Discovering traffic bottlenecks in an urban network by spatiotemporal data mining on location-based services. IEEE Transactions on Intelligent Transportation Systems, 2011, 12(4):1047-1056.

[6]　Sharath M, Velaga N, Quddus M. A dynamic two-dimensional (D2D) weight-based map-matching algorithm. Transportation Research Part C: Emerging Technologies. 2019, 98:409-432.

[7]　Hunter T, Abbeel P, Bayen A. The path inference filter: model-based low-latency map matching of probe vehicle data. IEEE Transactions on Intelligent Transportation Systems, 2014, 15(2):507-529.

[8]　吴涛, 向隆刚, 龚健雅. 路网更新的轨迹-地图匹配方法. 测绘学报, 2017, 46(4):507-515.

[9]　杨伟, 艾廷华. 基于车辆轨迹大数据的道路网更新方法研究. 计算机研究与发展, 2016, 53(12):2681-2693.

[10]　曾喆, 李清泉, 邹海翔, 等. 曲率积分约束的 GPS 浮动车地图匹配方法. 测绘学报, 2015, 44(10):1167-1176.

[11]　Newell C. Applications of Queueing Theory. Berlin:Springer, 2013.

[12]　Long J, Gao Z, Ren H, et al. Urban traffic congestion propagation and bottleneck identification. Science in China Series F: Information Sciences, 2008, 51(7):948.

[13]　Jimenez A, Rodriguez-Valencia A. Exploratory methodology for identification of urban bottlenecks using GPS data. Journal of Traffic and Transportation Engineering, 2016, 4:280-290.

[14]　Kan Z, Tang L, Kwan M, et al. Traffic congestion analysis at the turn level using taxis' GPS trajectory data. Computers, Environment and Urban Systems, 2019, 74:229-243.

[15]　He Z, Qi G, Lu L, et al. Network-wide identification of turn-level intersection congestion using only low-frequency probe vehicle data. Transportation Research Part C: Emerging Technologies, 2019, 108:320-339.

[16]　Kumarage S, de Silva D, Bandara J. Identification of road bottlenecks on urban road networks using crowdsourced traffic data//Proceedings of the International Symposium of Transport Simulation and the International Workshop on Traffic Data Collection and its Standardization, Ehime, 2018.

[17]　Asano T, Bhattacharya B, Keil M, et al. Clustering algorithms based on minimum and maximum spanning trees//Proceedings of the 4th Annual Symposium on Computational Geometry, Illinois, 1988.

[18]　Pettie S, Ramachandran V. An optimal minimum spanning tree algorithm. Journal of the ACM, 2002, 49(1):16-34.

[19] Jothi R, Mohanty S, Ojha A. Fast approximate minimum spanning tree based clustering algorithm. Neurocomputing, 2018, 272:542-557.

[20] Schild A. An almost-linear time algorithm for uniform random spanning tree generation// Proceedings of the 50th Annual ACM SIGACT Symposium on Theory of Computing, Los Angeles, 2018.

[21] Li C, Yue W, Mao G, et al. Congestion propagation based bottleneck identification in urban road networks. IEEE Transactions on Vehicular Technology, 2020, 69(5):4827-4841.

[22] McDonald J, Xu Y. A generalization of the beta distribution with applications. Journal of Econometrics, 1995, 66(1-2):133-152.

[23] Gupta A, Nadarajah S. Handbook of Beta Distribution and Its Applications. New York:CRC Press, 2004.

[24] Rao W, Wu Y, Xia J, et al. Origin-destination pattern estimation based on trajectory reconstruction using automatic license plate recognition data. Transportation Research Part C: Emerging Technologies, 2018, 95:29-46.

[25] Wan N, Vahidi A, Luckow A. Reconstructing maximum likelihood trajectory of probe vehicles between sparse updates. Transportation Research Part C: Emerging Technologies, 2016, 65:16-30.

[26] van Lint J, Hoogendoorn S. A generic methodology to estimate vehicle accumulation on urban arterials by fusing vehicle counts and travel times//Proceedings of the 94th Annual Meeting of Transportation Research Board, Washington DC, 2015.

第 8 章 基于交通瓶颈辨识的区域信号控制优化

区域拥堵治理一直是交通控制领域待解决的核心问题，对路网瓶颈进行控制优化是缓解区域拥堵的理想手段[1-4]。如何考虑瓶颈车流动态演化特性，对路网瓶颈关联区进行协调控制是开发下一代智能交通控制系统的关键。通过前几章的研究分析，可利用高噪声众包数据对大范围路网流向级瓶颈进行精准辨识，判定对路网运行扰动最严重的关键路段和具体流向，实现区域拥堵致因诊断。本章进一步从区域信号动态协调角度，在战略及战术层面制定控制策略，提出面向流向级路网瓶颈疏解的区域路网分层控制方法，战略上对瓶颈关联区外层边界执行智能控制，战术上对关联区内层关联交叉口执行动态协调控制，遏制瓶颈拥堵传播。首先，基于路网分层结果对流向级瓶颈众包轨迹进行分层溯源与追踪，动态判定瓶颈关联区边界与可控点；进而，提出流向级瓶颈关联区分层控制模型，实现区域拥堵疏解。

8.1 基于交通瓶颈辨识的路网分层

由于路网各向车流相互关联、相互影响，对瓶颈进行优化不能仅考虑瓶颈自身，还应从路网整体的角度考虑拥堵传播和蔓延。因此，基于上一章路网瓶颈辨识结果，本章首先提出路网分层方法，以瓶颈路段为研究出发点，分别按照瓶颈路段上游和下游两个方向，将路网划分为多层结构，提出瓶颈分层控制方案。

8.1.1 瓶颈车流上游路网分层

以瓶颈所在路段为中心，对其相邻路段进行分层，若瓶颈为 m_z，与 m_z 直接相邻的上游路段集合为 $\mathrm{AR}_{\mathrm{up}}^1$，则 $\mathrm{AR}_{\mathrm{up}}^1$ 为第一层上游路段，与 $\mathrm{AR}_{\mathrm{up}}^1$ 中所有路段相邻的上游路段为第二层上游路段，以此类推，直至路网边界，将瓶颈路段上游路网划分为多层结构，如图 8-1 所示。

8.1.2 瓶颈车流下游路网分层

瓶颈下游路网分层方法与上游类似，同样以瓶颈路段为中心，若瓶颈为 m_z，与 m_z 直接相邻的下游路段集合为 $\mathrm{AR}_{\mathrm{down}}^1$，则 $\mathrm{AR}_{\mathrm{down}}^1$ 为第一层下游路段，与 $\mathrm{AR}_{\mathrm{down}}^1$ 中所有路段相邻的下游路段为第二层下游路段，以此类推，直至路网边界，将瓶颈路段下游路网划分为多层结构，如图 8-2 所示。

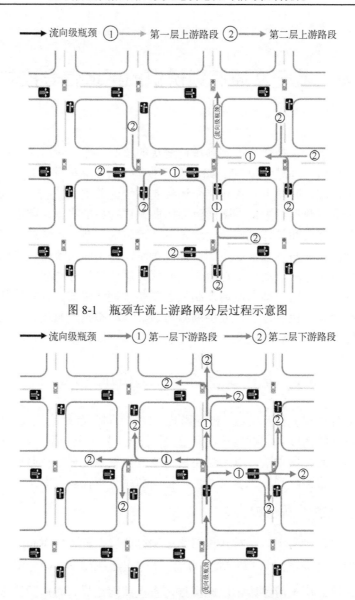

图 8-1　瓶颈车流上游路网分层过程示意图

图 8-2　瓶颈车流下游路网分层过程示意图

8.2　基于轨迹溯源与追踪的瓶颈关联区动态划分

考虑瓶颈路段与其他路段之间的关联性，对路网进行子区划分是瓶颈优化的首要步骤。现有的路网子区划分方法，大多从路段自身属性出发，将道路类型、交叉口距离与流量、平均速度、密度等相结合，将具有某些相似属性特征的路段划分为同一路网子区。但这种划分方法并未考虑车流运行规律，导致车流可能被中途切割，不利于区域信号协调控制。在不对路网子区范围和子区内的路段属性进行严格约束的条件下，从路网瓶颈出发，通过对瓶颈对应众包轨迹进行上游分层溯源与下游分层追踪，动态判定瓶颈关联区边界，实现路网子区划分，并进行路网区域分层控制，实现区域拥堵缓解。定义当前时刻为 T_1，$T_2 = T_1 - \Delta t_1$，$T_3 = T_1 - \Delta t_2$，其中，Δt_1 和 Δt_2 为预设时间差，且 $\Delta t_1 > \Delta t_2$，可取 $\Delta t_1 = 20\,\text{min}$，$\Delta t_2 = 5\,\text{min}$。在下述章节中将对 T_1 时刻瓶颈众包轨迹进行分层溯源与追踪。

8.2.1　瓶颈众包轨迹分层溯源

根据路网瓶颈辨识结果及路网分层方法，对瓶颈众包轨迹进行逐层溯源。对于瓶颈 m_z，AR_{up}^k 表示第 k 层上游路段；N_{up} 表示瓶颈路段流向 z 车流轨迹上游溯源结果的集合，具体算法步骤如表 8-1 所示。

表 8-1　瓶颈车流轨迹分层溯源算法

算法：瓶颈车流轨迹分层溯源

Step 1　遍历 $T_3 \sim T_1$ 经过 m_z 的轨迹，共有 N 条，进入 m_z 时间为 $t = \{t_1, t_2, \cdots, t_N\}$；

Step 2　截取 m_z 上游的轨迹段：
    for $i = 1$ to 经过 m_z 的全部轨迹：
        截取轨迹 i 在 t_i 之前的轨迹段，存为 S_i；
    end for
    令 $S = \{S_1, S_2, \cdots, S_N\}$；

Step 3　对 S 遍历，输出第 $k+1$ 层中第 j 条路段对第 k 层中第 i 条路段输出的车辆数 $n_{j,i}^{k+1,k}$：
    初始化 $k = 0$，$\text{AR}_{\text{up}}^0 = m_z$，$N_{\text{up}} = []$；
    while $k <$ 路网边界 do
        for $i = 1$ to 第 k 层全部路段 AR_{up}^k：
            for $j = 1$ to 第 $k+1$ 层全部路段 AR_{up}^k 中与 i 直接相邻的路段：
                输出 S 中 j 到 i 的轨迹数量 $n_{j,i}^{k+1,k}$；
                $N_{\text{up}} = N_{\text{up}} \bigcup n_{j,i}^{k+1,k}$；
                T_1 时刻上游路段 j 与 m_z 的关联度为 $\delta_{j,m_z} = n_{j,i}^{k+1,k} / N$；
            end for
        end for
        $k = k + 1$；
    end while

8.2.2　瓶颈众包轨迹分层追踪

瓶颈路段车流轨迹分层追踪与分层溯源步骤类似，对于瓶颈 m_z，$\text{AR}_{\text{down}}^k$ 表示

第 k 层下游路段；N_{down} 表示瓶颈路段流向 z 车流轨迹下游追踪结果的集合，具体算法步骤如表 8-2 所示。

表 8-2　瓶颈车流轨迹分层追踪算法

算法：瓶颈车流轨迹分层追踪

Step 1 遍历 $T_2 \sim T_1$ 经过 m_z 的轨迹，共有 N 条，进入 m_z 时间为 $t = \{t_1, t_2, \cdots, t_N\}$；
 	
Step 2 截取 m_z 下游的轨迹段：
　　for $i = 1$ to 经过 m_z 的全部轨迹：
　　　　截取轨迹 i 在 t_i 之后的轨迹段，存为 S_i；
　　end for
　　令 $S = \{S_1, S_2, \cdots, S_N\}$；
 	
Step 3 对 S 遍历，输出第 k 层中第 i 条路段对第 $k+1$ 层中第 j 条路段输出的车辆数 $n_{i,j}^{k,k+1}$：
　　令 $k = 0$，$\text{AR}_{\text{down}}^0 = m_z$，$N_{\text{down}} = []$；
　　while $k <$ 路网边界 do
　　　　for $j = 1$ to 第 $k+1$ 层全部路段 $\text{AR}_{\text{down}}^k$：
　　　　　　for $i = 1$ to 第 k 层全部路段 $\text{AR}_{\text{down}}^k$ 中与 j 直接相邻的路段：
　　　　　　　　输出 S 中 i 到 j 的轨迹数量 $n_{i,j}^{k,k+1}$；
　　　　　　　　$N_{\text{down}} = N_{\text{down}} \bigcup n_{i,j}^{k,k+1}$；
　　　　　　　　T_1 时刻下游路段 i 与 m_z 的关联度为 $\delta_{i,m_z} = n_{i,j}^{k,k+1} / N$；
　　　　　　end for
　　　　end for
　　　　$k = k+1$；
　　end while

8.2.3　瓶颈关联区动态划分

根据瓶颈车流轨迹溯源和追踪方法，可分别得到瓶颈上游和下游全部路段与瓶颈的实时关联度，关联度越大表明该路段对瓶颈车流贡献越大。设定上游、下游路段与瓶颈的关联度阈值分别为 δ_{up} 和 δ_{down}，将关联度大于阈值的路段确定为瓶颈关联路段

$$\delta_{j,m_z} > \delta_{\text{up}} \tag{8.1}$$

$$\delta_{i,m_z} > \delta_{\text{down}} \tag{8.2}$$

因此，满足式(8.1)和式(8.2)的上游、下游的全部路段组成瓶颈关联区。图 8-3 展示了一个路网瓶颈关联区示意图，关联区内瓶颈上游和下游各层路段与瓶颈路段的关联度均大于设定阈值，瓶颈关联区以 Δt_1 为时间间隔进行动态更新。

基于瓶颈关联区动态划分结果，在战略及战术层面制定瓶颈控制方法，提出瓶颈关联区分层控制模型，战略上通过外层边界智能控制实时调整进入关联区的交通流量，战术上通过内层关联交叉口动态协调控制，驱动内部交通流时空分布动态均

衡。外层边界智能控制为多输入单输出模型，输入为边界交叉口绿信比，输出为进入瓶颈关联区的总车辆数。内层关联交叉口控制为若干多输入多输出模型，输入为交叉口各相位绿信比，输出为交叉口各相位动态饱和度，瓶颈关联区内的每个交叉口都是一个控制单元，以相位饱和度动态均衡为控制目标。

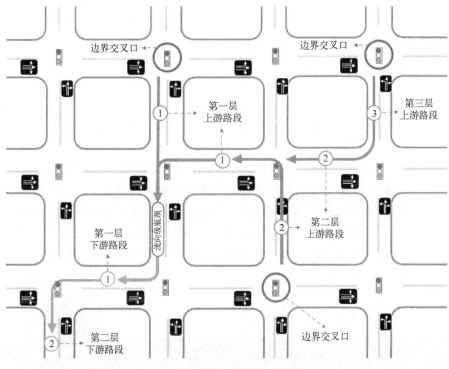

图 8-3　路网瓶颈关联区示意图

8.3　瓶颈关联区外层边界智能控制

现有的边界控制方法大多基于 MFD[5-8]，通过假设车辆路径选择和运行规律，解析保护区出行完成率和累积车辆数之间的动态关系，并通过控制边界输入车辆令保护区出行完成率维持在最优值附近。这种方法依赖于 MFD 的准确估计，但现实路网 MFD 的构建和标定难度较大。因此，提出基于MMDQN（Multi-Memory Deep Q Network）的深度强化学习边界智能控制算法，在不假设环境动态信息的条件下，将边界交叉口相位选择视为动作执行，通过对动作执行造成的后果进行奖惩，不断训练得到不同路网状态下边界交叉口最优控制方案，实现进入瓶颈关联区内车辆数的最优调整。

深度强化学习基本要素包含 Agent、奖励函数和深度学习机制[9-12]，将每个瓶颈关联区边界交叉口分别作为一个 Agent。首先，基于 SUMO 交互，令 Agent 获得当前路网状态；根据等待时间、排队长度等参数，计算 Agent 采取各动作后获得的奖励值 r；然后，构建 MMDQN 多维记忆存储空间和深度神经网络（Deep Neural Network，DNN），将包含学习过程所需信息，即样本，按照 Agent 动作分别存储在多维记忆空间对应维度中，进行经验重放训练 DNN，捕获 Q 值和路网状态之间的映射关系，令 Agent 进行实时最佳决策。

8.3.1　路网时空状态表示

在利用深度强化学习进行边界控制之前，为了令 Agent 尽可能准确感知路网环境，从而对交叉口控制方案进行有效决策，首先要准确表示路段交通状态。现有深度强化学习方法大多将路段划分为多个长度相等的道路单元[13,14]，其中，每个单元只能被一辆车占据，然后根据道路单元占据情况确定路段状态。为了减小计算空间，一般只提取距离停车线最近的几个道路单元进行分析，路段状态感知范围有限。为了扩大路段状态感知范围，提升深度强化学习的控制效果，将边界交叉口进口道划分为多个长度差异的道路单元，如图 8-4 所示。离停车线越近的道路单元长度越小，离停车线越远的道路单元相应长度划分越大，在扩大状态感知范围的同时，并不增加计算复杂度。

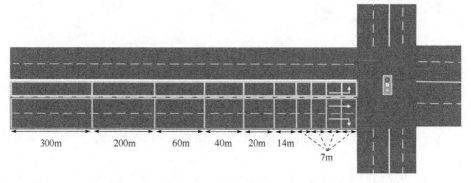

图 8-4　进口道离散化

图 8-4 展示了一个进口道离散化的例子。由于路段包含左转、右转和直行三个方向，而城市信号控制右转方向一般不单独设置信号相位，所以将右转和直行车道进行合并，根据车道方向将一条进口道划分为两组道路单元，每组包含 10 个单元。考虑到离停车线越近的道路单元提供的信息越重要，对交叉口信号控制方案影响越大，因此，距离停车线最近的 4 个道路单元长度划分最小，可以取排队时的平均车头间距，设为 7m，然后，随着距离增大，道路单元长度划分相应逐渐增大。

基于道路离散化结果，通过 $n_1 \times n_2$ 维矩阵 S 表示路网某时刻状态空间，其中，n_1 表示路网离散化后的道路单元数量，n_2 表示研究时段包含的单位时间数量，S 中任意元素 S_k 为

$$S_k = c_k \tag{8.3}$$

其中，c_k 表示第 k 个道路单元，有车辆占据则不为空，否则为空，每一个道路单元 c_k 都可以匹配于矩阵 S 对应位置的一个元素。在 Agent 学习过程中，状态空间探索对于 Agent 性能至关重要，只有充分探索才能保证 Agent 对于某一路网状态进行最佳决策。因此，状态空间矩阵更新规则如下

$$S_k = \begin{cases} 1, & c_k \neq [] \\ 0, & c_k = [] \end{cases} \tag{8.4}$$

Agent 某一时刻对环境进行采样得到 S，便可获得该时刻不同道路的车辆占据情况，汇总可得路网状态表示结果。

8.3.2 边界智能体动作空间构建

将边界交叉口信号控制系统作为 Agent，Agent 的动作便是对信号相位和配时信息进行调整。若动作空间包含 Agent 对边界交叉口可能采取的全部控制相位，Agent 动作便是从全部控制相位中选择一个合适的相位作为当前时刻的控制输出，那么，边界交叉口动作空间表示如下

$$AS = \{SNT, SNL, EWT, EWL\} \tag{8.5}$$

其中，SNT 表示 Agent 对南北直行方向显示绿灯，其余方向显示红灯；SNL 表示对南北左转方向显示绿灯，其余方向显示红灯；EWT 表示对东西直行方向显示绿灯，其余方向显示红灯；EWL 表示对东西左转方向显示绿灯，其余方向显示红灯；南北右转以及东西右转方向不单独设置信号相位，如图 8-5 所示。

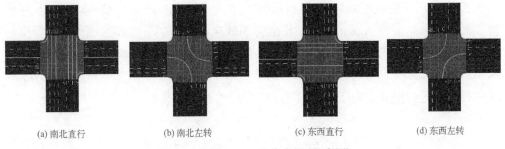

(a) 南北直行　　　(b) 南北左转　　　(c) 东西直行　　　(d) 东西左转

图 8-5　边界 Agent 动作空间（见彩图）

将式 (8.5) 中每个动作对应的绿灯时长设置为 Δt，取 10s，黄灯设置为 3s，为了保证控制方案的稳定性，避免相位频繁转换增大车辆延误，每隔单位时长 Δt 对控制

策略进行一次更新。如图 8-6 所示，若 t 时刻和 $t+\Delta t$ 时刻，Agent 动作相同，则不激活黄灯相位，否则在相位转换之前先激活黄灯相位，之后再进行相位转换。

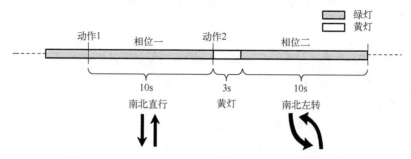

图 8-6　边界 Agent 动作转换示意图

8.3.3　边界智能体奖励函数构建

如果将每个边界交叉口作为一个 Agent，则瓶颈关联区外层边界控制系统为多智能体系统（Multi-agent System），表示为 $\mathrm{MS}(H,L)$，其中，每个节点 $i \in H$ 表示边界交叉口，$j \in L$ 表示边界交叉口相连路段。MS 的状态空间和动作空间可表示为

$$S(t) = \left\{ S^i(t) \right\}_{S^i(t) \in H} \in \mathcal{X} \tag{8.6}$$

$$A(t) = \left\{ A^i(t) \right\}_{A^i(t) \in AS} \in \mathcal{U} \tag{8.7}$$

其中，$\mathcal{X}$ 表示 MS 状态空间；$\mathcal{U}$ 表示 MS 动作空间。基于马尔可夫决策过程[15]，根据 MS 当前状态、当前动作以及系统随机噪声可得到下一时刻 MS 状态

$$S(t+1) = f\big(S(t), A(t), z(t)\big) \tag{8.8}$$

其中，$z(t)$ 为高斯噪声，表示不确定因素对系统状态的干扰。然后，定义奖励函数，得到式 (8.8) 所示随机控制问题的目标函数。奖励表示 Agent 采取某一动作后从环境得到的反馈，从而使 Agent 理解动作取得的效果，以便在下次训练过程中进行更好的决策，奖励函数的构建对 MS 控制效果影响较大。以瓶颈疏解、缓解路网拥堵为控制目标，选定车辆等待时间为奖励参数，最小化路网中车辆的等待时间，用 ϕ 表示瓶颈关联区，因此，对于某一时刻 t 的阶段性奖励函数如下

$$rw(t) = \lambda \sum_{i=1}^{N} \sum_{j=1}^{n_i} wt_{i,j}(t) + \mu \sum_{k \in \phi}^{n_k} \sum_{i=1}^{n_{k,i}} \sum_{j=1}^{n_{k,i}} wt_{k,i,j}(t) \tag{8.9}$$

其中，N 表示边界交叉口进口道数量；n_i 表示边界交叉口第 i 条进口道 t 时刻车辆数；n_k 表示 ϕ 内第 k 个交叉口进口道数量；$n_{k,i}$ 表示 ϕ 内第 k 个交叉口第 i 条进口道

t 时刻的车辆数；判断车辆是否等待的速度阈值取仿真模型中车辆停车状态对应的速度阈值 0.1m/s，若边界交叉口第 i 条进口道第 j 辆车的速度小于 0.1m/s，则 $wt_{i,j}(t)=1$，否则 $wt_{i,j}(t)=0$；若 t 时刻第 k 个交叉口第 i 条进口道第 j 辆车的速度小于 0.1m/s，则 $wt_{k,i,j}(t)=1$，否则 $wt_{k,i,j}(t)=0$；λ 和 μ 表示奖励调整系数，满足 $\lambda+\mu=1$。

由式 (8.9) 可见，构建的单时间步奖励函数是路网两部分车辆的等待时间之和：①边界交叉口进口道上的车辆；②瓶颈关联区内部各交叉口进口道上的车辆。因此，Agent 在进行动作决策时，不仅考虑边界交叉口自身，还考虑瓶颈关联区内部整体交通运行状况，据此获得最大奖励，选择最佳相位。此外，可以通过调整 λ 和 μ，控制各部分车辆等待时间所占比例，调整 t 时刻奖励函数，实现不同程度的边界控制幅度。

基于单时间步奖励函数，用 $r(t)$ 表示 Agent 最终的奖励函数

$$r(t)=rw(t-1)-rw(t) \tag{8.10}$$

当 Agent 选择一个差的动作，车辆下一时刻等待时间会增大，$r(t)$ 为负；当 Agent 选择一个好的动作，车辆下一时刻等待时间会减小，$r(t)$ 为正。基于上述构建的奖励函数，通过最大化控制时段 T 内总奖励值的期望，获得最优边界控制方案

$$\mathrm{arc}_{A(1),\cdots,A(T-1)}\max \frac{1}{T}E(\sum_{t=1}^{T-1}r(t)) \tag{8.11}$$

$$\mathrm{s.t.}\begin{cases} S(t+1)=f(S(t),A(t),z(t)) \\ A(t)=A(t-1), t\,\mathrm{MOD}\,\Delta t \neq 0 \\ A(t)\in AS, t\,\mathrm{MOD}\,\Delta t = 0 \end{cases}$$

为了保证控制方案的稳定性，每隔 Δt 对控制策略进行一次更新。将当前时刻 t 对 Δt 取余，如果不为 0，则保持上一时刻动作，否则进行动作转换。然而，由于状态转移函数 $f(*)$ 未知，无法对式 (8.11) 所示优化控制问题进行直接求解，因此，需要设计 DRL 学习机制，以获得最优解，从而得到 T 时段内的最优动作输出 $A(1),\cdots$，$A(T-1)$。

8.3.4 边界智能体深度强化学习机制设计

为了获得某一时刻路网状态下的 Agent 动作和相应奖励之间的关系，现有的深度强化学习方法大多基于 Q-learning 或 DQN (Deep Q-learning Network) 进行学习[16,17]，这类方法对频繁出现的状态空间场景学习较好，但对非频繁出现的状态空间场景往

往不能做出合理决策。究其原因，经验重放(Experience Replay)的存储样本与样本对应场景出现频率相关，导致记忆空间存储大量高频率出现场景，而忽略了低频率场景。因此，提出包含多维记忆存储结构的 MMDQN 算法，将动作数量作为记忆空间维度，每一维空间存储相应动作下的路网状态及奖励进行 Agent 训练。MMDQN中的 Q 值定义如下

$$Q\big(S(t),A(t)\big)=r(t+1)+\gamma\cdot\max Q'\big(S(t+1),A(t+1)\big) \tag{8.12}$$

其中，$r(t+1)$ 表示在状态 $S(t)$ 下采取动作 $A(t)$ 后获得的奖励；$Q'\big(S(t+1),A(t+1)\big)$ 表示在下一状态 $S(t+1)$ 采取动作 $A(t+1)$ 后获得的 Q 值；γ 表示学习参数，$0<\gamma<1$，接近 0 表示 Agent 决策只考虑当前奖励，接近 1 表示 Agent 决策只考虑未来奖励。因此，Agent 在进行决策时不仅考虑当前时刻获得的奖励，还考虑未来，对式(8.12)进行分解可得

$$Q\big(S(t),A(t)\big)=r(t+1)+\gamma\cdot r(t+2)+\gamma^2\cdot r(t+3)+\cdots+\gamma^{y-1}\cdot r(t+y) \tag{8.13}$$

其中，y 表示训练时长，由于在训练的最后一刻，Agent 未来不会再采取动作，所以，奖励为 0。此外，学习参数 γ 可根据收敛程度在训练过程中进行调整。

为了解析式(8.13)中与动作 $A(t)$ 相关的 Q 值和路网状态 $S(t)$ 之间的映射关系，构建 DNN。DNN 的输入为 t 时刻路网状态矩阵 $S(t)$，如式(8.14)所示，输出为 Agent 根据状态 $S(t)$ 可能做出动作 $A(t)$ 对应的 Q 值

$$I_{k,t}^{\mathrm{in}}=S_k(t) \tag{8.14}$$

其中，$I_{k,t}^{\mathrm{in}}$ 表示 t 时刻 DNN 第 k 个输入元素；$S_k(t)$ 表示 t 时刻 $S(t)$ 中第 k 个道路单元对应状态。因此，根据道路离散化方法，对于某一十字型边界交叉口，$|I^{\mathrm{in}}|=80$，作为 DNN 输入层节点数量。

$$O_{k,t}^{\mathrm{out}}=Q\big(S(t),A_j(t)\big) \tag{8.15}$$

其中，$O_{k,t}^{\mathrm{out}}$ 表示 t 时刻 DNN 第 k 个输出元素；$Q\big(S(t),A_j(t)\big)$ 表示 t 时刻在状态 $S(t)$ 下，做出动作空间中第 j 个动作对应的 Q 值。因此，根据动作空间构建方法，对于某一十字型边界交叉口，用 A 表示其动作空间，则 $|A|=4$，作为 DNN 输出层节点数量，如图 8-7 所示。

在 DNN 训练过程中传统经验重放对应记忆空间仅为一维空间，Agent 将忽略动作-状态组合出现次数较少的场景，导致对随机场景的适应性差。为了缓解流量随机带来的不利影响，提升 Agent 适应性，在 DNN 训练过程中建立多维记忆存储库，如图 8-8 所示。

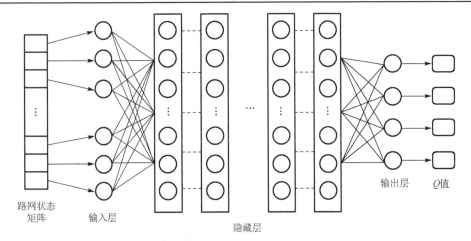

图 8-7　DNN 结构示意图

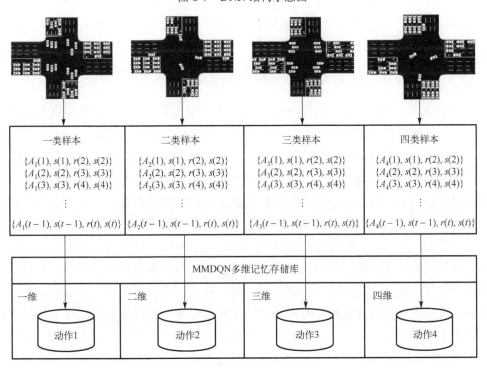

图 8-8　MMDQN 多维记忆存储库

由图 8-8 可见，对于某一十字型边界交叉口，多维记忆存储库为四维空间，四种动作(南北直行、南北左转、东西直行、东西左转)分别对应空间四个维度，每个空间维度存放相同数量的样本。多维记忆存储库中的样本是在 Agent 训练过程中收集的一定数量的样本集合，其中一个样本的形式如下

$$m_{j,t} = \left\{ A_j(t), S(t), r(t+1), S(t+1) \right\} \tag{8.16}$$

其中，$m_{j,t}$ 表示 t 时刻对应于动作空间中第 j 个动作的样本，存储在第 j 维记忆空间；$r(t+1)$ 表示 t 时刻采取动作 $A(t)$ 后获得的奖励，路网状态相应由 $S(t)$ 变为 $S(t+1)$。

8.4　瓶颈关联区内层信号交叉口动态协调控制

基于上述 MMDQN 算法进行瓶颈关联区外层边界智能控制，实时调整进入瓶颈关联区内的车辆数，在确保拥堵不向外围路网转移的同时，还需进一步优化内层瓶颈关联区内部车流运行，缓解区域拥堵。对于瓶颈关联区内层信号交叉口，基于瓶颈辨识结果和车流轨迹溯源、追踪结果，将路网分为瓶颈上游多层路网和下游多层路网，以相位饱和度动态均衡为目标，对交通参数进行动态估计，考虑路段时变容量对瓶颈车流进行加放控制，考虑动态消散量对瓶颈关联交叉口进行截流控制，动态协调内部关联交叉口车流运行。

8.4.1　内层关联交叉口动态协调控制基本思想

对于瓶颈关联区内层信号交叉口动态协调控制，旨在实现：①已形成瓶颈的快速疏散；②潜在拥堵路段的提前响应；③相位饱和度达到动态均衡。对于瓶颈关联区内的交叉口，假设控制过程中参考路网原信控方案，在保持原信号周期和相位相序不变的条件下，只对相位绿信比进行调整，提升控制方案对实际路网的适应性。基本思想是考虑路段时变容量和相位饱和度动态均衡性，将瓶颈车流动态分配至上游和下游关联路段。首先，对瓶颈车流轨迹进行上游溯源和下游追踪，明确车流轨迹具体来源和去向，得到各路段与瓶颈的实时关联度和关联方向；然后，基于动态剩余通行能力和存车能力判断关联路段的可控性，动态剩余通行能力和存车能力大的路段为可控路段，将其纳入协调控制范围，参与动态协调控制；动态剩余通行能力和存车能力小的路段是潜在拥堵路段，不参与动态协调控制。控制算法涉及的基本参数定义如下。

(1)饱和流率。

饱和流率针对单车道而言，将单位时间内车辆以饱和车头时距通过停车线的车辆数定义为饱和流率[18]，用 e 表示饱和流率(veh/h/lane)

$$e = \frac{3600}{h_0} \tag{8.17}$$

其中，h_0 表示饱和车头时距(s)。

（2）通行能力。

此处通行能力指相位通行能力，与车道饱和流率和相位绿信比相关[19]，用 P_i 表示交叉口相位 i 的通行能力（veh/h）

$$P_i = u_i \cdot e \cdot n \tag{8.18}$$

其中，u_i 表示相位 i 的绿信比；e 表示车道饱和流率；n 表示车道数。

（3）相位饱和度。

相位饱和度与进口道到达流量和相位通行能力相关[19]，用 s_i 表示相位 i 的饱和度

$$s_i = \frac{q_i}{P_i} \tag{8.19}$$

其中，q_i 表示到达流量。当 $s_i = 1$ 表示相位饱和，$s_i > 1$ 表示相位过饱和，$s_i < 1$ 表示相位欠饱和[19,20]。

（4）存车能力。

存车能力用来表示路段剩余车辆容纳空间，用 $V_{i,j}$ 表示路段 i 流向 j 存车能力（veh/h）

$$V_{i,j} = \sum_{k=1}^{n} \frac{L_k^c - L_k^m}{l} \tag{8.20}$$

其中，n 表示车道数；L_k^c 表示第 k 条车道拥堵时的临界排队长度；L_k^m 表示第 k 条车道实际排队最远位置点；l 表示排队时的车头间距。

8.4.2　考虑路段时变容量的瓶颈车流加放控制

对于路网瓶颈控制而言，部分研究认为若拥堵路段相邻下游路段存在剩余通行能力，则可通过延长交叉口拥堵方向绿信比，将拥堵路段车流加放至最近下游路段，实现拥堵缓解[21,22]。但实践中加放车流不仅影响相邻下游路段，还将在路网上游逐层扩散，影响路网整体运行效益。因此，瓶颈车流加放不仅需要考虑相邻下游路段运行状况，还需动态考虑加放车流对整体路网的影响。以瓶颈为起点，对瓶颈车流可能经过的关联路段进行分层，逐层考虑加放车流对路段运行的影响，考虑路段时变容量确定瓶颈车流向下游加放量。瓶颈加放控制需满足以下三个条件。

条件 a：瓶颈路段车流加放方向绿信比增大，不会造成自身其他相位过饱和；

条件 b：瓶颈路段加放车流不会造成路网其他路段发生过饱和；

条件 c：瓶颈路段加放车流经过的路段不存在严重拥堵路段（TPI>2.1）。

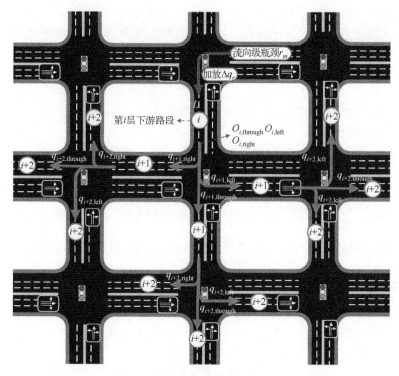

图 8-9　路网瓶颈加放控制示意图

如图 8-9 所示，基于上一章路网瓶颈辨识结果，若瓶颈为路段 r 的流向 m，其中，$m \in \{$直行、左转、右转$\}$。若对 r_m 方向车流加放，需要延长对应相位绿信比，由此会相应压缩交叉口其他相位绿信比，进而产生相位过饱和。因此，在对 r_m 进行车流加放前，为避免 r_m 所在交叉口其他相位出现过饱和，首先需要计算 r_m 所在交叉口各欠饱和相位可压缩空间，将可压缩空间对应的绿灯时长补充至过饱和相位，从而得到该交叉口过饱和相位 j 的最大延长时间。

用 Δg_i 表示交叉口某一欠饱和相位 i 当前时段的可压缩空间

$$\Delta g_i = g_i(1 - s_i) \tag{8.21}$$

其中，g_i 表示相位 i 的绿灯时长；s_i 表示相位 i 的饱和度。由于相位 i 为欠饱和相位，$s_i < 1$，所以，交叉口过饱和相位 j 的最大延长时间为

$$\Delta g_j^{\max} = \min\{\Delta g_1, \Delta g_2, \cdots, \Delta g_n\} \tag{8.22}$$

其中，n 表示交叉口欠饱和相位数量。基于过饱和相位的最大延长时间，可得 r_m 对应相位绿灯延长后的时间

$$g'_{r,m} = g_{r,m} + \Delta g_j^{\max} \tag{8.23}$$

其中，$g_{r,m}$ 表示瓶颈对应相位原绿灯时长。因此，瓶颈路段 r 向下游 m 方向对应路段 L 理想周期级加放流量为

$$\Delta q_r = e\left(G'_{r,m} - G_{r,m}\right) = e\left(\frac{g'_{r,m}}{C_r} - \frac{g_{r,m}}{C_r}\right) = e\left(\frac{g_{r,m} + \Delta g_j^{\max}}{C_r} - \frac{g_{r,m}}{C_r}\right) \tag{8.24}$$

其中，Δq_r 表示期望周期级加放流量，该加放量满足条件 a；e 表示饱和流率；$G'_{r,m}$ 表示 r_m 对应相位绿灯时间延长后的绿信比；C_r 表示 r_m 所在交叉口信号周期。

在得到瓶颈 r_m 向第一层路段 L 理想周期级加放流量后，需进一步考虑其余各层路段容量能否接受该流量，从而对期望周期级加放流量进行动态调整，得到实际加放周期级流量，即须满足条件 a、b、c，具体步骤如表 8-3 所示。其中，路段容量定义为通行能力和存车能力之和

$$C_{i,j} = P_{i,j} + V_{i,j} \tag{8.25}$$

其中，$C_{i,j}$ 表示路段 i 流向 j 的容量（veh/h）；$P_{i,j}$ 表示路段 i 流向 j 的通行能力（veh/h）；$V_{i,j}$ 表示路段 i 流向 j 的存车能力（veh/h）。

表 8-3　瓶颈车流加放控制算法

算法：瓶颈车流加放控制

Step 1 初始化：路段 L 周期级左转流量为 $q_{L,\text{left}}$，直行流量为 $q_{L,\text{through}}$，统计车流左转比例为 $o_{L,\text{left}}$，直行比例为 $o_{L,\text{through}}$；

Step 2 计算瓶颈 r_m 向其第一层路段 L 的周期级实际加放流量 $\Delta q'_r$：

  if $q_{L,\text{left}} + o_{L,\text{left}} \cdot \Delta q_r \leqslant C_{L,\text{left}}$ and $q_{L,\text{through}} + o_{L,\text{through}} \cdot \Delta q_r \leqslant C_{L,\text{through}}$：

   $\Delta q'_r = \Delta q_r$；

  else

   $\Delta q'_r = \min\left\{C_{L,\text{left}} - q_{L,\text{left}}, C_{L,\text{through}} - q_{L,\text{through}}\right\}$；

  end if

Step 3 根据各层路段时变容量修正瓶颈 r_m 向下游实际加放的周期级流量 $\Delta q'_r$：

  令 $i = 1$，$\Delta q_i = \Delta q'_r$

  while $\Delta q_i > 1$ do

   if $q_{i+1,d} + o_{i,d} \cdot \Delta q_i \leqslant C_{i+1,d}$，其中，$d \in \{\text{through}, \text{left}, \text{right}\}$：

    $\Delta q'_r = \Delta q_i$；

   else 根据路段最小剩余容量更新 $\Delta q'_r$：

    由 $\Delta q'_r / \Delta q_r = \min\left\{C_{L,d} - q_{L,d}\right\} / \Delta q_i$ 得到 $\Delta q'_r = \min\left\{C_{L,d} - q_{L,d}\right\} \cdot \Delta q_r / \Delta q_i$；

    其中，$\min\left\{C_{L,d} - q_{L,d}\right\}$ 表示第 i 层路段最小剩余容量；Δq_i 表示第 $i-1$ 层路段对第 i 层相连路段的期望加放流量；Δq_r 表示瓶颈向下游期望加放流量；

   end if

   $i = i + 1$

  end while

Step 4 计算瓶颈 r_m 加放后的周期级输出流量：

$q_{r,m}^{\text{out}'} = q_{r,m}^{\text{out}} + \Delta q'_r$

Step 5 判断当前瓶颈车流消散量是否达到理想消散速度：

用 σ 表示瓶颈的期望消散速度(veh/h)，$q_{r,m}^{in}$ 表示路段 r 流向 m 的输入流量：

if $q_{r,m}^{out'} - q_{r,m}^{in} \geqslant \sigma$：

　　达到瓶颈理想消散速度，结束；

else

　　未达到瓶颈理想消散速度，启动上游截流控制

8.4.3　考虑动态消散量的瓶颈关联交叉口截流控制

为了缓解区域拥堵，首先基于路段动态剩余容量对瓶颈车流进行加放，增加下游驶出瓶颈路段的车辆数。若加放后实现的瓶颈动态消散量仍未达到疏散目标，此时需进一步对上游关联交叉口进行截流控制，减少上游驶入瓶颈路段的车辆数，如图 8-10 所示。对于截流交叉口，通过车流溯源算法，考虑相位饱和度实时均衡性对瓶颈车流主要来车路径上的交叉口依次进行动态调整。根据 TPI 指数分布范围，将瓶颈关联区内的上游路段交通状态分为畅通、基本畅通、轻度拥堵、中度拥堵和严重拥堵，计算上游各路段中度拥堵时的临界排队长度及上游路段瓶颈关联流向的动态存车能力，根据动态存车能力大小进行截流控制。提出的截流控制算法满足以下两个基本条件。

条件 a：截流控制不会造成上游中度拥堵路段排队长度进一步增大；

条件 b：截流不会造成上游轻度拥堵路段状态恶化，如轻度拥堵变为中度拥堵或重度拥堵。

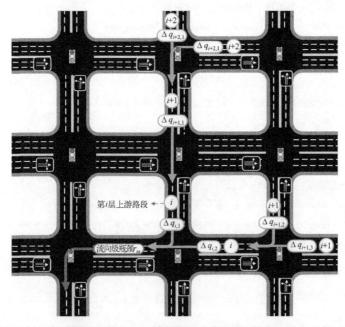

图 8-10　路网瓶颈上游截流控制示意图

对瓶颈关联区内的上游关联路段逐层截流，依次减小驶入瓶颈路段的车辆数，直至满足疏散目标。用 $\Delta q_{i,j}$ 表示第 i 层第 j 条路段的截流量，具体步骤如表 8-4 所示。

表 8-4　瓶颈上游关联交叉口截流控制算法

算法：瓶颈上游关联交叉口截流控制

Step 1 调整截流方向对应相位绿信比，令其达到饱和状态：

　　用 s_a 表示原相位饱和度，g 表示原绿灯时长，则调整后的绿灯时长为 $g' = g \cdot s_a$；

　　令 $i = 1$，$j = 1$；

Step 2 根据周期级的动态消散量，计算第 i 层中第 j 条路段截流量：

　　Step 2.1 计算第 i 层中第 j 条路段截流方向绿灯压缩量 $\Delta g_{i,j} = 1 / e \cdot V'_{i,j}$；

　　　　其中，e 表示饱和流率(veh/s)；$V'_{i,j}$ 表示截流方向车道周期级的剩余存车能力；

　　　　if $\Delta g_{i,j} < g^{\min}_{i,j}$：

　　　　　　$\Delta g_{i,j} = g^{\min}_{i,j}$；

　　　　end if

　　　　其中，$g^{\min}_{i,j}$ 表示第 i 层中第 j 条路段截流方向最短绿灯时间；

　　Step 2.2 计算第 i 层中第 j 条路段截流量 $\Delta q_{i,j} = \left(g_{i,j} - \Delta g_{i,j} \right) / g_{i,j} \cdot q_{i,j}$；

　　其中，$q_{i,j}$ 表示截流方向原流量；

Step 3 计算第 i 层中第 j 条路段截流后，瓶颈 r_m 的周期级流入流量：

　　Step 3.1 计算截流后瓶颈 r_m 流入流量减少量 $\Delta q'_{i,j} = \Delta q_{i,j} \cdot \sum_{k=0}^{i-1} o_k$；

　　其中，o_k 表示第 k 层上游路段与瓶颈车流关联方向转向比；

　　Step 3.2 计算截流后瓶颈 r_m 流入流量 $q^{in'}_{r,m} = q^{in}_{r,m} - \Delta q'_{i,j}$；

Step 4 判断当前瓶颈车流消散量是否达到理想消散速度：

　　if $q^{out'}_{r,m} - q^{in'}_{r,m} < \sigma$：

　　　　if $j \leqslant n_i$：

　　　　　　$j = j + 1$，对第 i 层下一路段截流，返回 Step2，其中 n_i 表示第 i 层上游路段数量；

　　　　else

　　　　　　$i = i + 1$，对下一层上游路段截流，返回 Step2；

　　　　end if

　　else

　　　　达到瓶颈理想消散速度，结束；

　　end if

8.5　仿真实验分析

8.5.1　瓶颈众包轨迹溯源与追踪

为了验证提出的面向瓶颈疏解需求的路网分层控制方法，基于上一章搭建的 SUMO 仿真路网模型和瓶颈辨识结果，对拥堵费用最高的瓶颈，即路段 1 左转方向关联区域路网进行优化，对比优化前后的路网性能，评价方法的有效性。首先，对路段 1 左转方向车流按照表 8-1 和表 8-2 所示算法分别进行上游溯源和下游追踪，其中，关联度阈值会影响关联区大小，可根据控制实际需求和范围进行调整，将瓶颈和上游、下游路段关联度阈值 δ_{j,m_z} 和 δ_{i,m_z} 设定为 0.1，由此动态确定车流重叠率大于 10% 的瓶颈关联区，如图 8-11 所示。以 Δt_1 为时间间隔对瓶颈关联区进行动态更新，为了保证轨迹追踪的有效性，Δt_1 取研究路网早高峰时段严重拥堵(TPI>2.1)持续时长，$\Delta t_1 = 20\ \text{min}$。

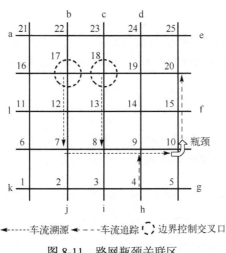

图 8-11　路网瓶颈关联区

8.5.2　关联区外层边界智能控制

如图 8-11 所示，交叉口 4、17、18 为瓶颈关联区边界交叉口，利用 MMDQN 算法模型，进行外层瓶颈关联区边界智能控制，实时调控进入瓶颈关联区内的车辆数。将每个边界交叉口的信号控制系统分别作为一个 Agent，动作空间包括东西直行、东西左转和南北通行。因此，MMDQN 多维记忆存储库为三维空间，包含三类样本，每个维度对应一类样本。

然后，将路网进行离散化处理，根据道路单元占据情况表示路网任意时刻的车流状态，如式(8.3)和式(8.4)所示。与第 7 章构建的 SUMO 路网模型相同，路网中的每条道路长度均为 200m，由于东西方向为双向四车道，将进口道按左转和直右方向离散为两组道路单元，每组包含 9 个单元，长度为 7~58m，如图 8-12 所示。对于南北方向次干道，由于道路为双向两车道，每个进口道只包含一条车道，所以，将其离散为 1 组道路单元，同样包含 9 个单元，每个道路单元长度与东西方向设置相同。

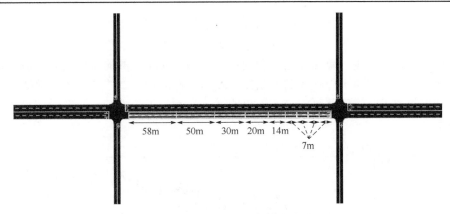

图 8-12　东西进口道离散化结果

根据道路离散化结果，将路网状态作为输入，利用基于多维记忆结构的MMDQN 算法，将动作数量作为记忆空间维度，据此进行 Agent 训练，MMDQN 算法模型参数设置如表 8-5 所示，其中 DNN 输入层节点数量对应边界交叉口东西方向4 组 9 个单元，南北方向 2 组 9 个单元，共 54 个单元，输出层节点数量对应动作空间维度 $|A|=3$。

表 8-5　仿真路网 MMDQN 算法参数设置

参数	符号	值
奖励调整系数	λ	0.8
奖励调整系数	μ	0.2
学习参数	γ	0.75
动作空间维度	$|A|$	3
DNN 输入层节点数量	—	54
DNN 输出层节点数量	—	3
DNN 层数	—	5

为了避免陷于局部最优，在训练过程中 Agent 动作并不一定选择最大回报值对应的动作。基于 ϵ 贪婪策略进行动作决策，训练次数为 100 次，一次训练包括 5400步仿真步长，在训练过程中，以 ϵ_h 的概率进行随机动作的选择，以 $1-\epsilon_h$ 的概率选择贪婪动作，以保证全局最优

$$\epsilon_h = 1 - \frac{h}{H} \tag{8.26}$$

其中，h 表示当前训练次数；H 表示总训练次数。

奖励值是 Agent 动作决策的依据，奖励值为正，表示 Agent 的动作符合当前路网状态，车辆总等待时间减少；奖励值为负，表示 Agent 的动作不符合当前路网状

态，导致更多的车辆停车等待。因此，通过计算负奖励值的变化可对训练过程中 Agent 性能表现进行评价。图 8-13 展示了训练过程中负奖励值的累积和变化情况，可见在训练初始阶段，负奖励累积和较小，表明 Agent 采取的动作大多数时候均获得负奖励，决策结果不能适应路网状态，Agent 性能较差。随着训练次数的增加，负奖励累积和不断增大并趋于稳定，表明 Agent 性能不断提升，逐渐适应设定的路网场景。

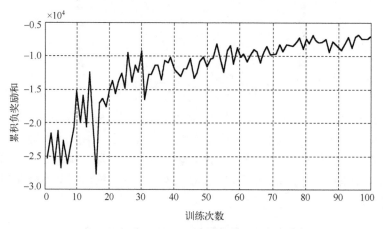

图 8-13　仿真路网 MMDQN 模型训练结果

此外，由于奖励函数包含两部分车辆等待时间，即边界交叉口自身和瓶颈关联区内部，可通过调整奖励系数 $\lambda\,(0<\lambda<1)$ 和 $\mu\,(0<\mu<1)$ 的取值，改变 Agent 决策考虑范围。λ 越接近 1，则表示 Agent 优先考虑边界交叉口外部的车流运行状况，保证外部最优；μ 越接近 1，表示 Agent 优先考虑瓶颈关联区内部车流运行状况，保证内部最优。因此，λ 和 μ 的取值将直接影响 Agent 性能，以下分析奖励调整系数对 Agent 性能的影响。分别取三组不同数值的 λ 和 μ 进行训练，即① $\lambda=0.8$，$\mu=0.2$；② $\lambda=0.5$，$\mu=0.5$；③ $\lambda=0.2$，$\mu=0.8$，每组各训练 100 次，一次训练为 5400 仿真步长，对每次训练过程中出现的负奖励值进行累加，得到 MMDQN 模型训练对比结果，如图 8-14 所示。

图 8-14 展示了三组不同奖励调整系数组合下的模型训练对比结果，可见奖励系数取值的不同组合对于 Agent 性能影响明显。当 $\lambda=0.8$，$\mu=0.2$ 时，表示边界交叉口外部车流运行情况对 Agent 决策影响作用更大，在第 80 次训练附近，模型达到收敛，Agent 达到最大累积负奖励和，该值高于其他两组。当 $\lambda=0.5$，$\mu=0.5$ 时，表示边界交叉口外部和瓶颈关联区内部车流运行情况对 Agent 决策影响作用相同，在第 40 次训练附近模型开始出现收敛趋势，与第一组结果相比，该奖励系数取值使模型收敛相对更快，但收敛时达到的累积负奖励和小于第一组，第一组参数取值下的 Agent 性能表现更稳定。究其原因，第二组奖励系数取值加大了瓶颈关联区内部车

流对 Agent 决策的影响，而瓶颈关联区内出现的拥堵，可能并非因为边界交叉口放行过多车辆所致。Agent 对瓶颈关联车流方向的动作响应并不能缓解瓶颈关联区内部的拥堵，而 Agent 的过度响应，将导致控制效果下降。当 $\lambda = 0.2$，$\mu = 0.8$ 时，表示瓶颈关联区内部车流运行对 Agent 决策具有决定性作用，此时模型无法收敛。因此，在第一组奖励调整系数组合下，模型表现性能更为理想，据此得到的瓶颈关联区边界智能控制方案更符合路网实际需求。

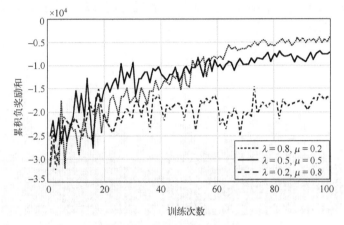

图 8-14　模型训练结果对比

8.5.3　关联区内层信号交叉口动态协调控制

基于外层边界控制，可减少进入瓶颈关联区内的车辆数，为瓶颈关联区内层信号交叉口控制提供优化空间。因此，将上述瓶颈关联区边界控制结果作为内层控制输入，根据路段 1 左转车流溯源和追踪结果，对瓶颈上游和下游路网进行分层，结果如图 8-15 所示。

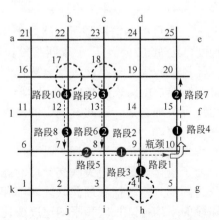

图 8-15　仿真路网瓶颈关联路段分层结果

　　由图 8-15 可见，根据车流上游溯源结果，将瓶颈关联区内的上游路网分为 4 层，根据车流下游追踪结果，将相应下游路网分为 2 层，据此进行瓶颈关联区内层信号交叉口动态协调控制。通过对 SUMO 路网模型加载检测器，实时采集周期级交通流量，估计路段时变容量和瓶颈车流动态消散量，对瓶颈即路段 1 左转方向车流按照表 8-3 所示算法进行加放控制。然后，考虑动态消散量和相位饱和度实时均衡性对上游关联交叉口按表 8-4 所示算法进行截流控制，直至达到瓶颈期望消散相对速度 σ，取 $\sigma = 60$。选取平均排队长度对分层控制优化前后瓶颈所在路段自身的运行效果进行评价，结果如图 8-16 和表 8-6 所示。

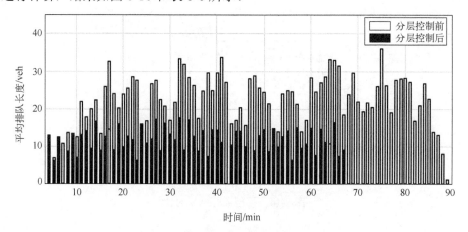

图 8-16　瓶颈路段平均排队长度变化

表 8-6　瓶颈路段平均排队长度分层控制前后对比

平均排队长度	最小值	最大值	平均值	标准差
分层控制前	0	36.03	20.37	9.13
分层控制后	↓不变 0	↓−47.54% 18.9	↓−54.59% 9.25	↓−35.6% 5.88

　　由图 8-16 和表 8-6 可见，分层控制前瓶颈所在路段平均排队长度较大，拥堵持续时间较长，最大排队长度可达 36.03veh，由于东西路段长度为 200m，所以，瓶颈即路段 1 左转方向排队溢流风险较大。对路网进行分层控制之后，瓶颈所在路段整体平均排队长度明显下降，标准差由原来的 9.13veh 下降至 5.88veh，表明车辆排队长度波动范围减小，车流运行更加稳定。因此，提出的路网分层控制方法可有效减少瓶颈车辆排队，实现瓶颈疏解。

　　由于瓶颈疏解将同时影响路网整体车流运行，需要进一步分析在实施分层控制后路网整体性能的变化。为了量化瓶颈内层关联交叉口动态协调控制对其他路段车流运行的影响，将路网分为两部分，包括瓶颈关联区内部和瓶颈关联区外部，对分层控制前后相应区域内路段的平均排队长度和平均速度变化进行对比分析，结果如图 8-17 和图 8-18 所示。

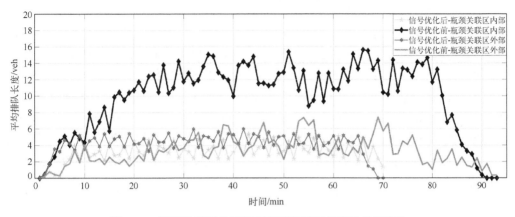

图 8-17　瓶颈关联区分层控制前后路网平均排队长度变化

由图 8-17 可见,分层控制前后路网整体的平均排队长度变化明显,尤其对于瓶颈关联区内部,优化后的路网平均排队长度显著下降,并且变化更加稳定。虽然分层控制造成瓶颈关联区外的平均排队长度略有增加,但优化后的平均排队长度最大值 5.86veh,小于优化前的平均排队长度最大值 7.21veh,表明提出的基于分层控制的瓶颈疏解方法并不会增大路网其他路段的过饱和风险。由于在瓶颈上流截流和下游加放过程中动态考虑了路段的通行能力和存车能力,在保证相位饱和度动态均衡的条件下进行车流调控,所以,提出的分层控制方法在实现瓶颈疏解的同时并不会造成拥堵转移。同时,由图 8-18 可见,分层控制前后关联区内和关联区外的平均排队长度波动范围同时减小,表明提出的方法不仅可以缓解瓶颈关联区内部的交通拥堵,还可提升路网整体车流运行稳定性。

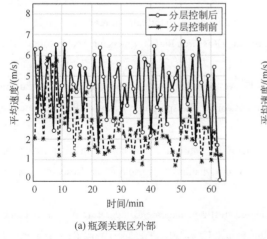

(a) 瓶颈关联区外部

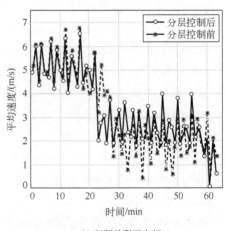

(b) 瓶颈关联区内部

图 8-18　瓶颈分层控制前后路网平均速度变化

由图 8-18 可见，在初始阶段，不论是瓶颈关联区内部还是外部，分层控制前后的路网平均速度并不存在明显差异。这是因为初始阶段路网流量加载较低，不会出现明显的拥堵现象，而随着流量逐渐增大，路网开始出现拥堵，此时瓶颈控制前后的路网平均速度差异显著。不论是瓶颈关联区内部还是外部，分层控制后路网整体平均速度得到明显提升。需要注意的是，在第 70min 之后，只有分层控制前的路网平均排队长度和平均速度存在数值，这是因为分层控制后的瓶颈车辆在 70min 前已经全部完成出行，驶离路网，因此，第 70min 之后的路网平均排队长度和速度值为空。而在分层控制前，受路网拥堵干扰，瓶颈车辆需要在第 90min 之后才能全部完成出行。

参 考 文 献

[1] Li W, Ban X. Connected vehicle-based traffic signal coordination. Engineering, 2020, 6(12):1463-1472.

[2] Chen S, Sun D. An improved adaptive signal control method for isolated signalized intersection based on dynamic programming. IEEE Intelligent Transportation Systems Magazine, 2016, 8(4):4-14.

[3] Feng Y, Huang S, Chen Q, et al. Vulnerability of traffic control system under cyberattacks with falsified data. Transportation Research Record: Journal of the Transportation Research Board, 2018, 2672(1):1-11.

[4] Sen S, Head K. Controlled optimization of phases at an intersection. Transportation Science, 1997, 31(1):5-17.

[5] Zhang J, Pei H, Ban X, et al. Analysis of cooperative driving strategies at road network level with macroscopic fundamental diagram. Transportation Research Part C: Emerging Technologies, 2022, 135:103503.

[6] Saeedmanesh M, Kouvelas A, Geroliminis N. An extended Kalman filter approach for real-time state estimation in multi-region MFD urban networks. Transportation Research Part C: Emerging Technologies, 2021,132:103384.

[7] Sirmatel I, Tsitsokas D, Kouvelas A, et al. Modeling, estimation, and control in large-scale urban road networks with remaining travel distance dynamics. Transportation Research Part C: Emerging Technologies, 2021,128:103157.

[8] Chen S, Fu H, Wu N, et al. Passenger-oriented traffic management integrating perimeter control and regional bus service frequency setting using 3D-pMFD. Transportation Research Part C: Emerging Technologies, 2022,135:103529.

[9] Wang X, Ke L, Qiao Z, et al. Large-scale traffic signal control using a novel multiagent reinforcement learning. IEEE Transactions on Cybernetics, 2020, 51(1):174-187.

[10] Fang M, Li Y, Cohn T. Learning how to active learn: a deep reinforcement learning approach. arXiv preprint arXiv:1708.02383, 2017.

[11] Omidshafiei S, Kim D, Liu M, et al. Learning to teach in cooperative multiagent reinforcement learning//Proceedings of the AAAI Conference on Artificial Intelligence, Hawaii, 2019.

[12] Andrea V. Simulation of a traffic light scenario controlled by a deep reinforcement learning agent. Milan: University of Milan, 2018.

[13] Yau K, Qadir J, Khoo H, et al. A survey on reinforcement learning models and algorithms for traffic signal control. ACM Computing Surveys, 2017, 50(3):1-38.

[14] Gao J, Shen Y, Liu J, et al. Adaptive traffic signal control: deep reinforcement learning algorithm with experience replay and target network. arXiv preprint arXiv:1705.02755, 2017.

[15] Carpenter J, Clifford P, Fearnhead P. Improved particle filter for nonlinear problems. IEE Proceedings Radar, Sonar and Navigation, 1999, 146(1):2-7.

[16] Liang X, Du X, Wang G, et al. A deep reinforcement learning network for traffic light cycle control. IEEE Transactions on Vehicular Technology, 2019, 68(2):1243-1253.

[17] Jiang H, Zhang H, Luo Y, et al. Neural-network-based robust control schemes for nonlinear multiplayer systems with uncertainties via adaptive dynamic programming. IEEE Transactions on Systems, Man, and Cybernetics: Systems, 2018, 49(3):579-588.

[18] 公安部交通管理科学研究所. 道路交通信号控制系统术语: GB/T 31418—2015. 北京: 中国标准出版社, 2015.

[19] 王云鹏, 吴新开, 余贵珍, 等. 城市路网过饱和交通状态感知与优化控制. 北京: 科学出版社, 2017.

[20] 张雷元, 树爱兵. 道路交叉口相位设计实用方法//第七届中国智能交通年会, 北京, 2012.

[21] 刘小明, 及延辉, 李颖宏. 交通瓶颈影响下两路口联动控制策略研究. 武汉理工大学学报, 2012, 36(1):29-33.

[22] 卫立阳. 瓶颈路段道路交通流特性及通行能力研究. 合肥: 合肥工业大学, 2015.

彩　　　图

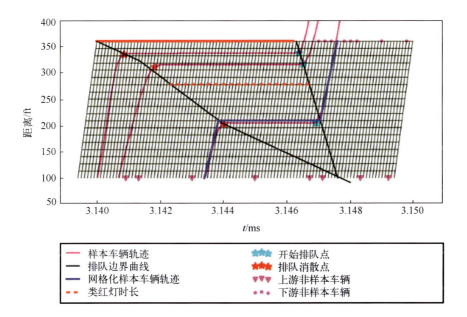

样本车辆轨迹	开始排队点
排队边界曲线	排队消散点
网格化样本车辆轨迹	上游非样本车辆
类红灯时长	下游非样本车辆

图 3-1　整合排队过程的动态随机性变分网络

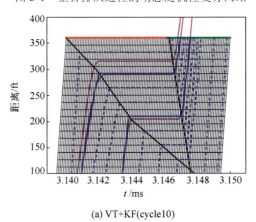

(a) VT+KF(cycle10)

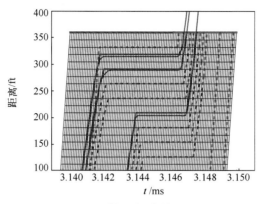

(b) VT(cycle10)

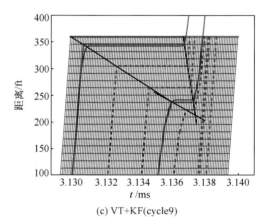

(c) VT+KF(cycle9)

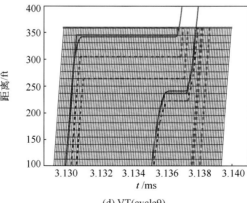

(d) VT(cycle9)

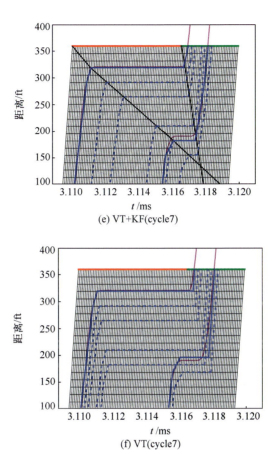

(e) VT+KF(cycle7)

(f) VT(cycle7)

图 3-3　重构的路段车辆运行轨迹时空图：(a) VT+KF 表示基于三维冲击波的变分理论与卡尔曼滤波的整合方法；(b) VT 表示仅基于三维冲击波的变分理论

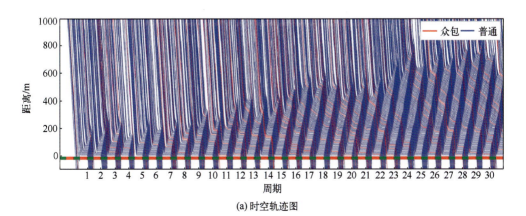

(a) 时空轨迹图

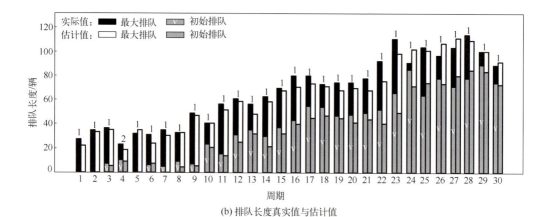

(b) 排队长度真实值与估计值

图 4-19　过饱和状态 10%渗透率排队长度估计结果

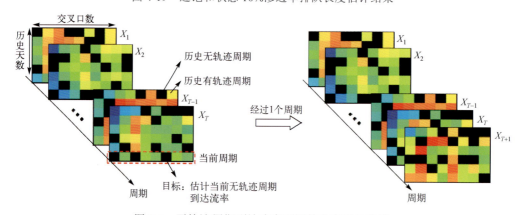

图 5-6　无轨迹周期到达流率预测的动态张量建模

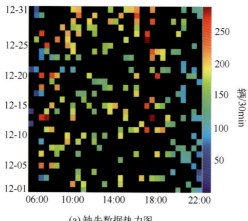

(a) 缺失数据热力图

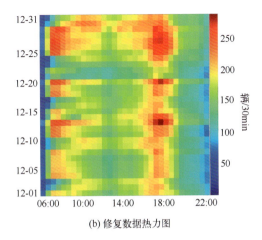

(b) 修复数据热力图

图 5-12　ITD 算法在随机缺失场景 80%缺失率下的性能表现

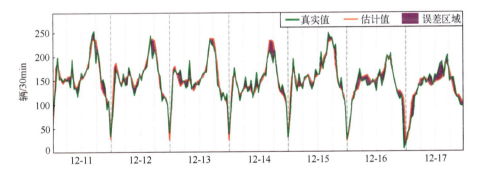

图 5-13　80%缺失率下的真实流量曲线和估计流量曲线

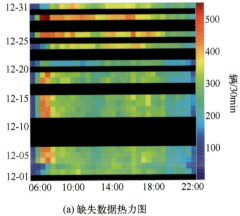

(a) 缺失数据热力图

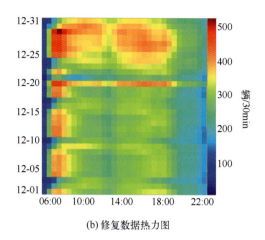

(b) 修复数据热力图

图 5-14　ITD 算法在极端缺失场景 15 天缺失率下的性能表现

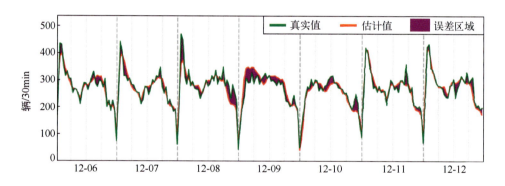

图 5-15　15 天缺失率下的真实流量曲线和估计流量曲线

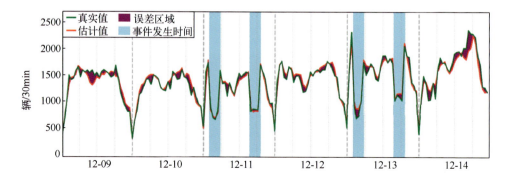

图 5-16　非常发事件类型一场景下 50% 缺失的算法估计结果

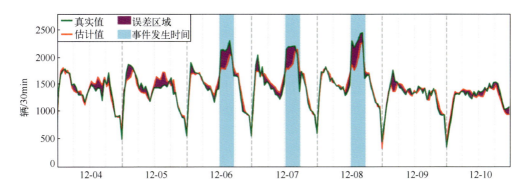

图 5-17　非常发事件类型二场景下 50%缺失率的算法估计结果

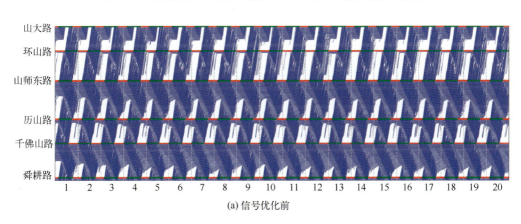

(a) 信号优化前

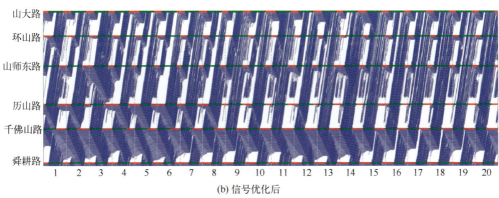

(b) 信号优化后

图 6-7　干道东向直行相位车辆轨迹图

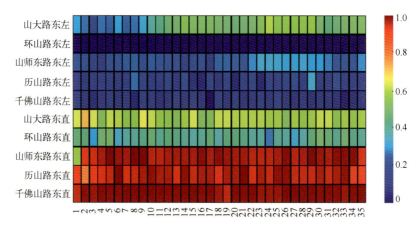

(a) 信号优化前

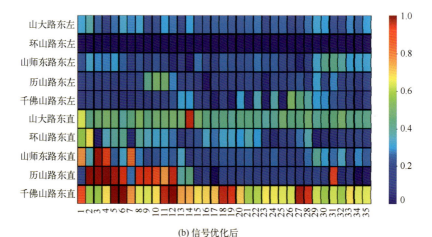

(b) 信号优化后

图 6-8　信号优化前后干道东直、东左相位路段排队占比热力图

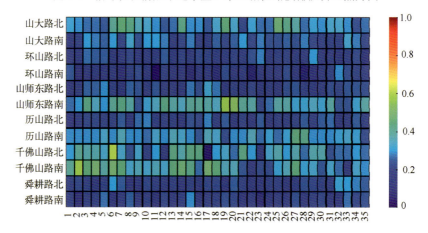

(a) 信号优化前

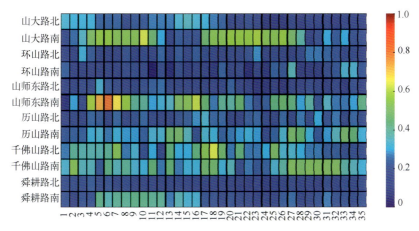

(b) 信号优化后

图 6-9 信号优化前后支路南北向相位路段排队占比热力图

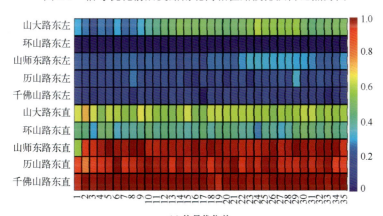

(a) 信号优化前

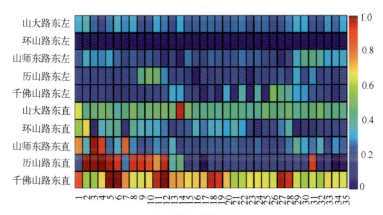

(b) 无排队长度估计误差

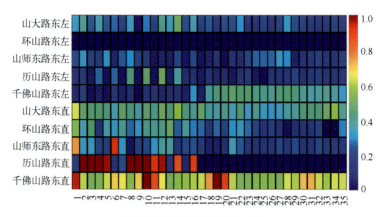

(c) 排队长度估计误差MAPE = 15%

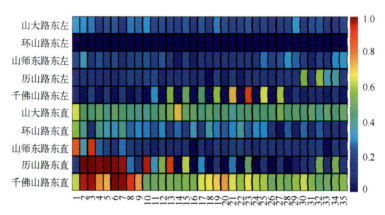

(d) 排队长度估计误差MAPE = 22%

图 6-10　不同排队长度估计误差下干道路段排队占比热力图

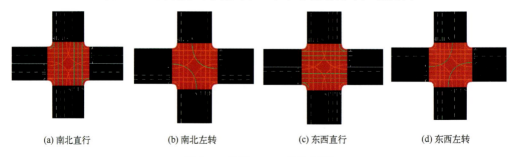

(a) 南北直行　　　　(b) 南北左转　　　　(c) 东西直行　　　　(d) 东西左转

图 8-5　边界 Agent 动作空间